小学 音乐教师
专业能力必修

xiaoxue yinyue jiaoshi zhuanye nengli bixiu

教育部基础教育课程教材发展中心　组编

编委会主任：曹志祥　周安平
本 册 主 编：金亚文

西南师范大学 出版社
全国百佳图书出版单位　国家一级出版社

图书在版编目（CIP）数据

小学音乐教师专业能力必修/金亚文主编. —重庆：
西南师范大学出版社，2011.12
　（青蓝工程系列丛书）
　ISBN 978-7-5621-5653-6

Ⅰ. ①小…　Ⅱ. ①金…　Ⅲ. ①音乐课–教学研究–小
学–师资培训–教材　Ⅳ. ①G623.712

中国版本图书馆 CIP 数据核字（2011）第 281733 号

青蓝工程系列丛书

编委会主任：曹志祥　周安平
策　划：森科文化

小学音乐教师专业能力必修

金亚文　主编

责任编辑：郑持军　马春霞
特约编辑：王艳秀
封面设计：红十月设计室
出版发行：西南师范大学出版社
　　　　　地址：重庆市北碚区天生路 1 号
　　　　　邮编：400715　市场营销部电话：023-68868624
　　　　　http：//www.xscbs.com
经　销：新华书店
印　刷：重庆华林天美印务有限公司
开　本：787mm×1092mm　1/16
印　张：12.5
字　数：257 千字
版　次：2012 年 3 月　第 1 版
印　次：2020 年 12 月　第 5 次印刷
书　号：ISBN 978-7-5621-5653-6

定　价：35.00 元

《青蓝工程》
编委会名单

编者的话

在基础教育课程改革 10 周年之际，伴随着义务教育课程标准的再次修订与正式颁布，我们隆重推出这套"青蓝工程——学科教师专业能力必修系列"丛书。丛书立足于教师应该具备的最基本的教学专业知识与普适技能，为有效实施新修订的义务教育课程标准，深化基础教育课程改革，贯彻落实《国家中长期教育改革和发展规划纲要（2010－2020 年）》，助力素质教育高质量地推进提供了保证。

"教育大计，教师为本。"课程改革的有效实施和素质教育的贯彻落实需要一支高素质、专业化的教师队伍做支撑。教师的专业化发展在我国历来受到高度重视，但今天我国教师的专业化水平与社会的现实需求和时代的进步，特别是与教育改革发展的需要还存在着较大的差距。

以往，我们常常说教师要提高自身的专业水平或教学技能，但一个合格的教师究竟需要哪些最基本的专业知识与专业技能？教师的专业发展又该朝着哪个方向和目标去努力？这些问题，在教师专业化发展，尤其是在学科教师专业能力的提高上，一直以来并不是十分清晰。因此，我们聘请了当前活跃在基础教育学科领域的顶级专家，他们中的绝大多数是直接参与义务教育课程标准修订、审议或教材编写的资深学者，以担任相应学科的中小学教师应该（需要）了解（具备）的最基本的常识性知识和技能为出发点，总结了具有普适意义的学科教育教学知识和技能，力求推进教师教育教学能力的均衡发展，实现大多数教师教育教学能力的达标。从这个意义上，可以说这套丛书是教师专业化水平建设与发展的一个奠基工程，也是 10 年基础教育课程改革成果的结晶。我们希望青年教师不但能从书中充分汲取全国资深专家与优秀教师的经验、成果，更能"青出于蓝而胜于蓝"，在前辈的引领下，大胆创新，勇于超越，也因此，我们将丛书命名为"青蓝工程"。

丛书从"知识储备"和"技能修炼"两个维度展开论述（个别学科根据自身特点在目录形式上略有不同）。"知识储备"部分一般包括：①对学科课程价值的理解与认识；②修订后课标（义务教育）的主要精神；③针对该学段、该学科的教学所需的基本知识和内容等。"技能修炼"部分主要针对教学设计、目标把握、教学实施与教学评价等专题展开论述。每个专题下根据学科特点和当前教学实际设有几个小话题，以案例导入或结合案例的形式阐述教师教学所必需的技能以及形成这些技能所需要的方法和途径等。

本丛书具有权威性、系统性和普适性，希望对广大教师，特别是青年教师的专业成长能有实实在在的帮助。

丛书编委会
2012 年 1 月

前　言

基础教育课程改革已经走过了十年的历程。在课改中，最活跃的因素是人，是教师，这一因素不仅影响着课改的进程，甚至决定着课改的成败。

作为音乐课程改革的参与者和实践者，音乐教师这一专业群体近些年来获得了很大的提高和发展，这是非常可喜的现象。随着课改的深入推进，社会对教师的职业期待与专业要求越来越高，对于音乐课程来说，教师特别需要在教育观念、艺术修养、知识结构、业务能力等方面焕然一新，集教学、科研于一身，既有教学实践，又有理论研究，既熟悉教育规律，又了解教学艺术。这些新型音乐教师的基本特征，集中地体现在其专业能力上，诸如在音乐教育观念和学科基本理念统领下的音乐教学基本技能、音乐教学设计与实施能力、音乐教学研究能力以及音乐课外活动指导能力等。本书的编写正是从这样的视角，以《义务教育音乐课程标准》（2011 年版）的理念与要求为指导，以小学音乐教师应具备的最基本的知识和技能为出发点，侧重于音乐教学能力的转化与形成，突出音乐教师专业化素养修炼，帮助音乐教师了解课改对教师职业的新期待，不断形成和提升音乐教师的专业能力和教学水平，为适应 21 世纪音乐教育发展的需要而实现自身的发展。

金亚文

目　录
C o n t e n t s

第 一 篇

音乐教育能力

教师的音乐教育能力主要包括教师的职业风范、音乐教育观念等,同时,教师在教学中还需有一定的心育艺术,使课堂充满温馨与亲和。

第一章 音乐教师职业风范

教育的过程是以人塑造人的过程，是以优良的职业风范培养品学兼优的学生的过程。教师的职业与其他职业相比，有其特殊性，因为教师职业是"塑造人"的工程，因此，教师职业有着较高的标准和要求。

依据审美教育学的观点，施教者的劳动形态应具有审美性。音乐教师是美的传播者，一个美好的音乐教师形象，不仅使学生对教师产生信任感，增加向师性，而且还会使其潜移默化地受到美的影响和熏陶。

第一节 职业修养

一、敬业精神

敬业，首先是表现对职业的热爱，教师只有真心实意地热爱自己所从事的教育事业，才能献身于教学工作，才能全心全意地引领学生不断地学习、探索、研究、创新，把自己全部心血奉献给教育事业。敬业是教师对自己所从事的教学工作发自内心的尊重和崇敬，教师要对自己的职业有清晰而独特的认识和了解，怀有强烈的使命感，建立起坚定的职业信念，才能对社会上的各种评价作出正确、理性的判断。教育工作非常细致、艰巨和复杂，教师所付出的劳动，是任何量化手段和指标所无法衡量的，这必然要求教师对教育工作保持一种无私的奉献精神。教师要尽可能地淡化功利思想，不计较物质享受，不迷恋世俗浮华，一切以育人为上，全心全意地把知识、智慧、爱心、时间乃至生命奉献给教育事业，奉献给每一个学生。教师的敬业精神不仅表现在对教学工作的恪尽职守，以兢兢业业、任劳任怨的态度对待教学工作，以尊重、信任的态度关怀学生，而且表现在对教育事业的孜孜追求和不断完善上。现代社会的教师不同于传统意义上的教师，教师奉献自己的同时，更要不断地汲取，不断地超越自我，勇于创新与创造，锲而不舍地追求新知，刻苦钻研，积极探索教育教学规律，科学施教，通过不断的学习和实践，逐步完善自我，以便取得良好的教育教学效果。

二、表率作用

教师的职业带有表率的特征。学生从进入学校开始，就面对着漫长的师生生活和学校生活，少则十几年，多则二十几年，学校生活对学生的健康成长起着非常重要的作用。其中，教师的一言一行都对学生起着潜移默化的影响，教师的言行既能激发学生探求真理的欲望，也能熄灭学生追求理想的火花。因此，教师切不可轻视自己的品德与言行，而应时刻用"处处是楷模，事事皆表率"来要求自己，以自身的品行影响和教育学生。教师不仅要精通业务、善于教学，而且要宽厚和仁慈，对学生富有感情，能温和、亲切、平等地对待每一个学生，既要做学生学业上的老师，又应成为学生生活中的朋友。

教师职业往往寄托着很多的社会期待，比如传统社会里非常看重教师的知识、观念和职业道德素质，尤其看重教师的言传所发挥的教育效果；而在现代社会中，教师的人格特点和教育能力则更加被关注，更加强调教师用能力培养能力、用品德塑造品德、用人格感化人格的身教效果。因此，优秀的教师不应仅仅重视知识的积累、能力的提高，完善的人格、良好的职业道德与表率作用是更为根本、更具有决定性的素质。

三、思想开放

现代教育要求教师思想敏锐、开放，具有崭新的思维方式。教师能否运用新的教育观、教师观、学生观以及积极的思维方式来改善、调整自己的思想和心态，能否对新的教育观念、新的学科课程有一种职业的敏感，能否善于捕捉新信息、新动态，努力和尽快适应课程改革所带来的新变化，将决定着教师在现代教育中、在课改实践中的位置与身份，将影响着教师的成长与发展。开放的教育思想要求教师不墨守成规、因循守旧，要勇于打破条条框框，敢于创新和突破，具有一定的远见卓识和前瞻性；要求教师视野开阔、信息通畅，走出自我、走出封闭，主动学习和交流，了解教育的新动态，汲取国内外优秀的教改成果，善于创新，乐于纳新。教师要善于通过书籍、报刊、电视、录像、多媒体、网络等获取信息和资料，经常参加各种教育教学研究活动，拓宽教育视野，丰富教学体验，积累教育教学经验，不断提高自己的教育教学水平。

现代教育教师在职业修养、教育观念、知识结构、业务能力等方面焕然一新，集教学、科研于一身，既有教学实践，又有理论研究，既熟悉教育规律，又了解教学艺术。然而，新型教师并不是与生俱来的——"新型"的内涵，将在很大程度上是指教师在原有经验的基础上进行反思与调整，使自己的教学身份得到新的确认，使自己的教学行为得到新的升华，为适应现代教育发展的需要而实现自身的发展。

第二节　人格魅力

教师的职业是以人格再造人格，教师是学生品格的直接影响者、塑造者。音乐教师的人格魅力对学生的心灵具有强大的感染力、影响力，从而对学生的情感陶冶、道德升华、学业发展产生深远的示范和激励作用。通常，音乐教师的人格魅力体现在具有爱心、学识和良好的风度气质等方面。

一、具有爱心

爱心是音乐教师人格魅力的集中体现。音乐教师应该具备爱的品格，爱音乐、爱教育、爱学生。教师对音乐的热爱，将深深地影响与感染着学生，教师只有对音乐产生炽热的爱，才会不断地追求音乐、感悟音乐，视音乐为生活中不可缺少的一部分。对教育的热爱，是音乐教师的职业动力，亦是音乐教师的职业魅力，当音乐教师真正热爱教育，把音乐教学视为乐趣时，自然会产生让学生也拥有如此美好感受的欲望，并希望通过音乐教育的途径，使学生领悟音乐美的真谛。教师对学生的爱，则是爱心的核心，爱学生是音乐教师爱音乐、爱教育的延续与升华，是更高境界的爱。每一个音乐教师都期望把音乐文化通过音乐教育途径传播给学生，那就要爱他的教育对象，用爱心去打开学生心灵的窗户，教师只有发自内心地爱学生，学生才能快乐地学习，健康地成长。

爱音乐、爱教育、爱学生是教师人格魅力的根本。音乐教师有了爱，才能对自己从事的音乐教育工作保持高度的责任心和使命感；音乐教师有了爱，才能有不竭的动力和敬业、奉献精神；有了爱，才能不断地追求音乐教育事业，才能在音乐教学中对学生"动之以情"。这是一种深沉的、执著的、浓郁的、理性的爱，可以说，良好的音乐教育即是一种充满爱心的教育。

二、学识丰富

学识是音乐教师人格魅力的重要组成部分。音乐教师的学识是通过其学识魅力展现出来的，主要体现在对音乐的审美鉴赏（感知、想象、联想、情感、理解、评价）、音乐审美表现（歌唱、演奏、表演等）和音乐审美创造（审美创造意向、激情、个性）的广度和深度上。音乐艺术美，为音乐教师展现才华和魅力提供了广阔的空间。

具体来说，音乐教师应具有优异的音乐感、开阔的音乐视野、较好的理论和审美修养，这是一个音乐教师所应具备的基本专业素养，是胜任新的音乐课程教学的重要前提。首先，音乐教师要具备良好的音乐体验能力，具备较高的音乐欣赏水平，能够体验音乐作品的内涵，悟到音乐作品的真谛，理解它的审美价值。也就是说，音乐教学要想让学生感动，音乐教师首先自己要感动，因为只有音乐教师首先走进音乐，学生才有可能走进音乐。从一定意义上说，音乐教学是师生共同交流音乐信息与分享音乐美感的过程，因此，教师音乐视野的开阔和音乐欣赏水平的高低往往决定着音乐教学的水平和质量。其次，在音乐教育教学中，音乐教师作为美的使者主要是通过音乐审美的作用来实现的，而教师的音乐审美表现可对学生产生巨大的吸引作用，增加学生的向师性，进而使学生喜爱音乐课。再次，良好的审美修养不仅体现为懂得美，能够发现美，而且还要善于创造美。对音乐教学而言，美的内涵在于不断创造，所以音乐教学永远都应是一个动态的过程，音乐教学在创造中才会不断发展，才会把音乐美不断地带给学生。

三、气质良好

气质是音乐教师人格和个性特点的外化，主要体现为聪慧、自信、机敏、幽默、雅致、真挚等。作为美与爱的使者，音乐教师不仅要具有敬业和奉献精神、良好的职业道德，还须有通达的性情、高雅的涵养、宜人的风度。通达的性情是指宽容、豁达的胸襟和开朗的性格，能够以人格的力量感动和教化学生；高雅的涵养则指渊博、丰富的内涵和良好的修养；宜人的风度包括举止端庄，落落大方，待人礼貌、随和，衣着整洁、适宜，语言流畅、优美、准确、规范，情绪饱满，表情自然、亲切等，给人以潇洒和高雅之感。

音乐教师应该是一个个性鲜明的人，其音乐教学应体现出一种与众不同的风格。因为不同的风格才会使音乐教学真实、自然和流畅，才能使音乐教学千姿百态，风采各异。那种循规蹈矩、亦步亦趋、人云亦云、毫无个性的音乐教学不仅同音乐新课程理念相悖，还会使教师在一种长期的模式教学中养成思维惰性和行为惯性，教学过程缺乏新意，学习过程如同嚼蜡，学生厌烦这样的音乐课是必然的。从一定意义上说，音乐学习是一个"内心的旅程"，具有个性化的特点。同样，音乐教学也会因教师而异，带有明显的个性化特征。这种个性化特征如果为学生所认同，就会形成一种独特的教学魅力，磁石般地吸引着学生，为学生所喜爱。

第三节　音乐教师的专业角色

对于音乐课改来说，千变万化，音乐教师的变化乃是核心的变化。在音乐新课程中，音乐教师处于极其关键、重要的位置，可以说，能否让音乐教师准确地理解新课程，找准自己的专业角色，在很大程度上决定着音乐课改的质量。这就要求音乐教师应在原有经验的基础上进行反思与调整，转变传统的教师角色，使自己的教学身份得到新的确认，使自己的教学行为得到新的升华，以新课程实施者和建设者的崭新角色，在音乐新课程中获得新的发展。

一、对传统教师角色的反思

1."教书匠"角色

传统教师观中的教师社会角色有一称谓："教书匠"。从字面上分析，意为"教书的匠人"，内涵有两层意思：其一是传授书本知识；其二是传授方式与过程像工匠般地机械、呆板、枯燥和严格。体现在教学上，是指那些在本学科具有较高造诣和精湛教学技术、能够熟练进行知识传授、善于进行机械训练的教师。

对教书匠的称谓可从两个方面来分析：第一，将教师角色框定在"教书"的狭窄范围内，是对教师职业特征与工作性质的一种误解。教师不单"教书"，还要"育人"，而且"育人"是更为重要的工作。即使单从教学的角度来说，也不应仅仅是教授书上的东西，或是仅仅运用"教书"这种方法。第二，将教师角色定性为"匠人"是对教师的一种曲解。教师不应是思想僵化，教法呆板，只会"填鸭式""教死书"，只能照本宣科、机械训练、死记硬背，把生动活泼的教学活动弄得工匠般枯燥和死板的人。虽然，"教书匠"的说法似乎肯定了教师自身专业知识的系统性、严密性以及过硬的专业基本功等，但从根本上来说与现代教育对教师的要求相悖。因为教书匠的角色漠视学生的心理特点和情感需要，漠视学生是能动的、有生命的、活生生的生命个体，漠视学生作为教学主体的存在，漠视学生的个体差异，漠视学生在教学中的参与作用，只注重知识的传授，把学生当做接受知识的容器，而学生的情感、态度、意志、兴趣、性格等方面则不被关注。其教学结果只能是泯灭了学生的灵性与活力，使学生变成"两耳不闻窗外事，一心只读圣贤书"的书呆子。

2."蜡烛"角色

教师是"蜡烛"的隐喻，一方面，体现了教师的奉献和给予精神，而另一方面，却忽视了教师的持续学习与成长。教师燃烧着自己为别人带来光明的同时却毁灭了自己，这样的比喻虽然赞颂了教师"无私奉献"的敬业精神，但却是片面而又消极的。它把充满创造性的教学活动当做知识输出与输入，似乎教师的职业便是竭尽全力将自己身上的知识无私地传授给学生，其结果是使具有创造性的教学活动变成了低层次的简单劳作和单向消耗，与其说是赞颂，不如说是贬低。而事实上，教师作为蜡烛，不仅要照亮别人，也要照亮自己；教师也有自己的生命，需要与学生"教学相长"；在燃尽自己、照亮别人的同时，自己也要光彩照人。教与学其实是一个相辅相成的过程，教师在发展学生的同时也发展了自身，而教师在发展自身的同时也就发展了学生。另一方面，蜡烛的隐喻淡漠了教师的内在尊严与劳动的欢乐，它把学生成长与教师发展对立起来，似乎教师命中注定就只能在飘洒的粉笔灰中自我淹没，一辈子辛辛苦苦、与世无争，还自诩为"伟大的牺牲"。然而，假如把牺牲性行为看成是只对别人有意义而对自己毫无意义的行为，这恰恰意味着自己只不过是一件工具而不是一个显示着人的价值的人，如果一个人自身是无价值的，那么他所做的牺牲也就成为无价值的贡献。因此，"蜡烛观"虽然崇高却未免悲壮而凄凉，它不仅没有给教师带来振奋和激励，反而使教师有一种委屈和吃亏的体验。在这种消极的气氛中，"乐教"难以体现，"苦教"却实实在在。

3."一桶水"角色

"教师要给学生一杯水，自己要有一桶水"，这一隐喻强调的是教师要有足够的知识和能力的储备，把教师视为知识的化身，对教师的职业能力提出了很高的要求。但是，"一桶水"理论至少在三个方面与现代教育理念相悖：第一，这使人立刻想到"灌输"的形象，似乎教师的作用就是要"给"学生"灌"知识，认为教学就是教师把知识传授给学生的过程。学生被当成被动的容器，教师倒给学生的知识并没有经过学生本人的处理，忽视学生主观能动性和自主学习的欲望。第二，似乎教师的储备一定要多于学生，而实际上，在当今信息时代，学生获得知识的渠道很多，教师的知识储备并不一定高于学生。教师之所以是"教师"，主要是因为其阅历比较丰富，在专业知识上先走一步而已。第三，"桶论"对教师知识和能力的要求主要是一种量的储备，似乎越多越好。而我们不得不考虑，教师桶中水的质量如何？特别是在当前这个知识日新月异的时代，教师如果不及时更新自己，不断学习，不断"充电"，随时获取新信息，拓宽自己的知识视野，调整自己的知识结构，就无法适应教育发展的需要。一个有自知之明、充满自信的教师应该告诉学生：我这里没有一桶水倒给你们，你们都得拎上自己的装着水的桶来，和我桶中的水相互倒，这样我们大家就能倒出一大盆水。教师和学生的关系应该是共同学习、相互促进、教学相长的关系。

从上面分析我们可以得出：传统教师角色注重社会责任，忽视教师个人的生命价值与需要；强调教师的权威，忽视师生的合作关系；重视教师的学科知识与技能，忽视教师促进学生成长的专业意识；重视教师劳动的传递性，忽视教与学的创造性。

二、新课程中教师角色的变化

1. 音乐学习的引领者和促进者

教师是学生学习的引领者和促进者，是信息化和学习型社会对教师角色提出的新要求。这是教师最富有当代性与未来性的角色特征，是新课程下教师角色的根本变化，是教师角色转变过程中的一个飞跃与突变。教师成为引领者和促进者不可能一次性完成，而是一个不断的生成过程，教师的其他角色特征均是这一根本角色特征的演绎或引申。

教师是学生的引领者，首先表现为教师是学生学习的引导者。学生是未成年的人，在他们成长的道路上，需要教师指引。教师不仅要向学生传播知识，而且要引导学生沿着正确的道路前进，并且不断地在他们成长的道路上设置不同的路标，引导他们不断地向更高的目标前进。教师作为引领者，应展现爱心、多方的关怀，了解与辅导学生，引导其积极全面的发展；要坚信每个学生都有学习的潜能；要经常仔细地检查、反省自己是否在对待不同学生上有差别；要客观、公正地评价学生的学习过程和结果；要尊重学生的差异性、多样性和创造性。

教师是学生学习的促进者，表现在对学生学习能力的培养方面。现代社会，科学技术突飞猛进，教师要把在短短几年的学校教育时间里所学的全部知识传授给学生已不可能，而且也没有这个必要。教师作为知识传授者的传统地位被动摇，课堂不再是学生获取知识的唯一渠道，学生可以通过各种广播、电视、网络、传媒等获取他们所需的知识信息。因此，教师在传授知识方面的职能也变得复杂化了，教学除了传授教科书上的知识外，更重要的是指导学生如何学习，如何获取知识，如何根据认识的需要去处理各种信息，把教学重点放在如何促进学生的"学"上，实现真正意义上的"教是为了不教"（叶圣陶语）。

在音乐新课程中，教师作为促进者，其角色行为表现为：帮助学生确定适当的音乐学习目标，并确认和协调达到目标的最佳途径；指导学生形成良好的音乐学习习惯，掌握音乐学习策略；创设丰富的音乐教学情境，激发学生的学习动机和学习兴趣，充分调动其学习积极性；为学生在音乐学习上提供各种便利；营造接纳的、宽容的、互动的、相互交流的课堂气氛；与学生一起分享情感体验和成功喜悦；师生合作、教学相长，共同提高。

2. 音乐教学的研究者和实践者

"教师即研究者"这个名词近年来在全球教育界普遍流传，教师成为研究者是时代发展的需要，是深化教育改革、推进素质教育发展的强劲动力。

教师即研究者意味着，教师在教学过程中要以研究者的心态置身于教学情境之中，以研究者的眼光审视和分析教学理论和教学实践中的各种问题，对自身的行为进行反思，对出现的问题进行探究，对积累的经验进行总结，使其形成规律性的认识。苏霍姆林斯基说过："如果你想让教师的劳动能够给教师带来乐趣，使天天上课不至于变成一种单调乏味的义务，那你就应当引导每一位教师走上从事研究这条幸福的道路上来。"每一位教师都有能力对自己的教学行为加以反思、研究与改进，提出最贴切的改进意见。教师的研究（尤其是一线的教师）是紧紧联系实践而进行的，其成果最具可行性和实效性。与外来研究者相比，教师处在一个极其有利的研究位置上，有最佳的研究机会。教师长期从事实践工作，随着经验的积累，教师对教学情境中的问题，有着自己的经验化的处理方式，他们把教学中的所感、所悟总结成经验，提升为理论，这样的理论研究最具指导意义和说服力。

新课程赋予教学以新的含义，它要求教师在教育教学实践过程中，不断地研究、生成和创造。如果故步自封，照搬老方法，不注意研究和学习，就会阻碍教学改革的进程，不利于教师和学生的发展。教师从事教育实践研究不但可以充实自身的理论基础，解决工作中遇到的实际问题，而且教育教学研究是最有效的学习方式，是教师充实自己、提高自身素质的最有效的途径。相反，如果教师远离教育教学实践研究，只是作为别人研究成果的获得者、学习者，那么较之自身成为研究者来说，无论是理论学习还是教学改革实践都是肤浅而低效的。所以，教师成为研究者是时代发展的需要，是深化教育改革、推进素质教育发展的强劲动力。

3. 音乐课程的开发者和建设者

传统教育把学科、知识作为课程，把课程视为教学过程要达到的目标、教学预期的结果或教学的预先计划。课程是一种单向的，外在于学习者的静态的东西，其缺陷是忽略了学习者的现实经验。现代教育的课程观强调教师、学生、内容与环境四因素的整合，课程变成一种动态的、生长性的"生态环境"，是四因素持续交互的动态情境。课程作为学习者的经验时，它不是孤立于生活世界的抽象存在，而是生活世界的有机构成。课程作为"复杂的会话"，既是过程，又是结果；既是手段，又是目的。华东师大教授张华博士认为，课程作为"复杂的会话"至少有以下五种形式：一是课程开发者与课程实施者之间的一种对话；二是教师与学生之间的会话，会话不是简单的讲话；三是教师与教师之间的会话，不是学科之间时间与技能之间的争论，而是共同讨论学生的发展到底缺少哪些东西；四是学习者与学习者之间的对话，学生之间的相互交往；五是学校、家庭和社会之间的对话，三者之间怎样建立一种良性的互动。新课程赋予课程以新的含义，必然要求教师是课程的建设者与开发者。

新课程确立了国家课程、地方课程和校本课程三级课程管理政策，这意味着教师不再只是课程实施的执行者，教师更应成为课程的建设者与开发者，在课程改革中发挥主体性的作用。新课程倡导民主、开放、科学的课程理念，要求教师积极主动地参与课程改革，了解和掌握各个层次的课程知识以及各个层次之间的关系，教师不仅要了解和掌握国家课程、地方课程，还要具有开发本土化、乡土化、校本化课程的能力，音乐教师不仅要教会学生唱《摇篮曲》，而且首先要教会学生唱本地区、本民族的《摇篮曲》。

教师作为课程的建设者与开发者，要根据当地的情况、学生的实情，建设和开发具有针对性、实效性、能反映本地特色的课程。课程结构要适应地区差异、不同学校的特点以及学生的个别差异，为学生提供更多的选择空间。把班级课堂面向社会，建立一种教师与学生、学生自我、学生与他人、学生与自然的多种关系，真正做到"教育即生长""教育即生活"，使生活走进课程。

第二章　音乐教师的教育观念

　　教育观念是教育思想的体现，对教育实践具有重要的指导作用。课改要求教师转变传统教育观念，树立现代教育观念，以落实和实施新课程教学。

　　音乐教师应该了解本学科的价值观，了解音乐作为人类文化的一种重要形态和载体，对于人的创造性发展、文化认知与传承、社会交往与品性迁移的重要意义，了解音乐审美教育在基础教育课程体系中所具有的独特与不可替代的作用。

　　音乐教师还必须掌握音乐新课程的以音乐审美为核心、以兴趣爱好为动力、强调音乐实践、鼓励音乐创造、突出音乐特点、关注学科综合、弘扬民族音乐、理解多元文化、面向全体学生、注重个性发展等基本理念，这是指导音乐教学的理论基础。

第一节　教育观

一、反思传统教育观念

　　传统教育观念通常体现为几个"中心"，如教育教学内容上的"学科中心"，教育教学形式上的"课堂中心""书本中心"，教育教学关系上的"教师中心"等。

　　传统教师观中，教师往往是知识的化身，以知识的拥有者而处于中心的地位，教师无所不知、无所不晓、无所不懂、无所不能，因此，教师是绝对的知识权威。从下面的案例中，教师是"知识中心""知识权威"的观念可见一斑：老师要求学生根据句子意思写成语，有一条是"思想一致，共同努力"，一学生写了"齐心协力"，教师判错，因为答案是"同心协力"；另一条是"刻画描摹得非常逼真"，学生写了"栩栩如生"，教师也判错，因为答案是"惟妙惟肖"。家长疑惑："中国语言之丰，词汇之多，同义词、近义词相应的不止一条，怎么就只有一个答案呢？"家长反复告诉学生说那两种答案都没错，但学生硬是不信，因为她视教师为绝对权威，教师的标准答案就像圣旨。

　　传统教师观中，教师是教学的主宰，在教学中处于控制与支配地位，教学就是教师对学生传授知识的过程，教师与学生是传授与接受知识的关系。传统教育属于承袭教育，注重教学过程中的继承与沿袭。教师在课堂上传授书本知识，学生接受、记忆和再现教师传授的知识。教学双方，教师是主体和中心，处于绝对优势的地位，学生唯师是从，以模仿、照搬为学习的基本手段。在音乐教学中，教师则以自己为中心组织教学，课堂各个环节都由教师控制，不允许学生主动参与教学，因此学生难有自己的思想与见解。这种以教师为教学主体、学生为教学客体的音乐教学方式，其特征是教师把学生当做填充知识的接收器和有待加工改造的物品，学生是教学过程中的被改造者、被加工者，教学的目的便是把学生加工、改造成一个个统一模式的"标准件"。

"两个中心"直接导致了教师行为方式上的"我教你学""我讲你听"。这种教学行为方式的弊端是显而易见的：无视学生的心理发展逻辑和学习需要，剥夺了学生主动参与和自主学习的权利，学生不能提出问题，不能进行质疑，因此也就无需思考，完全成了被动接受知识的容器。这些，都是同基础教育课程改革理念相悖的，不利于学生的成长和发展。

二、树立现代教育观念

现代教育要求突破传统的以"教师中心"的"讲坛式"教学环境格局，强调和突出"学生本位"，主张以学生为主体。联合国教科文组织的一份报告中指出："未来的学校必须把教育的对象变成自己教育自己的主体。受教育的人必须成为这个人自己的教育。这种个人同他自己的关系的根本转变，是今后几十年内科学与技术革命中教育所面临的最困难的一个问题。""教师的职责现在越来越少地传递知识，而越来越多地激励思考；除他的正式职能以外，他将越来越成为一位顾问，一位交换意见的参加者，一位帮助发现矛盾论点，而不是拿出现成真理的人。"这些论述说明，教师与学生的关系正在发生质的变化，在教学过程中，学生已成为主角，成为学习的主体。在教学活动中，教师要把学生看成是具有主观能动性、充满活力的人，要把学生当做有血有肉有思想的人来对待，充分尊重学生的人格，给学生应有的权利和"自由度"，教师要站在学生的立场去思考如何教的问题，要引导学生进行积极主动的学习。只有这样，才能转变教师作为"知识注入器"的位置与作用，转变学生作为"知识容器"的位置，才能激活学生主动学习的兴趣与愿望。在学生学习的过程中，虽然需要教师的参与和帮助，但最终这个过程要靠学生自己完成。从另一个角度来说，学生通过自己的努力所学到的也远比教师教的要多得多。因此，教师必须要转变"教师中心"和"教学中心"的传统观念，实现师生关系民主、平等和与教学关系的多边、互动。

教育现代化首先要教育民主化，没有民主的师生关系，就不可能建立和形成现代教育体系和现代教育制度。在现代社会里，教师与学生应当是平等的，教师应当尊重和赞赏每一个学生。"一切为了学生""为了学生的一切"，教师的职业决定了教师是为每一个学生服务的，教师必须尊重每一个学生的尊严和价值，尤其要尊重智力发育迟缓、学习成绩不佳、有过错、有生理缺陷、被孤立和拒绝以及与教师意见不一致的学生。尊重学生就要保护学生的自尊心，苏霍姆林斯基曾经有个十分精彩的比喻：要像对待荷叶上的露珠一样，小心翼翼地保护学生幼小的心灵。晶莹透亮的露珠是美丽可爱的，却又是十分脆弱的，一不小心，露珠滚落，就会破碎，不复存在。学生的心灵，就如同露珠，需要教师倍加呵护。保护学生的自尊心更不能体罚、训斥、羞辱、嘲笑、冷落和随意当众批评学生。音乐教师不仅要尊重每一个学生，还要学会赞赏每一个学生，对学生所取得的哪怕是极其微小的成绩加以赞赏，赞赏每一个学生所付出的努力和所表现出来的善意；赞赏每一个学生对教科书的质疑和对自己的超越；赞赏每一个学生的独特性、兴趣、爱好及专长等，通过赞赏激发学生的学习兴趣，建立学生的自信。

现代教学不再局限于传统的单向活动方式，而是强调教学是一种多边活动，提倡师生之间、生生之间的多边互动。多边互动能形成一个信息交流的立体网络，能最大限度地发挥相互作用的潜能，极大地调动学生参与教学的积极性，因此，教与学的关系是相互作用的互动关系，教学过程是教师与学生、学生与学生的多向互动的过程。教学互动是学生积极主动、富有创造性的参与过程，教学互动要求教师在教学中应当尊重学生的主体地位，激发学生的主体意识，调动学生主动学习的积极性。教师要以尊重学生的主体性和主动精神为根本，要认识到教学过程是教师的引导作用与学生的学习主体作用结合的过程，是教师引导学生主动、积极参与学习的过程。教是为了促进学，教的职责在于帮助。新课程观认为：教学是为了帮助学生检查和反思自我，明白自己想要学习什么和获得什么，确立能够达成的目标；帮助学生设计恰当的学习活动和形成有效的学习方式；帮助学生发现他们所学东西的个人意义和社会价值；帮助学生营造和维持学习过程中的积极心理氛围；帮助学生对学习过程和结果进行评价，并促进评价的内在化；帮助学生发现自己的潜能和性格。

音乐教师要善于通过引导来促进音乐学习。学生都有着很强的驱动力和创造力，教师要善于激发和启迪学生的创新思维和实践能力，把教师的外力变成学生的内需。引导可通过启迪来表现，当学生有困惑的时候，教师不是帮助其解决问题，而是启发、引导学生怎样去寻找解决问题的方案；引导可以表现为激励，当学生停滞不前时，教师不是拖着学生走，而是唤起学生内在的精神动力，鼓励学生不断地向前迈进。在音乐教育教学过程中，教师除了面对学生外，还要与周围其他教育者发生联系，不仅需要教师之间的交流与合作，还有教师与教育管理者之间的合作。音乐教育的改革需要教育管理者的支持，学校教育管理者对教育改革的推行至关重要。教师要勇于向管理者阐明自己的教育理念和工作计划，与对方协商改革方案，通过讨论、交流与合作，确保教育改革的顺利进行。

第二节 学科价值观

一、审美体验

现代社会的飞速发展与科技进步需要素质全面、身心和谐的人，而人才的标志并不仅仅依靠智商参数，情商、审美修养、文化底蕴亦是代表高素质的重要方面。我国素质教育的要义之一是使学生德、智、体、美全面发展，因此，音乐审美教育在基础教育课程体系中具有独特的、不可替代的作用。长期以来，我们习惯以智力教育和科学实践的方式来教授音乐、学习音乐，使音乐偏离了人类的生活实践和情感世界。由于受传统学科教育观念的影响以及应试教育、升学教育客观环境的左右，基础音乐教育很容易偏离素质教育的轨道，产生与音乐审美相悖的倾向。诸如教育观念上的以德育代替美育，所谓"唱一首好歌等于上一堂政治课"；以智育代替美育，所谓"音乐可以开发智力"；教学方式上从乐谱和音符入手的识谱训练；从时值出发的节奏训练；着眼于音程、和弦的听觉训练等。这种理性、枯燥的机械训练，不可能使学生产生审美体验，学生厌烦这类学习是必然的。正确的途径应该是，把审美体验作为音乐教育最重要的价值观，作为音乐教育的核心，把音乐教育作为一个审美感知和审美发现的过程。比如在识谱教学中，从音乐本身入手，通过具体的音乐实践活动使识谱成为欣赏、唱歌和演奏乐器的一种自然的演化，帮助学生把乐谱看成已经得到审美感受的一种图像。在音乐欣赏教学中，应充分揭示音乐要素（节奏、旋律、音色、和声、力度、速度等）在音乐中的表现作用，让学生亲身感受到音乐中最激动人心和极具表现力的部分，而不是进行枯燥、单纯的技巧训练和灌输死记硬背的知识；应以整体的方式来体验音乐，使学生感受到音乐的无穷魅力，进而产生情绪的反应和情感的体验，而不是对音乐的各种构成元素进行支离破碎的讲授。还有一点，音乐教学应特别注重艺术实践，要强调音乐概念和音响的统一，因为单纯的记忆概念对于音乐学习是毫无意义的。需要特别指出的是，音乐技能技巧的学习过程应始终贯穿着学生的情感参与，只有这样，中小学的音乐教育才能真正体现审美价值，成为审美教育。

综上所述，理解音乐课程的审美体验价值，可以概括为两个要点：第一，对于音乐教师来说，最重要的工作应是在音乐教学过程中不断地引导和帮助学生发现美感。第二，对于学生来说，音乐教育的魅力不仅仅在于音乐知识、技能的承袭，而是表现在对音乐美感的体验和享受以及得到启迪、感染、陶冶、净化、顿悟等教育效应上。

二、创造性发展

创造，是人类生存发展的一个重要特征。在知识经济和信息时代特点愈发突出的现代社会中，创新正在成为民族发展进步的灵魂和国家兴旺繁荣的动力。创造意识，对于每一个孩子来说，几乎是一种天生的本能。当孩子来到这个世界，置身于丰富多彩、色彩斑斓的环境中，便有无数个问号和"为什么"在他们的心中萌生：天为什么是蓝的？雨为什么从天上掉下来？鱼儿为什么要生活在水里？飞机为什么能在空中飞？爸爸为什么会长胡子？我的身体为什么同小妹妹的不一样……正如美国哲学家马修斯在其《哲学与幼童》一书里写的一样，孩子们的"问号"几乎包含了哲学探索的所有问题。孩子的好奇心，是他们的勃勃生命力的表现，是人类生存、成长、发展的源泉。

孩子们在寻求世界上各种问题的答案的过程中，会生动地编唱一首歌，编讲一个故事，能即兴画一幅画，跳一段舞，并把他们真挚美好的想法完全寄托在其创造的"作品"里。在没有任何陈规束缚的想象中，狮子成了人的伙伴，大海里隐藏着一个蓝色的宫殿，稻草人和麻雀开始对话，星星在眨眼，月亮在梳妆，鸭子在吵架……

基础教育阶段是儿童形成好奇心的关键时期，如果教育得当，儿童的好奇心就会自然地继续发展；反之，这种追求新奇的愿望也可能在接受教育的过程中被渐渐淡化，随着年龄的增长而对世界熟视无睹。"人的童年像一个问号，而成年则像一个句号"，这句话非常典型、形象地说明了由于教育的异化而造成学生好奇心消失的现象。这方面还有一个例子，题目叫"人的想象力是怎样消失的"。一位学者搞了一个别开生面的测试：他在黑板上画了一个圆圈，请被测者回答那是什么。其中，小学生异常活跃地答道："句号""月亮""乒乓球""烧饼""我家门上的猫眼"……中学生举手回答："是阿拉伯数字——零"，"是英文字母 O"……大学生则哄堂大笑，拒绝回答他们认为只有傻瓜才会回答的问题；机关干部面面相觑，用求救的目光瞟着在场的领导，领导沉默良久后说："没经过研究，我怎么能随便回答你的问题呢？"真正的教育应当使人们懂得，生活中的重大突破都来自全新的发现，来自于对现状的挑战。创造性教育的实质，通俗地讲，最根本的有两条：对于学生来说，"学"贵在于"问"；对于教师来说，"好课"应该越上问题越多。

音乐是最具创造性特征、最具创造性发展价值的学科，这是由其本身的特点所决定的。音乐是一种非语义的信息，是一种不具象的艺术，音乐的这种自由性、模糊性和不确定性特征给人们对音乐的理解与表现提供了想象、联想的广阔空间。音乐艺术的创作、表演、欣赏等各个环节均体现了鲜明的创造意识并伴随着独特的创造行为，因此，音乐是创造性最强的艺术之一。音乐的这一特质，使音乐教育在发展学生的创造力方面表现出了极大的优势，这无疑为学生发散性思维和创新能力的培养提供了良好的心理基础。

特别需要指出的是，在关注对学生创造力培养的同时，更要关注音乐教育方式的创新。学生创新精神的培养，首先需要一种创造性的音乐学习。虽然，作为一个学科，音乐某些规律性东西需要向学生传授，但音乐的"只可意会，不可言传"的特殊性质只能靠想象力去再创造。那种传统的我教你学、我讲你听的师徒式教学方式同创造性思维的培养背道而驰、大相径庭。而音乐教育方式的创新，则追求一种无权威的学习机制，追求一种自由、和谐、双向交流的教学氛围。要建立平等互助的师生关系，教师与学生凭借音乐交流审美信息，这里没有智力教育和道德教育的那种权威性和强迫性，教学双方完全是一种平等的关系。音乐教师要为学生的音乐学习创造宽松、融洽的人际环境，强化学生的"问题"意识，允许质疑，鼓励探索，尊重学生对音乐的不同体验与独立思考。如果从更深的层面上来说，那么音乐教育方式的创新则应体现较强的民主意识，要充分尊重学生的人格，维护学生在音乐学习方面的自尊心与自信心。

三、文化认知与传承

音乐是人类最古老、最具普遍性、最有感染力的艺术形式，是人类通过音响媒介表达思想和交流感情的重要手段，是人类精神生活的有机组成部分，是人类文化的一种重要形态和载体。千百年来，音乐伴随着人类文明与进步的步伐，孕育和积淀着厚重的人类精神食粮与文化果实，推动着社会的发展。音乐教育，虽然有其自身的知识技能体系与学科特征，但对于普通音乐教育，尤其是基础音乐教育来说，主要还是一种文化层面的学习。从本质上讲，基础音乐教育的目的是为了提高人的音乐文化素养，使人了解音乐文化的历史，开阔音乐文化视野。因此，从内容到方法，基础音乐教育都应贯穿着鲜明的文化主线。

不同民族和国家的音乐文化，是人类共同的宝贵遗产。学习中国民族音乐，是民族文化传承的重要途径。只有了解和熟悉祖国的音乐文化，才会喜欢和热爱祖国的音乐艺术，增进对民族音乐的感情。而民族音乐传播所产生的巨大的民族亲和力和凝聚力，有助于增强学生的民族意识和爱国主义精神。学习世界优秀音乐，是世界文化传承的重要途径。通过了解和熟悉世界上各个国家和地区不同民族的优秀的、具有代表性的音乐作品，可以领略世界音乐文化的丰富性和多样性，认识世界音乐的发展历史，有助于树立尊重其他国家和民族文化的观念，增强对世界多元文化的理解，培养与提升学生的国际视野与全球意识。

四、社会交往与品性迁移

国际21世纪教育委员会的报告——《学习——内在的财富》提出了新世纪教育的四大支柱：学会求知，学会做事，学会共处，学会做人。其中，"学会做人"是整个教育的核心，而"学会共处"则是做人、做事的基础。

学会共处，包含着十分丰富的内容和非常深刻的含义。它首先体现在人的社会关系方面，倡导人际间的相互交流，平等对话，和谐相处，共同尊重。这些内涵是人际关系的基础，是社会个体之间、群体之间和谐共处的重要保证。在家庭中，父母和子女之间亲密的思想交流是消除"代沟"的有效途径；在学校里，教师和学生之间真挚平等的对话是教学相长的成功体现；在社会上，朋友之间的坦诚相待是生活美好的象征。学会共处，还要学会关心，学会合作，学会分享，学会发现他人，尊重他人。教育的任务之一就是要使学生了解人类本身的多样性、共同性及相互之间的依赖性。其次，学会共处也意味着人与自然的和谐共处。无论我国古代的"天人合一"的思想，还是现代世界倡导的"环境保护""生态平衡"等理念均指明了人与自然"共处"的重要意义。

音乐作为人类交流的一种重要方式，决定了音乐教育能够在培养合作精神与共处意识方面有所作为。首先，音乐最容易使人与人之间产生情感上的沟通与联系。常言道，语言的终结是音乐的开始，这种建立在音乐信息上只可意会的交流，往往比语言更能深入心灵，使人们相互理解，默契配合。其次，音乐活动的集体形式（齐唱、齐奏、合唱、合奏等）感人至深，影响巨大，有益于个体和群体的交往、合作，有益于融洽人际关系，超越小我，融入大我，从而领悟共处的真谛。再次，音乐教育的审美性质为合作精神与共处意识的培养提供了广阔的空间，使学生学会用审美的态度来对待他人、人类，拥有宽容的情怀，从而成为真正意义上的现代人。

在新修订的《义务教育音乐课程标准（2011 年版）》（以下简称《课程标准》）中，学科价值还体现了"品性迁移"的新内涵："学习音乐和提高艺术素养日积月累过程所需要的自尊、自律、自信、潜心投入、持之以恒以及不断追求完美的自我激励和反思、超越等品质和习性，会对其他科目的学习及生活的其他方面，产生迁移作用，有助于学生学会学习及良好品性的形成。"这种对音乐学科价值新的认识，进一步阐明了音乐课程在人的成长和发展过程中的重要作用，提升了音乐课程的教育功能。

第三节　学科的基本理念

一、以音乐审美为核心，以兴趣爱好为动力

1. 以音乐审美为核心

《课程标准》对"以音乐审美为核心"的阐述是，音乐审美指的是对音乐艺术美感的体验、感悟、沟通、交流以及对不同音乐文化语境和人文内涵的认知。这一立足于我国数千年"乐教"传统的基本理念，直接与促进学生全面发展的素质教育目标中的"美育"方针相对应，彰显音乐课程在潜移默化中培育学生美好情操、健全人格的教育功能。这一理念是在生动、多样的音乐实践活动中生成和实现的。在教学中，要强调音乐的情感体验，从多样化的文化语境出发，根据音乐艺术的表现特征，引导学生对音乐表现形式进行整体把握，领会音乐要素在音乐表现中的作用，增进音乐素养。音乐基础知识和基本技能的学习，应与音乐艺术的审美体验及不同文化认知有机结合。从中，我们可以领会和把握这样几个要点：

第一，具有国家教育法规文件性质的课程基本理念的表述，是音乐教育、文化传统以及本学科学术理论精华的历史积淀——与当今社会意识形态及主流文化思想相融合的产物。美育列入教育方针，明确了美育在学校教育中的地位，这对于作为实施美育重要途径的音乐教育来说意义重大，将极大地提高音乐教育在学校教育中的学科地位，有利于音乐教育真正地实现以审美为核心。

第二，以美育为基本属性的音乐学科，在其教育、教学形式与过程中同其他学科有着显著的区别，其特点是情感审美。情与美的不解之缘，决定了音乐教育的基本方式是以情感人，以美育人。因此，音乐教学的重要机制，在于有情感的教师面对有情

感的学生。音乐教学的全部过程，应是一种审美体验过程，这个过程应贯穿着所有的审美因素，并以美感的发生为根本目标和内容。

第三，重视音乐教学领域的审美要素和教学过程的审美特征研究，使音乐课按照美的规律来设置、构建和施教。音乐教师要善于发现和挖掘音乐教学内容的审美因素，将自己的音乐审美体验积极融入对教材的分析、处理之中，形成强烈而浓郁的音乐审美动力和审美渴望。音乐基础知识和基本技能的学习，应有机渗透在音乐艺术的审美体验之中。

第四，"以音乐审美为核心"的教学原则：情感性原则——音乐是情感艺术，音乐给人情感的移入比其他艺术有力得多，能更直接更有力地进入人的情感世界。情感，是音乐审美过程中最活跃的心理因素，是音乐审美感受的动力和中介。教师在音乐教学中要牢牢把握住情感性原则，不时点燃学生的情感火花，有效地打开学生的心灵之窗，使其在勃发与激动的情绪中，享受美感，陶情淑性。体验性原则——音乐是体验的艺术，音乐创作、表现和鉴赏都离不开人的亲自参与和体验，因此，音乐教学过程应是一个在教师启发和指导下学生主动参与体验音乐的过程。在音乐教学过程中，教师的语言应以描述性为主，创设审美情境，渲染艺术氛围，引导和诱发学生积极地参与音乐体验，良好的音乐教学过程应体现为各种有利于学生参与的音乐活动。形象性原则——形象性是音乐艺术的主要特点之一，由旋律、节奏、和声等音乐语言所创造的音乐形象，具有声态、情态、形态、动态等一系列形象化特征，音乐审美教育正是借助这些具体可感的形象来诱发和感染受教者，因此，在音乐教学中贯彻形象性原则，以美引真，最易为学生所接受，变抽象、枯燥的概念为生动、有趣的形象，能取得事半功倍的效果。愉悦性原则——音乐教学的愉悦性是审美教育发生优化效应的心理机制，当学生处于愉悦状态的时候，最有利于形成优势兴奋中心，使"学习是一种艰苦劳动"的认识披上一层乐于主动接受的色彩，这种变"苦学"为"乐学"的状况，最适于在音乐教学中体现，这就是所谓"乐（音乐）即是乐（快乐）"的道理。音乐教学方法的趣味化和游戏化，能给学生带来极大的快乐，会使他们对音乐发生浓厚的兴趣，进而产生持久的音乐学习动力。

2. 以兴趣爱好为动力

《课程标准》对"以兴趣爱好为动力"的阐述是，兴趣是音乐学习的根本动力和终身喜爱音乐的必要前提。在教学中，要根据学生身心发展规律，以丰富多彩的教学内容和生动活泼的教学形式，激发学生对音乐的兴趣，不断提高音乐素养，丰富精神生活。

兴趣对于学习的重要意义，早已被人们所认识，爱因斯坦的"热爱是最好的老师"，即是一句至理名言。关注和重视学生音乐兴趣的培养，发展学生的音乐兴趣与爱好，既是学习的重要基础和基本动力，同时亦是学生在音乐上持续发展、终身热爱音乐的根本保证。之所以把培养音乐兴趣作为音乐基础教育的重要出发点，不难看出这样的两点因素：第一，音乐兴趣是学生学习音乐的动力，是产生情感的基础，同时也是学生在音乐方面可持续发展的重要前提。如果有了对音乐稳定而持久的兴趣，就可以对各种音乐实践活动产生积极参与的兴趣，进而获得良好的音乐学习效果。反之，对音乐不感兴趣，只是被迫地、被动地进行音乐学习，那就不会产生有效的学习效果，甚至会形成一种对音乐学习的厌烦心理。第二，学校教育只是人生的一个学习阶段，已经进入终身学习时代的当今学生，掌握学习方法比掌握学习内容更为重要。要变"学会音乐"为"会学音乐"，更需要把学习兴趣归还给学习者。因此，把音乐学习的主动权还给学生，让他们变被动学习为主动学习，变接受学习为探索学习，便成为音乐学习中的首要问题，这个问题不解决，就不能使学生热爱音乐，对音乐产生感情。如果通过九年义务教育连音乐兴趣都没有在学生心中建立起来，那就不能不说我们的音乐教育在某种意义上是失败的。如果我们的音乐课不能让学生喜爱音乐，音乐不能成为学生发自内心的需要，那么，任何所谓的"音乐学习"对学生来说都是没有意义的。

如何培养学生的音乐兴趣，是音乐教师所关心的话题。在丰富的音乐教学实践中，蕴涵着许多有利于激发、形成和发展学生音乐兴趣的因素，其中，最主要的是这样几个方面：首先，要爱护学生的音乐好奇心。对美好事物的热爱与追求是人类的本能，儿童与生俱来就有对动听、悦耳音响的好奇心，保护好学生的好奇心，是培养音乐兴趣的前提。作为音乐教师，应了解儿童与成人对音乐兴趣的差异，成人司空见惯了的现象，对于儿童来说很可能完全是新鲜的。好奇心是孩子们十分宝贵的内在素质，如果在音乐教学中能充分注意到这一点，让学生对音乐美感进行自然地、无拘无束地参与和体验，学生的好奇心就得到了极大的满足，就会极有利于形成良好的兴趣品质。其次，要尊重学生的音乐感受。儿童有自己的认识世界的方式，对于音乐学习，不同年龄的学生有着各自不同的方式，用成人的眼光审视儿童的音乐学习，以教师的经验代替学生的理解，只能使音乐教学陷入理性的泥潭。音乐教学要给学生以自己的方式感受、表达音乐的机会，比如让学生对其所聆听的音乐发表看法，尽可能地让学生自由发挥，而不应总是促使学生进行勉强的联想，或是由教师来作标准答案式的讲解。善于用形体动作对音乐做出反应，表达内心对音乐的感受，是儿童进行音乐学习的另一个特点。针对这一特点，教师在音乐教学中应给予学生有效的鼓励与引导，使学生将音乐与体态律动尽可能自然地整合起来，将外部动作与内心体验最大限度地联系在一起，以形成稳定而持久的音乐兴趣。再次，让学生体验音乐即是快乐。从现代教育理念看来，倡导苦学并不能有效解决学习问题，时间＋汗水的传统方式已逐渐被优化学习、有效学习所替代。对于以美育为特征、具有审美愉悦性的音乐学科来说，枯燥、机械的苦学方式更是极不可取的，因为这是泯灭学生音乐兴趣的主要原因之一。学生喜爱音乐，是因为音乐能给他们带来快乐，所谓："乐（音乐）即是乐（快乐）"的道理。如果音乐课让他们感到比数理化等科学学科还要枯燥，还要艰难，那么学生厌烦音乐课是必然的，更谈不到对音乐产生兴趣。正确的方式只有一个，那就是通过音乐教学让学生充分感受和体验快乐。

二、强调音乐实践，鼓励音乐创造

1. 强调音乐实践

《课程标准》阐述了"强调音乐实践"的课程基本理念：音乐教学是音乐艺术的实践过程。因此，所有的音乐教学领域都应强调学生的艺术实践，积极引导学生参与歌唱、演奏、聆听、综合性艺术表演和即兴创编等各项音乐活动，将其作为学生走进音乐、获得音乐审美体验的基本途径。通过音乐艺术实践，有效提高音乐素养，增强学生音乐表现的自信心，同时培养学生良好的合作意识和团队精神。传统的学习观，注重的是以知识和课本为中心的认识活动，把学习的本质视为一种认识过程。早在半个世纪之前，陶行知先生就对此进行过一针见血的批评："中国教育之通病是教用脑的人不用手，不教用手的人用脑。"这话切中了我国教育长期以来忽视实践活动的弊端。对于学生来说，仅立足于"关起门来读书"是远远不够的，"读书"是学习，"实践"是更重要的学习，学以致用，永远是教育的直接目的。因此，引导学生转变传统的学习观念，将学习纳入一种以认知内化为基础的实践活动的轨道，给学生提供充分的动手机会，让学生参与大量的实践体验，乃是学生优化学习、有效学习的必要条件。

音乐是实践性和操作性很强的学科，尤其是在表现领域更体现为一种技能性特点。演唱、演奏、综合性艺术表演和识读乐谱，哪一项也离不开实践活动，离不开具体的操作。比如唱歌，光是了解发声器官的构造、呼吸、共鸣、咬字吐字等知识而不去练习歌唱，是毫无意义的。又如演奏乐器，只知道某种乐器的构造与性能，了解一些演奏方法，但不去操作，那么你永远也不会演奏这件乐器。特别是对乐谱的识读，更要结合具体的音乐实践领域进行，否则只能是充满理性的纸上谈兵。过去我们在这方面的弯路走的太多太长，人为地将识谱知识与识谱技能割裂开来、对立起来，依靠讲授去让学生识谱，造成学生满脑子数学逻辑而缺少对音乐的感知。长期以来，我国识谱教学的不成功实践，虽然有着方方面面的影响因素，但没有把识谱教学放在音乐实践活动中进行应是重要原因之一。因此，《课程标准》指出的"音乐课的教学过程就是音乐艺术的实践过程"，意义非常重大，要求所有的音乐教学都应重视学生的艺术实践，积极引导学生参与各项音乐活动，将其作为学生走进音乐、获得音乐审美体验的基本途径。音乐教师应该认真贯彻上述原则，在教学中尽可能为学生提供参与音乐实践活动的机会，引导和鼓励学生运用音乐的形式表达情感，交流思想。即使是在"感受与鉴赏""音乐与相关文化"这样的学习领域，也应注意结合具体的音乐作品和生动的音乐实践活动来进行。如音乐欣赏，学生只是被动地听是不行的，而应积极对所听音乐作出反应：语言反应（对音乐进行描述），身体反应（运用动作表现音乐），内心反应（内在音乐体验），歌唱反应（唱音乐主题）以及演奏反应（为音乐配打击乐）等。

2. 鼓励音乐创造

教育创新，是针对我国传统、陈旧的教育观念和教育方式的弊端提出来的。重传承不重创新，重蹈袭不重己出，这样的教育必然会钳制人的新思想，局限人的新精神，扼杀一个人敢为天下先的勇气。在我国的学校教育中，唯师是从，唯书是从，标准答案至上的现象十分普遍，课堂上学生很少主动提出问题，很难见到学生同教师争论，标准答案更是不可置疑。在一堂音乐课上，教师展示了一幅穿着彝家服饰的娃娃的图片后提问："这个娃娃脖子上挂着什么东西？"一些学生回答说："银项圈。"教师表情一愣，纠正道："是银项链！请同学们跟老师一起念——银项链。"全体学生重复："银项链。"课后，有人问这位教师："学生们说是项圈时，你为什么要纠正呢？况且图片上的娃娃确实戴的是项圈呀！"教师的理由是："教材中的歌词是银项链。"人们又去问学生："你们从图片上看出是银项圈了，可为什么还跟着老师念银项链？"学生们的回答令人惊异："老师总归是对的。"此教学案例给人的启示是：学生跟着老师跑，教师跟着书本跑，学生依附老师，教师依附课本，环环掣肘，谁也不敢越雷池一步。长此下去，师生都不会用自己的眼睛观察，不会用自己的脑子思考，只会唯书、唯上，就是不会唯实。

鼓励音乐创造的一个重要内涵是：发展学生的想象力，增强学生的创造意识，在音乐教学和学习中不存在标准答案。有一个很生动的例子：一堂音乐课上，教师让学生聆听《空山鸟语》后为音乐命名，有一家住农村的学生联系自己的生活经验为乐曲起了个颇具想象力的名字：《捉鸡》。教师鼓励了学生的想法，却引来了否定的声音："《空山鸟语》怎么可想象成鸡叫呢？这绝对是错误的！"其实，对音乐的不同理解本来是很正常的，正是音乐的非语义性与不确定性才为人们的不同想象与联想提供了广阔的空间，为创造性音乐思维活动奠定了基础。许多人（包括音乐教师）往往在理论上同意音乐教育要培养学生想象力与创造力，而在实践中却习惯于用自己的结论代替学生的思考。造成这种状况的原因固然很多，但不能正确地看待学生，不能真正地把学生当做学习主体，不能赋予学生在音乐学习中的平等地位，则是根本的原因。实际上由于成长环境的开放和接受教育途径的多向，今天的孩子对各种新事物、新知识的了解可能比成年人更为敏捷和广泛，拥有超过成人对信息的掌握和对于事物的理解的途径。他们没有旧观念、旧模式的束缚，常常表达出不同于成人的看法，对音乐的学习、理解往往不受任何框框、学科的清规戒律的束缚，显示出一种学习的活力。还有位学生认为："在音乐里，你只需要你自己的感受，它往往不可名状，指引你去和某种生活印象去撞击，要做到这一点，你就需要有不受外界干扰的自由，如果每个人对音乐的理解都是遵照千百年所流传来的说法，那么音乐就不会有那么大的魅力了。"应该说，这些学生对传统意义上的音乐教育的"反叛"并非是心血来潮式的胡思乱想，而是建立在自主学习基础上的、充满了批判精神的积极思考，其中不乏真知灼见。

鼓励音乐创造的另一个重要内涵是：对于音乐教学来说，不应有一个统一的模式和固定的程序，音乐课堂应是动态的和变化的。这是因为，学校中各学科都有自身的特点，若全都用一个模子去套，课程内涵和学科特点就会消失殆尽。就音乐教学来说，尽管也有一些共性的教学规律与原则可以遵循，但从根本上说，其教学过程是充满了创造性的，严格细致的程序和统一的模式与标准，意味着艺术精神和创造性的死亡。例如，那种把音乐课堂教学时间划分为严格的小单位，为每个单位时间布置不同的任务，如组织教学几分钟，复习歌曲几分钟，综合练习几分钟，导入新课几分钟，教授新课几分钟，巩固、处理以及表演歌曲几分钟等，与工厂里的固定流水线没有什么不同，还怎么可能有创造性可言？对于音乐学习来说，则不存在一个整齐划一的体验、表达与理解的方式，更不应有一个统一的结论和答案。其道理前面那位学生已谈得相当精辟，音乐学习的关键是需要学习者自身的感受和体验，而"统一结论"和"标准答案"恰恰在这个最核心的问题上有悖于音乐学习思维过程的独特性、新颖性和多样性。

三、突出音乐特点，关注学科综合

1. 突出音乐特点

《课程标准》阐述了"突出音乐特点"的课程基本理念：音乐是听觉艺术，学生主要通过听觉活动感受与体验音乐。音乐音响随时间的流动而展现，不具有语义的确定性和事物形态的具象性，然而它又与人类的社会生活、各种文化艺术有着紧密的联系，这就为学生感受、表现音乐和想象力、创造力的发挥，提供了广阔而自由的空间。音乐艺术的这些主要特征，应在教学过程中得以突出强调和体现。音乐艺术的一切实践都须依赖于听觉，听，是音乐艺术最基本的特征。音乐艺术的这种特征决定了：第一，在音乐教育中，发展听觉是最重要的事情。所以，音乐教学必须立足于听，把发展学生的音乐听觉，培养其对音乐的良好感受能力，作为首要任务，作为进一步学习音乐其他方面技能的基础。也就是说，音乐教学首先应该解决的问题是使学生会听，而不是其他。第二，音乐教育必须遵循"以听为中心"的原则，把全部教学活动牢固地建立在听的基础上。因为，既然听是一切音乐实践活动赖以进行的基础，那么，听觉感知便成了学习音乐的先决条件。训练与培养良好的听觉感知，发展优异的音乐思维，不仅对于音乐欣赏具有重要的意义，同时也是学习音乐表现技能的必要前提。唱歌、演奏乐器、识谱等均离不开听觉的主导作用，音准、节奏感、声音表现力等诸因素也都需要由听觉来鉴定和调整。所以，只有紧密地围绕着听来进行和展开音乐教学活动，才能适应音乐艺术的规律，使音乐教学收到良好的成效。

在音乐新课程中，"感受与鉴赏"这一教学领域之所以被视为培养学生音乐审美能力的有效途径，是因为音乐欣赏具有最直接、最具体的审美教育价值。它以一定的音乐为审美对象，以参与欣赏活动的人为审美主体，形成一种特殊的审美观照。通过对音响的聆听，实现对音乐美的感受和鉴赏，培养审美感知（包括音乐辨别力、音乐感受力和音乐记忆力，这是音乐审美的基础）和审美情感（包括音乐情感辨别力、音乐情感表现力和音乐情感理解力，这是音乐审美的深化）。现代社会的迅速发展，不但促进了音乐艺术的空前繁荣，而且使音乐在人类社会生活中展现了越来越重要的作用，音乐审美水平已成为精神文明的一个重要标志。随着广播、电视、唱片、磁带、CD、VCD等传递音乐信息的设备日新月异，音乐欣赏已不仅仅局限在音乐会和学校的音乐课堂里，实际上，中小学生每天从家庭和社会上所接受的音乐信息（有意或无意）要比音乐课堂里多得多。由于现实生活中到处充满了音乐，学生每天都要"被迫地"接受许多音乐信息，一方面，音乐生活呈现出十分纷繁复杂的情况，良莠混杂、雅俗交织、美丑难辨；另一方面，学生这种无意识的听，往往都是"听而不闻"，这在客观上造成了一种不良的听觉习惯，如果这种习惯延续到课堂上，就会不同程度地影响着学校的音乐教育。由此可见，加强音乐欣赏教学，培养学生的"听"的艺术，提高音乐欣赏能力是非常重要的。

音乐艺术的非语义性和不确定性，决定了音乐学科同其他学科具有不同的教学方式，即体验的方式。音乐是一种直接经验，而直接经验的获得，必须通过直觉的方式。因此，音乐教育过程，应是一个学习者对音乐的感受、感悟和音乐对学习者的感染、感化过程。在这个过程中，教师应是引导学生学习和促进学生学习，而不是代替学生学习。那么，传统音乐教学中那种立足于教师讲解、分析音乐，着眼于教师传承、教授音乐的方式显然是不足取的，其根本症结在于这种教学方式排斥了学生的主动参与，使学生没有形成同音乐之间的直接体验与交流。对音乐内容进行过多的讲解和诠释，不但束缚、限制了学生的联想或想象，还会使学生产生思维惰性，无益于学生的想象力和创造力的提高。当然，在音乐课上教师也不是什么都不讲了，那么什么时候讲、讲什么、如何讲，应该值得特别关注。音乐欣赏作为音乐教学的一个方面，是在音乐教师有目的、有计划、有组织的教学实践中进行的。而这种"有目的、有计划、有组织的教学"所体现的一个重要特征就是教学的逻辑性，而语言是表达逻辑的最理想的方式，因此教学语言就成为表现教学逻辑的必要方式。因而，在音乐欣赏教学中，教师在适当的时机进行适当的言语引导是音乐欣赏教学有序进行的保证。例如，由于学生音乐经验积累或联想、想象能力的差异，他们在聆听音乐作品时往往表现为浅表层次的不同反应与理解，若要达到对音乐深层内容的领会，教师的启发性引导就成为必要。但教师要切忌那种直白的音乐解释，而应采取一种对音乐的描述的方式。正如美国音乐教育家雷默所说：恰如其分的语言要具有描述性，而绝不是解释性，只有一样可以适当地引起对音乐的情感反映，这就是音响本身。

2. 关注学科综合

《课程标准》阐述了"关注学科综合"的课程基本理念："音乐教学的学科综合，包括音乐课程不同教学领域之间的综合；音乐与诗歌、舞蹈、戏剧、影视、美术等不同艺术门类的综合；音乐与艺术之外的其他学科的综合。在教学中，学科综合应突出音乐艺术的特点，通过具体的音乐材料构建起与其他艺术门类及其他学科的有机联系，在综合过程中对不同艺术门类表现形式的比较，拓展学生艺术视野，深化学生对音乐艺术的理解。"

进入 21 世纪以来，世界教育的发展趋势及走向有了一个重大的变化，那就是：倡导课程向学习者的经验和生活回归，密切课程同学习者发展需要的联系，追求课程的整合、融合与综合。现行的分科主义课程体系是 18 世纪启蒙运动以来的产物，带有显著的"工具理性"特征，它突出了"学科中心"，倡导的是"精英文化"，尽管它以"价值中立"的姿态出现，其实质却是强化了少数人的利益。分科主义课程体系带给教育的消极影响至少有两个方面：一方面，把人与生活世界割离开来，各学科彼此隔绝地向学生灌输知识，从而导致学生人格的"片断化"生成；另一方面，把"精英文化"与"大众文化"割离开来，各学科竞相突出其"工具主义"意识，从而造成人的价值观的倾斜。因此，当时代要求人与生活世界和谐共生的时候，要求"精英文化"与"大众文化"融合的时候，要求人格整体发展、素质整体提升的时候，课程的综合化就成为必然。

音乐是人类文化的重要载体，是艺术"家族"的主要成员，是学校课程体系的组成部分。无论在文化领域、艺术领域，还是教育领域，音乐都不是孤立存在的。从根本上说，音乐是一种整体性和包容性的文化现象。从艺术的本质讲，一切艺术都是心灵的艺术，都具有情感性特征，都表现为形象性特点，其不同之处只是各自的感性材料有所区别而已。不同的艺术门类或不同的音乐形式尽管在表现方式上各有所异，但在表达情感、抒发心声方面具有许多相通之处，在审美意蕴上有着诸多相似的地方。从教育学的角度来看，各种艺术门类之间或各种音乐形式之间的融合与人的身心发展有着某种同构关系，是一种相辅相成的教育现象。从心理学的角度而言，"通感"这一心理现象使得各种艺术门类之间或各种音乐形式之间的整合与相融成为必要和可能。

在具体的教学实施中，"提倡学科综合"的理念可以通过三个途径来体现与贯彻。第一，音乐教学虽划分为感受与鉴赏、表现、创造、音乐与相关文化四个不同领域，但体现在教学中却是一个整体，四个领域是一种相互渗透和互为依存的关系。比如鉴赏和表现，乃是体验与创造、认识与实践、审美与立美的关系。从一定意义上说，感受与鉴赏是整个音乐学习活动的基础，是音乐表现活动的出发点与归宿，反过来，表现则是音乐欣赏活动的客观表征。鉴赏水平的提高可增强音乐表现力，同样，良好的音乐表现则有利于鉴赏经验与审美体验的获得，因此，不同教学领域的相互渗透与整合，可以最大限度地发挥音乐教学的整体效应，从而促进学生感受力、鉴赏力、表现力和创造力的和谐发展。第二，音乐虽有自身的独特性，但其艺术属性同其他姊妹艺术一样都是"主情"的，对情绪、情感的表现是各类艺术的共同特征，因此，音乐与舞蹈、美术、戏剧、影视等具有十分密切的联系。我国古代《毛诗序》曾这样阐述艺术之间的关系："情动于中而形于言，言之不足故嗟叹之；嗟叹之不足故咏歌之；咏歌之不足，不知手之舞之，足之蹈之也。"在具体音乐教学中，充分利用艺术之间的这种相融相通关系，充分发挥与运用各种艺术门类的不同表现手段，整合成综合性的音乐教学方式，如用形体动作配合音乐节奏，用表演及情节表现音乐的情绪、情感，用色彩或线条表现音乐的明暗、相同与不同等。第三，软化学科边缘，加强音乐同其他学科的联系，并在教学中整合与实施，不仅是一种趋势，具有广阔的发展前景，同时也有着十分丰富的教学资源。如语文，可以选用适宜的背景音乐为诗歌、散文配乐，烘托审美意境，亦可运用诗化的语言和散文式的表达来描述音乐的情境，营造浓郁的课堂艺术氛围。同样，音乐与史地学科综合，可以学习和了解不同历史时期、不同地域和国家的代表性音乐以及相关的风土人情；音乐同体育学科综合，可以运用韵律操配合不同节奏、节拍、情绪的音乐；音乐同数学、理化学科的综合，可以联系"黄金分割线"将美学概念与数学概念整合起来以及将音乐的高低、长短、强弱等声音性质同物理学的频率、振幅等知识联系起来。

四、弘扬民族音乐，理解多元文化

《课程标准》对"弘扬民族音乐，理解多元文化"的基本理念作了这样的阐述："应将我国各民族优秀的传统音乐作为音乐教学的重要内容，通过学习，学生熟悉和热爱祖国的音乐文化，增强民族意识、培养爱国主义情操。随着时代的发展和社会生活的变迁，反映近现代和当代中国社会生活的优秀中国音乐作品，它应纳入音乐课的教学内容。""世界的和平与发展有赖于对不同民族文化的尊重和理解，应以开阔的视野学习世界其他国家和民族的音乐文化，理解音乐文化的多样性，共享人类文明的一切优秀成果。"我国的音乐艺术具有五千年的历史，是世界音乐艺术宝库的重要组成部分。无论是传统的民族民间音乐，还是近现代优秀的音乐创作，都是中华民族珍贵的艺术财富，也是学校的重要学习领域。尤其对于 21 世纪的学生来说，更应该增进对我们中华民族在音乐方面伟大创造的深入了解，更应该热爱伴随着我们民族走过五千年历程、倾诉着我们苦难与欢乐心声的艺术珍品。作为未来主人的青少年一代，应充分了解自己祖国文化的"根"，在祖先耕耘过的大地汲取深层的历史文化精髓，以再造今日的文明。当前，世界文明的中心正在由西方向东方转移，我们东方人应该如何看待自己的文明，这个问题已引起越来越多的人的思考。而当今世界，正处于全球一体化的国际趋势，加强对话，增进了解，资源共享，共同发展，已成为世界和平与发展的鲜明主题。在这种新的世界发展格局中，一个重要的现象与趋势是对各个不同国家、地域、民族赖以生存的文化的尊重与理解，这是人类相互了解与沟通的基础。

音乐文化既是最能代表一个民族本质和特征的文化现象，又是最能反映各个民族的特点并可以直接感受与交流的世界文化现象。因此，"弘扬民族音乐，理解多元文化"，应是我们音乐教育的重要价值观之一。这种新的课程理念无疑会对我国音乐教育教学实践产生深刻的影响，在"全国第三届中小学优秀音乐课评选"活动中，一堂题为"爵士乐"的音乐课以崭新的教学理念、新颖的教学设计和自然的教学过程受到专家与教师的一致好评。究其原因，除该课所体现的研究性学习特点外，教学内容与方式所蕴涵的对世界多元文化的尊重与理解，引导学生以开放的心态正确审视黑人爵士文化，树立平等的多元文化价值观，具有国际视野与全球意识，则是该课获得成功的重要因素。在美国等西方国家的音乐教育中，越来越多的学者及有识之士以全球化文化视野来审视当今世界多元化的现象，并用以指导本国的音乐教育实践。美国制定的《艺术教育国家标准》中强调："美国的多样性是艺术教育巨大的资源，应该充分加以利用，以帮助学生理解他们自己和其他人。"美国奥尔夫学会前任主席、威斯康星大学音乐系教授朱迪邦德主编的音乐教材《共享音乐》中，歌词使用了各个国家的不同文字。尽管这样做需耗费大量人力和财力，但因多元化对于美国文化的发展极为有利，会形成一种"国际文化生态平衡"，这种做法得到了广泛的肯定和认同。

"弘扬民族音乐"和"理解多元文化"是辩证统一的关系。任何文化（包括音乐文化）都是属于民族的，民族音乐是音乐文化中的"母语"，不管你走到哪里，亲近祖国音乐艺术的感情绝不会改变，正如一首歌中唱的那样："洋装虽然穿在身，我心依然是中国心，我的祖先早已把我的一切烙上中国印。"但是，对民族音乐文化的热爱与弘扬，并非一定要排斥和拒绝世界其他国家和地区的优秀音乐文化，并非一定要表现为那种狭隘的民族性和局限性，一个民族什么时候用世界的标准，而不是用民族的标准衡量一切，那么这个民族就成熟了。因为世界音乐的多样性是由民族性决定的，也就是说，世界民族多样性决定了世界音乐的多样性。我们正处在一个多元的世界，广泛地吸收世界上的一切优秀音乐文化，开阔我们的音乐教育视野，丰富我们的音乐教育内涵，共享人类音乐文明的优秀成果，应是我们音乐教育的理想与追求。

五、面向全体学生，注重个性发展

《课程标准》对"面向全体学生，注重个性发展"的课程基本理念作了这样的阐述：义务教育阶段的音乐课"应当面向全体学生，使每一个学生的音乐潜能得到开发并从中受益。音乐课的全部教学活动应以学生为主体，师生互动，将学生对音乐的感受和音乐活动的参与放在重要的位置。""尊重学生的个性，鼓励学生积极参与各种音乐活动，以自己的方式表达情智。教学中，应把全体学生的普遍参与和发展不同个性有机结合起来，创造生动活泼、灵活多样的教学形式，为学生发展音乐才能提供空间。"基础教育课程改革是全面推进素质教育的核心举措，而素质教育的基本精神就是面向全体学生和学生主动、具有个性地发展。

1. 面向全体学生

素质教育的第一要义是"面向全体学生"，因此，面向所有的教育对象，认清每一个学生的优势，开发其潜能，培养其特长，使全体学生都能走上不同层次的成才之路，乃是素质教育所面临的重要使命。面向全体，实质是面向有个体差异的学生，是切实关怀每一个学生。正确地判断每个学生的智力才能的不同特征及其发展潜质，这是教育智慧中极为重要的部分。是泥土，可以烧成砖瓦；是铁矿，可以百炼成钢；是金子，就应当放出光彩。世界著名学府美国哈佛大学举行 35 周年校庆期间，有人问学校最值得自豪的是否是培养了 6 位总统和 36 位诺贝尔奖的获得者，校长的回答却是出人意料，他说哈佛最引以为自豪的并不是培养了众多的总统和诺贝尔奖获得者，而是给予每个学生以充分的选择机会和发展空间，让每一颗金子都闪闪发光。

作为一种指导思想，"面向全体"具体表现为强化普及意识，淡化选拔意识，也就是说素质教育是要创造一种适合学生的教育，而不是挑选适合教育的学生，使每一个学生都能获得学习的成功，是其根本的宗旨。诚然，由于遗传因素不同，每个人的天赋有所差异，每个人将来获得的成就也会有所不同。但是，只要通过自己的努力，能够发挥自己的才能，为社会作出一定的贡献，就是一个事业的成功者。对于教师来说，"面向全体"首先要求教师做园丁，而不是伯乐。伯乐的作用在于挑选人才，而园丁则是用万紫千红来打扮世界的。

基于上述认识，在音乐教育中，使每一个学生的音乐潜能得到开发并使他们从中受益，使每一个学生的音乐文化素养得到提高并使他们终身喜爱音乐，是音乐教师的基本责任和义务。无论学生是否具有音乐天赋，都有参与音乐活动、接受音乐教育的权利。因此，音乐教育应立足于对全体教育对象的素质培养，而不是面向少数特长生，更不是专业性质的音乐人才培养。音乐教育承认差异，但应拒绝"选择"与"淘汰"。让每一个学生在音乐学习上体验成功，享受快乐，是每一位音乐教师所应关注的焦点和努力的方向。真正体现素质教育真谛的音乐教育在于其广泛的适应性，在于敞开自己的美丽胸怀去真诚地拥抱每一个学生。

"面向全体学生"的基本理念，不单单是一个理论和观念问题，它应鲜明而具体地反映与体现在音乐教育教学之中。在音乐教学过程中，教师往往喜欢聪明伶俐的孩子，钟爱能歌善舞的学生，给这些人提供较多的机会，这是可以理解的。但是，不能因此而置其他学生于不顾，冷落了大多数孩子。有一个题目是"老师，你注意到我了吗"的教学案例：当老师要求学生听一听、动一动、唱一唱，感受歌曲旋律时，某学生曾三次举手，但老师都没有请他。于是，他开始东张西望并发出怪腔怪调，拍节奏时不耐烦经常拍错，读歌词时也不合作，唱歌时不唱，摇头晃脑揪耳朵……直到后来老师请他发言参与教学创编，这个学生得到了某种满足后才注意力集中地认真参与教学，再没有任何小动作。从这个案例中可以看出，任何层次的学生都希望得到教师的关注，有着被别人尊重的渴望。这个案例使我们思考这样一些问题：课堂上，教师总是要求学生注意力集中——集中于教学内容，集中于教师，但教师的注意力是否投向每一个孩子了呢？尤其是对"差生"是否给予更多的关注了呢？对于学生来说，得到一次小小的机会也许会激发起他们巨大的潜能，失去一次小小的机会也许就会挫伤他们幼小的心灵。然而，我们的音乐教育是面向所有学生的，他们的机会应该均等。

2. 注重个性发展

在我国的教育传统中，一直是注重共性至上的群体性原则，这在很大程度上漠视和压制了学生的个性发展。这种千人一面的"模子"式教育强调的是统一标准和统一要求，根本不考虑学生的特点与需求，其教育方式是"削足适履"式的，其评价方式是考试与分数。这不仅使学生的个性特点、独立品格、自我意识消磨殆尽，更是形成我国国民内心普遍深藏着"木秀于林，风必摧之"的恐惧，习惯向后看、重内省、随大流的思维定式的重要原因。个性发展，既是人的发展的需要，也是社会发展的需要。因此，它是素质教育的重要目标及核心内容，社会的进步，经济的发展，科技水平的提高，国际的竞争，都需要大批具有独特个性、完整人格、善于思考、充满批判精神和创造力的新型人才。社会的活力离不开创造，而缺乏个性就不会有真正的创造性。社会的活力是个体活力的体现，如果因个性窒息而使个体失去活力，那么整个社会就不会有旺盛的生命力。近年来，世界各国均对个性教育给予高度重视，关注个性发展已成为国际教育改革的一个核心问题。在联合国教科文组织和国际教育发展大会编著的《学会生存——教育世界的今天和明天》一书中，将"培养一个人的个性并为他进入现实世界开辟道路"作为教师的重要任务。联合国大会于1989年通过的《儿童权利公约》将"最充分地发展儿童的个性"作为教育的首要目的。我国新一轮基础教育课程改革亦对"个性发展"进行了新的认识，认为"教育面对的是一个个具有独特个性的学生，教育应促使每一位学生的个性发展"，并将其纳入了课程改革的理念及内容。

在音乐教育中，注重学生的个性发展更具有特殊的意义。音乐是体验性的学科，只有学生主体主动参与和自主体验才能感受学习的快乐并积累学习的成果。音乐教育的方式，最利于学生情感的抒发和个性的张扬，良好的音乐教学课堂应是学生个性解放、情感交融、想象与创造力驰骋的场所。教师应认识到，每个学生都是一个珍贵的生命，每个学生都是一个鲜活的个体，每个学生都是一幅精彩的画卷，每个学生都是一篇生动的乐章。教师应善于体会蕴藏在学生内心的渴望同外部世界交流的主动性发展潜质，"给孩子一些权利，让他自己去选择；给孩子一些机会，让他自己去体验；给孩子一点困难，让他自己去解决；给孩子一个问题，让他自己找答案；给孩子一种条件，让他自己去锻炼；给孩子一片空间，让他自己去前进"。让每一个学生都能有所选择，善于表现，使他们的个性和特长得到充分自由的发展。成长无法替代，发展必须主动。在音乐教学中，教师应自觉改变"我讲你听"的传统模式，改变那种只考虑教材要求和从教案出发，立足讲解音乐，传授知识，而且认为越系统越充分越精细就越好的指导思想；改变那种不考虑学生需要，不顾及学生感受，学生只能被动听讲、学唱，而且认为越安静越整齐越能跟着教师思维走就越好的陈旧观念。音乐素质的形成须有赖于有效的学习，而有效学习则是一个持续不断的内化过程。从某种意义上说，音乐学习是一个"内心的旅程"，是一个非常个人化的过程，是伴随着人格完善的历程。正因为如此，《课程标准》在其"基本理念"部分中才会明确地表述出："尊重学生的个性，鼓励学生积极参与各种音乐活动，以自己的方式表达情智。教学中，应把全体学生的普遍参与和发展不同个性有机结合起来，创造生动活泼、灵活多样的教学形式，为学生发展音乐才能提供空间。"这段话是每一位音乐教师应认真思考与深刻领会的。

第三章 音乐教师的心育艺术

　　人的整体素质由三部分组成：生理素质、心理素质和社会文化素质。这三类素质是按照"生理——心理——社会"的顺序发展的，且各自的发展水平、层次、性质和功能互不相同。在人的整体素质中，生理素质处于基层，是先天的、遗传的；心理素质居中，是先天和后天的"合金"；社会文化素质处于上层，是后天的。生理素质是其他两类素质的载体，是整体素质存在和发展的物质基础；社会文化素质标志着人的社会发展水平，表现人的本质特征；心理素质则在整体素质结构中起着核心、中介、桥梁作用，具有巨大的能动性，它不但影响着生理潜能的发挥，影响着生理的健康，同时也是社会文化素质形成和发展的心理基础，决定着社会文化素质的发展水平。由于心理素质具有巨大的能动性，所以，良好的心理素质必将促进人的整体素质的发展。

　　心育即心理教育，是教育者有目的、有计划地培养受教育者良好的心理品质的教育活动。其根本任务是要提高受教育者的心理素质，开发其创造潜能，增进心理健康，促进个性发展，通常所说的兴趣教育、能力教育、情感教育、意志锻炼、自信心培养、性格培养等均属于心理教育范畴。音乐心育是音乐教育与心理教育的整合，是在音乐教育过程中贯穿心理教育，根据学生的心理特点和音乐学科的特点，教师在学生感受、体验、表现以及创造音乐的过程中，施加心理影响并与学生的自主构建相互作用，从而培养学生健康的审美情趣和良好心理素质的一种教育艺术。作为音乐教师，应该很好地掌握和运用音乐心育方式，以情感人，以美育人，提高和发展学生的音乐素质。

第一节 小学生的音乐心理特点

一、小学生的心理特点

　　小学生时期是长身体、长知识的重要时期，这一时期，学生的生理特点是大脑结构与机能得到突出的发展，神经系统进一步完善，由此影响和决定了小学生的一系列心理特点。

　　首先，在认知活动方面，小学阶段的学生处于具体运算阶段，由不随意性、不自觉性逐步向着随意性、自觉性方向发展，认知水平从以具体形象为主要形式向抽象概括过渡。具体表现为：感知觉迅速发展，视敏度增长速度很快，听觉能力已达较高水平，能够区别语言中的细微差别；无意注意仍占主导地位，但有意注意随年级增长逐渐完善，注意的时间越来越长；记忆内容从具体形象识记向抽象材料识记方面增长，记忆方法由机械识记向理解识记方面转变；思维方式从以形象思维为主逐渐向以抽象思维为主过渡，但抽象思维在很大程度上仍然是直接与感性经验相联系，仍具有很大程度的具体形象性；想象力随年龄增长日渐丰富，低年级想象具有模仿和简单再现的特点，高年级则能自编故事，把事物描绘得生动形象。

其次，在情感、意志方面不断发展，变化很快。例如，小学阶段的学生的情感内容在个体和家庭的基础上不断扩大丰富，社会感情不断增加，荣誉感、羞耻感、责任感、义务感、同情感、正义感、美感以及集体主义、爱国主义等情感随年龄增加而发展起来。而在情感的表达方面，小学生的表情是非常丰富的，他们的喜、怒、哀、乐往往通过面部表现出来，并经常挂在脸上。小学低年级学生有时会情绪不稳定，易从一种表情转向另一种表情，但随着年级的增长，其情绪表现形式则渐渐从外显转向内隐，能够初步控制自己的情感，使自己处于比较平静、持久稳定的心境和情绪之中。小学生具有一定的克服困难的意志力，一般能够按照要求进行学习，完成规定的任务，但自控力不强，比较随意，容易受外界干扰而分散注意力，这种情况到高年级时有所改善。

再次，个性特点已经显露，其基本的精神面貌已在同学间产生影响。小学生已经具有自我意识，这标志着一个人各种心理特征综合成长的起始。例如，自我评价能力，从独立性很差到逐渐学会把自己的行为与别人的行为进行比较评价，从只会评价自己的外部行为表现，逐渐转化为对个性和品质的评价，从只能评价自己的优点到也能评价自己的缺点、具有明显批判性的自我评价等。又如，小学生个性特点中的道德意识在逐渐发展，从只注意行为的效果，逐渐发展到注意行为的动机。另外，小学生个性特点中的一些不良倾向也值得引起关注，如任性、执拗、偏激等性格弱点以及缺乏自理能力等，这些问题在小学阶段的独生子女群体中较多见。

二、小学生的音乐心理特点

小学生在每一个不同的年龄阶段均表现出各具特色的音乐心理特征，主要体现在音乐态度、音乐能力和音乐趣味三个方面。音乐教师应根据小学生在每个年龄阶段的音乐心理特征，有意识、有针对性地进行培养，使学生的音乐才能获得最大的发展。

1. 音乐态度

态度是一种"内部状态"，是指个体的一种行为倾向性或反应准备状态，而不是实际反应本身。一个人对他人、事物的反应倾向，是一种看不见的内部结构，通常是通过外显反应加以推导的，这些外显反应显示出态度对象的积极或消极的评价。

有关调查表明，学龄前儿童一般都尚未形成审美态度，他们往往是以实用而不是审美的态度来对待客体，对音乐的态度往往是以好玩、新鲜、有趣为出发点，他们很难用审美标准对音乐作品的优劣作出选择，对音乐表演的好坏作出判断。几乎每个幼儿都是音乐活动的参与者，他们爱唱、爱跳、爱敲打乐器，不顾别人的目光而尽兴地参加各种表演。因此，这一阶段儿童自发性的音乐活动——边唱边玩，随心所欲地唱、舞、敲击乐器一类的活动最为突出，他们参与音乐活动是为了自我满足，他们的注意力与兴趣极易转移，往往不能持久，这同小学阶段的儿童对音乐的态度具有较大反差。

小学低年级学生对音乐的态度处在"写实阶段"，他们喜欢与不喜欢作品的刻板标准是像和不像。例如，他们喜欢的歌曲多是以拟人化手法所写的动物、植物，或者是贴近自己生活的人和事，像《动物说话》《鸭子拌嘴》《小雨沙沙》《蒲公英》等，这些音乐作品因其形象鲜明而使他们兴高采烈、手舞足蹈。在音乐课上，他们往往对唱歌、律动、音乐游戏等内容感兴趣，并以教师或某一模仿对象作为评价优劣的标准。低年级小学生在校内音乐的学习中，一般以教材和教师的选择为喜欢标准，很少有异议，只要教师教得好，学生都会以积极、欣喜的态度对待学习的内容。

小学中、高年级的学生已基本学会以审美的态度来对待音乐作品，并逐渐形成带有个性特点的、对风格和表现性审美特性的知觉敏感性。他们对课堂中教的歌（乐）曲逐渐能表达出自己的意见：好听或不好听，喜欢或不喜欢。他们渐渐不满足于以描写小动物和小景物为主题的活泼、快乐等基调的音乐作品，而是喜欢给人以力量的队列歌曲、进行曲，给人以美感的抒情歌曲、器乐小品。他们在音乐表演风格上也开始有了需求，如优美、舒展、活泼、开朗、奔放、豪爽，通俗易懂，能够共鸣等，满足其多方面的情感需要。这一阶段，他们对音乐的态度处于一种动态变化时期，由喜欢到不喜欢，由满足到不满足，对于合乎他们口味的音乐，他们就喜形于色、积极配合，课前课后要求教师教唱或者组织聆听，对于不感兴趣的音乐，他们就消极地用看其他书或者"睡觉"来对待，有些学生甚至可能用"捣乱"来抗拒和干扰。

2. 音乐能力

音乐能力是音乐活动得以展开的主体方面的基础或能力，它包括了音乐感知能力、音乐记忆能力、音乐表现能力和音乐审美能力等。

音乐感知能力是音乐能力最基本的因素。小学生的音乐感知能力每年都在迅速发展，小学低年级时期是节奏感受力迅速增长的时期，也是听觉最敏感的时期，凭感觉把握音乐，对音乐节奏和旋律可以通过身体动作作出反应；小学中年级是发展音乐感知能力的最佳时期，运动觉、听觉显著增强，节奏、旋律表现更加丰富，视觉的发展逐渐优于听觉，有助于识谱能力的提高，协调性的提高能有效地促进合唱合奏活动的开展；小学高年级学生的运动觉、听觉、视觉、表现力继续增强，尤其是理解力增强，音乐情感得到进一步陶冶和发展，对音色变化、音色组合产生的音响效果、丰富的和声和表演变化都感兴趣，能感受到旋律的反复、变化、对比和乐曲整体结构，逐渐表现出对具有丰富表现力的乐曲的爱好。

音乐记忆能力是指个体对音乐形象的识记、保持、再认和再现能力。小学低年级学生的音乐记忆处于较低水平，中高年级音乐记忆水平相当，记忆能力较强，他们良好的机械性记忆能力，有助于掌握一定数量的歌曲。音乐教学应根据儿童的心理特点，多采用形象的记忆方法，如通过音乐活动、表演，在兴趣中进行音乐记忆。儿童记得快，但忘得也快，因此，要注意经常复习、重复，记忆才能巩固。

音乐表现能力主要指与听觉、审美情绪相配合的相关活动，如演唱、演奏时对声带、有关的肢体的运动神经及肌肉进行协调合作的控制能力、运用能力与熟练程度。小学低年级学生的歌唱技能的获得主要是通过游戏的方式，在游戏中边歌边舞，配合身体动作，并借助语言媒介而逐渐得以发展。中高年级的学生则能较独立地、圆满地进行歌唱表演，同时，他们手指功能发达，有利于进行乐器学习，进而促进音乐表现能力的提高。

音乐审美能力是一种美的认识和发现的能力。小学生的音乐审美能力随着年龄的增长而逐渐发展，小学低年级学生只对生动形象、具体直观的审美对象感兴趣，小学中高年级学生对美的感受则由具体形象向抽象思维过渡。他们对于音乐情感的体验随着年龄的增长而日益丰富起来，并随着对音乐作品的熟悉程度而增长。小学生的情感正在发展时期，而且多是自然的流露，因此要保护小学生的这种纯真，不能用成人的情感标准去衡量他们，应让他们接触大量的音乐作品，丰富他们的情感世界。

3. 音乐趣味

音乐趣味主要表现为个体的音乐审美偏爱、音乐审美标准和音乐审美理想。小学生的音乐趣味的发展在正常教育下是连续的，在整个音乐审美心理的发展过程中，既有量变也有质变。因此，在不同的年龄阶段表现出不同的音乐审美心理特征。

小学低年级学生处于审美心理萌芽期，这一时期的学生开始学习简单的唱歌、乐器演奏、舞蹈和音乐游戏等，其思维水平属于动作性的，情绪和情感也都带有情境性。他们从事的音乐活动不是出自审美的目的，而是为了在活动中得到快乐。很多低年级学生在评价自己的音乐表现时，不是以审美的标准来评价，而是以自己的能力标准来评价。例如，在评价谁唱歌唱得好时，常常是以看谁能把歌曲完整地唱完、唱准为尺度，有的甚至把音量的高低作为评价好坏的标准，认为谁唱的声音大，谁就唱得好。

小学中高年级是音乐审美趣味的发展期。由于文化知识的增多，感知能力、想象能力都有了很大的提高，审美意识以朦胧形式开始出现。如评价歌声好坏，不再以声音的大小为尺度，而以音色的好坏、旋律和情感表达为评价标准。这一时期的大部分学生已经能够在音乐表演、音乐游戏和舞蹈中，有意识地表达思想感情，并从中得到美的感受。但是，他们欣赏美的范围还是有限的，他们还不能欣赏音乐家们创造的高深的音乐，对美的评价往往还是以成人的评价为准绳，自己的评价很少，审美欣赏的角度还不明确。这个时期的突出特点是：学生已经能够在音乐活动中欣赏自己，感到愉快，并在欣赏音乐作品时产生美感体验。

第二节 音乐学习的心理过程

学习是个体后天与环境接触，凭借经验的获得而产生的比较持久的行为变化过程。就音乐学习来说，其行为包括了感知、记忆、想象、思维等内部心理活动和言语表情、形体动作等外部活动。音乐学习心理过程可以说是学习者对音乐信息和音乐学习材料的感知、鉴赏、表现、创造等音乐实践活动。在这个过程中，相应参与的感知、记忆、想象、思维等心理活动，构成了学生音乐学习的基本心理过程。

一、音乐感知

音乐感知是学生音乐学习心理过程的起点，也是学习的基础。感知包括感觉和知觉。感觉是人脑对直接作用于感觉器官的客观事物个别属性的反映。同样，音乐感觉是音乐直接作用于人的感觉器官时人脑中产生的对音乐及其相关事物的个别属性的反映。感觉是认识的初级阶段，知觉是在感觉的基础上对事物的综合性、整体性把握，是一种更加积极主动的心理活动。感觉是知觉的基础，知觉是感觉的深入，二者通常交织在一起，共同发挥作用。例如，学生在初次欣赏音乐时，尽管他们对音乐的音色、旋律、节奏、力度、速度、调式等音乐语言很难一下子有较多的理解与体验，但他们能感受到音乐很迷人，音乐给他们带来了愉悦，这种愉悦感受就是学生对音乐及其相关事物个别属性的反映。这种反映被称为感觉，当学生在反映这些音乐及其相关事物个别属性的基础上有了一定的音乐经验，能够辨别出这是一首完整而美妙的音乐作品时，这种对整体音乐及相关事物的认识即被称为音乐知觉。音乐感知作为音乐学习心理过程的起点，直接呈现于感官，具有整体形象性、情感表现性的特点。音乐学习是复杂而多样的，它是听觉、视觉、运动觉的综合运用，不同的音乐信息在大脑中形成的知觉映象是不同的，如听知觉映象、视知觉映象、运动知觉映象等，因此，要尽可能使多种感官进行感知学习。如感知一首乐曲，不仅要看谱、听音乐，而且要能演唱、演奏，能分析、评价，所感知的乐曲才较为完整。

二、音乐记忆

记忆是经验的印留、保持和再作用的过程。音乐记忆指以往感知过的音乐现象在当前没有作用于感觉器官的情况下，在脑中再现出来的印象。它是音乐信息的储存，是音乐学习心理过程中承前启后的中间环节。由于音乐有瞬间即逝的流动性，因此，音乐记忆是音乐意向形成的必要条件，音乐创作、表演和鉴赏一刻也不能离开记忆。音乐学习的记忆活动中，视觉、听觉、运动觉三种感觉往往是融合在一起的，它们互相补充，构成三位一体的统一的音乐记忆表象。音乐记忆是一种能力，泛指能记忆所听过的音乐的能力，包括对绝对音高、相对音高的记忆，对节奏、旋律、和声、复调、音色，甚至整部乐曲的记忆能力。因此，分析音乐记忆的过程，找出培养和加强音乐记忆的规律和方法，十分必要。音乐记忆也是反复感知的过程，包括识记、保持、回忆和再认等活动，也就是信息加工理论中的接受、储存、编码和提取等内容。通常将记忆分为有意识记忆和无意识记忆两种，有意识记忆又分为机械记忆和意义记忆。在音乐学习中常把机械记忆与意义记忆结合起来以发展音乐记忆能力。如我们在排练舞蹈时，开始对舞蹈音乐的感受只是随着舞蹈动作瞬间滑过，在无意识中或有或无留下一些印记。随着舞蹈音乐一遍遍地播放，学生开始对舞蹈音乐产生良好的印象，于是边舞蹈边哼唱着旋律，逐渐从无意识记忆转向有意识记忆，经过这样反复的记忆过程，舞蹈虽然排练完了，但舞蹈的音乐却深深地留在学生的记忆之中，当他们偶然再听到这段音乐时也可以引起听觉和运动觉对舞蹈动作及音乐的记忆。

三、音乐想象

音乐想象是以原有的或现实的音乐意象为媒介，聆听、回忆和创造新的音乐的心理过程。它以听觉器官的感知为主要媒介，其他器官的感觉对音乐想象也有促进作用。由于儿童基本上处于形象思维和初步的抽象思维阶段，因此，儿童的音乐想象主要是音乐再造想象。通过音乐形象性的表现，与生活中的事情产生联想，如听到模拟鸟的鸣叫声，想象鸟的形象；听到奔马的节奏联想到马的形象等。对以表情性为主的音乐进行创造性的想象，就有一定的困难。因此，儿童的音乐教育要以形象性的音乐为主，培养儿童再造想象的能力，适当地引导儿童进行创造性的想象。如北京市樱花园中学的王琳老师在《用音乐打开想象的闸门》一文中说道："由于每个人的经历不同、文化素质不同，对音乐的理解也会不尽相同。一首乐曲带给人们的想象不会是单一的，应该是多姿多彩的……一次，我安排了为乐曲取名字的活动，我播放了《大海》和《空山鸟语》两段音乐给大家听，要求学生们各抒己见，发挥创造力给它们取名字。于是，'流水欢歌''清泉''清澈的溪水''雨中的邂逅''舞''争执''百鸟争鸣'等名字诞生了。我认为能写出这样的听后感，说明学生之间想象力存在着很大的差异，这是非常正常的，不能用'谁想象得好，谁想象得差'来单纯地评价。教师的作用是通过写听后感活动给学生们提供一个自由的创作空间，让他们插上想象的翅膀，尽情施展自己的才华。"想象是艺术创造的源泉，是音乐情感的升华，想象给音乐学习带来了活力。正如捷普洛夫所说："人从声音里听到的东西越多，则音乐感越丰富。"

四、音乐思维

思维是对反映事物外部现象和特性的感知觉材料进行加工，以揭露事物的本质特征和规律性联系的心理过程。音乐思维，指对大脑储存的音乐信息进行分析加工，以探索音乐对象本质属性和规律性联系、领悟音乐真谛的心理过程。相对于音乐感知，音乐思维比较复杂，它是经过分析、综合、比较、抽象、概括等一系列过程才能够实现的。音乐思维具有两个显著特征：一是概括性，通过音乐思维可以探索到音乐对象的一般属性及音乐对象之间的普遍联系；二是间接性，即在对音乐对象本质属性和规律性联系的认识基础上，可以以此为根据间接地获得各种新的音乐认识。音乐学习中的音乐思维属于艺术思维，它与科学思维是有区别的，科学思维是认知的、理性的、逻辑的思维，而艺术思维是审美的、情感的、形象的思维。音乐思维是以审美感知为起点，经联想、想象形成审美意象，从中获得审美愉悦或以外化动作展现内心体验的心理过程。想象是思维的一种特殊形式，即通常所说的形象思维。在艺术思维的心理过程中，形象思维始终伴随着强烈的情感活动。形象思维与抽象思维并非截然对立、毫无联系，它们是心理功能的不同表现。形象思维情感成分突出，抽象思维理智成分突出，两者相辅相成，相得益彰，达到由事物表象进而把握事物本质的目的。音乐思维是掌握音乐知识与技能的重要因素，有助于对音乐作品深层次的理解和鉴赏，有助于音乐学习思路的清晰和明确，有助于对音乐的再创造。

第三节　音乐教育的心理效应

人类的一切教育行为，都有与之相关的心理形态，围绕着"教"与"学"，师生间丰富多彩、细腻委婉的心理活动，如涓涓流水，沁人心田。我们常说，音乐教育是门艺术，然而，只有在音乐教育中融入心理因素之后，才会深刻体验到音乐教育的内化、深化过程。心理效应，这一在音乐教育过程中由语言与行为引发的一系列心理上的反应和效果，客观地反映了教师与学生的心理共性，对音乐教育的过程与结果有着不可估量的作用与影响，甚至往往决定着音乐教育的质量与水平。因此，在音乐教育中，教师应充分利用和发挥各种心理效应的积极作用，了解和满足学生的音乐需要，注意发现学生的音乐潜能，唤起学生的音乐审美心境，使学生获得音乐学习的动力，养成良好的音乐习惯，并努力避免和克服消极音乐学习等负面作用的影响，不断从心理效应中汲取丰富的教学营养，以期获得良好的音乐教育效果。

一、禁果效应

禁果一词源于《圣经》，讲的是夏娃因被神秘智慧树上的禁果所吸引而去偷吃，被贬到人间的故事。现实生活中，每个人似乎都有一种奇怪的心理：越是不让知道的事情就越想知道，越是不能得到的东西就越想得到，这种逆反的心理现象就是禁果效应。

这种明知是禁果偏偏去偷吃的逆反心理现象存在的心理学依据在于，无法知晓的"神秘"的事物，比能接触到的事物对人们有更大的诱惑力，也更能促进和强化人们渴望接近和了解的愿望，即理由不充分的禁止反而会激发人们更强烈的探究欲望。因为人人都有一种天生的好奇心，这种好奇心会促使人们去探索、发现，特别是对于每一个孩子来说，几乎是一种天生的本能。当孩子来到这个世界，置身于丰富多彩、色彩斑斓的人类环境，便有无数个问号和"为什么"在他们的心中萌生……正如美国哲学家马修斯在其《哲学与幼童》一书里写的一样，孩子们的"问号"几乎包含了哲学探索的所有问题。在音乐教育中，根据禁果效应的原理，了解和满足学生的音乐需要，促进学生的个性发展就成为一项重要的策略。

音乐教师要及时了解学生的音乐需要，因为"音乐需要是个体音乐生活中必需的东西在人脑中产生，并欲加解决、满足而后快的音乐心理反映"[①]，要真诚地和学生做朋友，知道学生的爱好和兴趣，比如喜欢听什么样的音乐，喜欢参加什么样的音乐活动，喜欢以什么样的方式学习音乐等。根据学生的音乐需要，选择适合他们的音乐学习内容与学习方式，使学生真正成为音乐教学的主体。又如，通俗音乐已成为包括青少年学生在内的大众音乐文化的重要组成部分，其贴近生活、凸现时尚、宣泄自我、充满亲和力与人情味的特点，很受处于生理及心理变化期的青少年学生的喜爱。但在过去的一段时间里，由于各种原因，学校音乐教育对于通俗音乐采取了回避态度，不允许通俗音乐作品进入教材和课堂，这种做法同学生课外对通俗音乐的接触和追求形成了巨大的反差。其实，流行音乐是一种世界性文化现象，作为音乐园圃"花种"之一的流行歌曲理应占有一席之地，才能使音乐百花争艳，艺术生态平衡。通俗音乐作为音乐文化的一种，完全可以让学生正面接触，以便使他们更好地认识、理解和鉴别。在音乐教育中，回避不如面对，堵塞不如疏导。应该认识到，只有满足学生的音乐需要，让学生接触各种音乐作品，才能丰富他们的音乐文化视野，使他们在比较中增强鉴别能力，提高鉴赏水平。

禁果效应，对音乐课程的"注重个性发展"理念也颇有启示：音乐是体验性的学科，只有学生主体主动参与和自主体验才能感受学习的快乐并积累学习的成果。音乐课程的方式和特点，最利于学生情感的抒发和个性的张扬，良好的音乐教学课堂应是学生个性解放、情感交融、想象与创造力驰骋的场所。音乐教师应认识到，每个学生都是一个鲜活的个体，每个学生都是一篇生动的乐章，音乐成长无法替代，音乐发展必须主动。音乐教师应善于体会蕴藏在学生内心中渴望同外部音乐世界交流的主动性发展潜质，给学生一些权力和机会，让他们自己去进行音乐选择和体验；给学生一点问题和困难，让他们自己去思考和解决音乐问题；给学生一点空间和时间，让他们自己在音乐之路上前进和发展。

二、晕轮效应

晕轮效应，是指由于对人的某种品质或特点有清晰的知觉，印象深刻和突出，从而忽略了这个人的其他品质或特点的现象，由于这种强烈的知觉品质或特点像月亮的光环一样向周围弥漫、扩散，从而掩盖了其他品质或特点，因此人们就形象地称之为

---

① 吴跃跃.学生音乐学习心理研究［M］.长沙：湖南大学出版社，2008.105.

晕轮效应，又称光环效应。

　　日常生活中，晕轮效应往往在悄悄地影响着我们对别人的认知和评价，比如有的老年人对青年人的个别缺点或衣着打扮、生活习惯看不顺眼，就认为他们一定没出息；有的青年人由于倾慕朋友的某一可爱之处，就会把他看得处处可爱，所谓"一俊遮百丑"。晕轮效应是一种以偏概全的主观心理臆测，其误区在于：第一，它容易抓住事物的个别特征，习惯以个别推及一般，就像盲人摸象一样，以点代面；第二，它把并无内在联系的一些个性或外貌特征联系在一起，断言有这种特征必然会有另一种特征；第三，它有一种受主观偏见支配的绝对化倾向。说好就全都肯定，说坏就全部否定。总之，晕轮效应在人际交往中对人的心理认知有很大的影响。

　　在音乐教育中，应努力避免晕轮效应对学生所带来的负面影响，要注意用发展的眼光来看待学生，特别是要充分发现学生的音乐潜能。"教育从某种意义上来说就是'发现'，诸如发现学生某一方面的才能或不足，发现学生潜在的资质或缺憾，发现学生的同一与差异、先进与落后、美好与丑陋、发展与变化等。教师的重大使命就是在'发现'的基础上，引导'创造'、'生成'和'发展'。"例如，上音乐课表现不积极，参与意识差的学生并不代表学习不认真或学习效果差；喜欢琢磨新"花样"、好"捣蛋"的学生不等于对音乐学习不热心或没感觉；歌唱得不好不意味着缺乏音乐细胞；现在学得不行的不见得今后也不行。有一位中学女生，由于对唱歌缺乏自信心，课堂中总是放不开自己的声音，被同学嘲笑为"蚊子歌手"，没有音乐感。然而音乐老师并不这样看，而是每次都鼓励她：相信你下次会唱得更好。结果，日积月累后这个学生的音乐潜能被逐步激发出来，不仅歌唱得全班最好，后来还考取了音乐学院。这个事例说明，音乐潜能往往被某种现象遮盖，因此要用发展和辩证的观点来看待学生。还有一个案例：一男生是班里调皮捣蛋、钻老师空子的高手，班主任曾对其亮出红牌警告。音乐课上偶然的一次表演，音乐教师发现了他的潜能，便对他进行了音乐培养，几个月后该生各方面都有了很大改变，上课不再迟到，认真听讲做作业，特别是音乐表现能力有了很大提高，在音乐课"小擂台"上，他演唱了自己改编的《月亮代表我的心》："你问我爱你有多深，我爱你有几分，开心的演唱，优美的舞蹈，都在打动我的心，开心的音乐，刺激的擂台，让我们无比欢欣。轻轻的一个吻（吻音乐课本），代表我们年轻的心，深深的一段情，叫我永远记在心。你问我爱你有多深，我爱你有几分，快来唱一唱，快来跳一跳，音乐课代表我的心。"歌词编写得紧贴主题，他投入而幽默的表演让大家开心，引起了师生共鸣，博得阵阵掌声。家长说，感谢音乐，是音乐改变了一个调皮的孩子。以上两个案例均证明了一个原理：每一朵花儿都美丽，每一个孩子都有闪光点，每一个学生都有音乐的潜能，关键就在于教师是否具有发现美的眼睛，是否了解和懂得晕轮效应在人际交往、师生关系中的心理影响，是否能用客观、公正的态度认识和对待学生，是否能够敞开爱的胸怀，真诚地去拥抱每个学生。

三、门槛效应

门槛效应，是指从接受他人一个小的要求后，导致可能接受同类性质的更大要求的现象，又称先小后大效应。门槛效应在教学心理中的意义是，学习者一旦接受教师的一个初步要求后，就会在潜意识里为了避免认知上的不协调，或想给人以前后一致的印象，在心理上倾向于再接受教师的一个较高的要求。

在音乐教育中，可充分利用门槛效应培养学生的音乐兴趣，使学生保持音乐学习的动力。"音乐学习心理动力是在主体与外部音乐环境的相互作用下，由主体的音乐兴趣、音乐需要、音乐目标理想、音乐学习自信心和音乐情绪情感等音乐个性倾向所形成的合力，是激发并维持主体音乐学习行为的内在动因。"可见，音乐兴趣是认识音乐文化知识和爱好音乐活动的心理倾向，是支持音乐学习的主要动力。美国著名音乐教育家穆塞尔和格连在其《学校音乐教学心理学》中写到："假如我们能在一个孩子身上唤起对音乐的一种强烈的热忱，假如我们能把这种兴趣延长若干年并且缓步地把它提到更高水平的话，那么，即使他永远成不了一个技艺名家，他也将通过音乐找到他的个人幸福，并且为自己建立一个更好的生活和一个更广阔的个性。这是音乐教育的主要任务。"① 为了进一步强调音乐兴趣对于音乐学习的重要意义，他们反复表明和告诫："我们不可以建立任何使每个人的音乐兴趣受到阻挠或变得无效的音乐教育体制。"音乐教育要充分挖掘学生的爱乐天性，最大限度地发展每个人的音乐兴趣爱好，并使其逐渐提升为一种稳定的、持久的心理品质。

利用门槛效应培养学生的音乐兴趣，使学生不断保持音乐学习的动力，有两点非常重要：一是循序渐进地安排音乐教学内容，二是采用形象化、趣味化、游戏化的教学方法。音乐教学内容的循序渐进，体现在由浅及深，由低到高，由易到难的有序安排，如果教学内容过难，会使学生望而生畏，导致学习兴趣降低。音乐教学方法的形象化、趣味化、游戏化，则是教学手段和方式的最优化，如借助具有声态、情态、形态、动态等一系列形象化特征的音乐语言来诱发和感染学习者，会有效地降低音乐学习难度，变抽象、枯燥的概念为生动、有趣的形象，以美引真，最易为学生所接受，能取得事半功倍的教学效果；又如，趣味化是音乐教育产生情感体验和优化效应的心理机制，当学生处于愉悦状态的时候，最有利于形成优势兴奋中心，使学习是一种艰苦劳动的认识披上一层乐于主动接受的色彩，这种变"苦学"为"乐学"的状况，最适于在音乐教学中体现，这就是所谓"乐（音乐）即是乐（快乐）"的道理；再如，以游戏的方式让学生走进音乐，入门会有轻松感，虽然游戏中不断增添的内容会有一定难度，但都是游戏参与者在其基础上稍加努力即能接受并可以做到的，所以学生会在不断的新奇和兴奋中接受新的挑战。总之，充分利用音乐心理学的门槛效应，使学生

---

① ［美］穆塞尔，格连. 学校音乐教学心理学［M］. 成都：四川人民出版社，1983.33.

充分感受到音乐的愉悦，形成对音乐学习的浓厚兴趣和良好心境，进而产生持久的学习动力，在不断的愉悦和兴奋中接受新的、难度更大的音乐学习任务。

四、首因效应

首因效应也叫首次效应、优先效应，是指人们根据最初获得的信息所形成的印象不易改变，甚至会左右对后来获得的新信息的解释，即"先入为主"的初次印象最为深刻。由于第一印象深刻且不易改变，往往能在日后形成的总印象中起着主导甚至是决定性作用，因此，重视首次感知的心理效应，利用各种因素创造良好的第一印象，以唤起学生的音乐审美心境，对于音乐教育来说至关重要。穆塞尔、格连强调："参与者的态度创造和保持，在音乐学习中是很重要的，当我们要学习一首新歌时……教师应当千方百计地使人们感觉到，即将要经历一种有趣的经验，在学习的研究阶段引起学生的热情和兴趣。"这就是说，创设良好的音乐教育情境与氛围，唤起学生的音乐审美心境，乃是音乐课的首要环节。

音乐教育的首因效应首先体现在音乐教育的环境上，其标志是听觉环境和视觉环境的优美以及两者间的和谐。音乐是声音艺术，音乐教育的基本手段之一是聆听，音响美是创造良好听觉环境的关键因素。音质清晰、悦耳的音响给人的听觉带来快感，并诱发美感的产生，而糟糕的音响则使人生厌、烦躁。在具体的音乐教学中，教师应力避不良的音响产生，诸如录音机的音量过大，音质过尖，或不等音乐结束就"啪"的一声中断放音，弹奏音律欠准的钢琴、风琴，让学生吹奏由于簧片腐蚀而噪音迭出的口琴等。一个美好的视觉环境对音乐教育也是重要的，音乐教室的布置应优雅、艺术化，座位的安排与乐器的摆放应富有新意、诱人遐想，并利于小组交流与活动，歌片、挂图应具有视觉欣赏的意义，其他教学手段（幻灯、录像、多媒体等）的运用无不应遵循努力创设一个审美气氛与情境的原则。比如上欣赏课《春节序曲》，如果教师预先将音乐教室布置一番，挂上红灯笼，贴上红对联，学生进入音乐教室便有了节日的感觉，接下来的欣赏就顺理成章了。

音乐教育的首因效应往往体现在每堂音乐课的起始环节。审美教育学认为，组织教学本身就是一种审美施教，这一环节的心理特征是：中断学生的日常意识，唤起其音乐审美注意，当学生进入一种特殊的环境，面对特定的审美对象，耳闻目睹全是美的形象及充满新异性的事物，新鲜感便会油然而生，意识立即从日常链条中断，注意力全部集中于眼前情境，形成良好的第一印象。如一位音乐教师在上《平安夜》一课时，拉上窗帘，点燃蜡烛，安详地弹奏起《平安夜》，学生们伴随音乐静静走进教室，围坐在一起听音乐，体验此时、此地、此曲以此种独特形式表达出来的情感。学生在这种情境中，自然心态安详，表情端庄，很快进入状态，学会歌曲，准确理解和把握了音乐的风格。起始环节是点燃学生情感火花、燃起音乐审美渴望的阶段，是每堂音乐课中师生情感交流的第一阶段，教师应努力把课堂引进轻松而和谐的气氛之中，为即将开始的音乐教学创造出一个审美化的教学情境。这种情境在学生的心理体验中，便是良好的审美心境，这是与审美注意相伴随的那种特定情绪，即一种对音乐审美期待的、企盼的、渴望的情绪。

音乐教育的首因效应还体现为音乐教师在学生面前第一次亮相。苏联音乐教育家卡巴列夫斯基曾指出："初次见面的这段时间非常重要，往往决定了整个讲话或整整一堂课成败的命运。因为年幼的听众这时要为自己心中的重要问题寻求答案：来的是个什么样的人？应该如何对待他？所以在准备去见孩子们的时候，任何细节都不能认为是小事而不予重视，穿什么衣服，梳什么样的发式以及走动的姿势，这些都是重要的。"① 音乐教师的仪表风度、言谈举止、教学示范、课堂调控等能力都会给学生留下难以忘怀的印象，这对教师的威信的树立，学生对该学科的兴趣的形成，都起着非常重要的作用。音乐教师要重视给学生的第一印象，充分利用首因效应提高学生的向师性。

五、破窗效应

破窗效应，是指任何一种失误和错误，如果在开始时没有被阻拦，没能得到及时修正，那么当形成风气时就很难改变。心理学上的"破窗效应"可以用许多事例来阐释：如果房子的一扇窗户破了，没有人去及时修补的话，不久其他的窗户也会莫名其妙地被人打破；如果一面墙出现一些涂抹，没有及时清洗掉，很快墙上就会布满了乱七八糟的东西；一个干净的地方，人会不好意思丢垃圾，但一旦地上有垃圾出现之后，人们就会毫不犹疑地将垃圾丢在地上。"破窗效应"对音乐教育的启示在于：音乐教师要及时处理和调控音乐课堂的偶发事件，及时发现并纠正音乐学习中的错误。

音乐课堂的调控是教师应对课堂发展变化、处理教学事件和驾驭课堂走向的能力，是音乐教师教育智慧的集中反映。音乐课堂教学是一个多种因素综合作用的过程，它是教师、学生、教材以及社会背景四位一体的有机结合与体现，这决定了音乐课堂教学的复杂性。课堂上教师面对各种各样的学生，他们的思想状况、智力水平、兴趣爱好以及意识形态、思维惯性等个性特征各不相同，对于课堂中各种信息的反应千差万别，特别是当其所收到的教学信息和自身原有标准发生冲突时，会产生出各种各样的结果。因此，在音乐课堂中，教学情境瞬息万变，随时会有意料之外的偶然事件出现，而对这种音乐教学事件处理妥当与否，直接关系到教育效果的好坏，这就要求教师要具备应变能力并掌握一定的调控策略，能够及时妥善处理与调控音乐课堂。一般调控音乐课堂的方式有三种：即冷处理、温处理和热处理。冷处理是一种暂缓处理的方式，以宽容的态度，采用发散、换元、转向的教育机智将学生的注意力转移到教师所安排的方向。温处理是教师用自然的方式，直面此事并顺其自然地过渡到原教学过程的轨

---

① 卡巴列夫斯基．怎样给孩子讲音乐［M］．北京：人民教育出版社，1992.25.

道。热处理是即时处理的方式，教师以果断、机智的态度判断处理问题。三种处理方式要因人、因事、因地而定，如学生突发疾病，要热处理；学生答非所问，可以温处理；学生故意寻衅，则应采用冷处理。应该强调的是，音乐课堂上出现问题，教师及时调整教学方法很关键，要从引导学生参与音乐活动的角度来改善课堂状况。

如何及时发现和纠正音乐学习中的错误，避免发生"破窗效应"，值得音乐教师特别关注。比如音乐课上，学生常常出现各种状况，以唱歌为例，有的学生大声喊唱，有的学生跑音跑调，有的学生唱错歌词……如果教师对这些问题不及时加以纠正，等于是向全体学生发出一个错误的音乐学习标准的信号，会使学生养成许多不良的学习习惯。再以复习为例，复习不但要巩固和加深对音乐的印象，同时也会修正对音乐形态、要素的进一步认识，并不断调整对音乐情感的理解，因此复习过程的实质是一种音乐创造活动。音乐复习是对音乐审美对象的重复，而"重复产生力量"（恩格斯语），重复的美学意义在于对审美对象的印象加深，重复才能熟悉，熟悉才能喜欢，喜欢才能产生进一步的认识和理解，这是发生美感的重要途径。几乎所有的孩子都喜欢电视动画片的歌曲，这正是"重复效应"作用的结果，但是，"破窗效应"提醒音乐教学，要避免那种机械式的重复，避免不加修正和缺乏改进的重复，比如歌唱了一遍又一遍却毫无新意，这种形式上的复习实际上是在不断地重复并巩固错误。对此，穆塞尔、格连多次指出："一次积极热情的、感兴趣的重复练习将比任何数量的机械的、不假思索的重复练习有意义得多。""学习者应当感觉到自己已经从什么地方出发并且已经到达了什么程度，最坏的是那种不知道把你领到哪里去的学习。"音乐教师应该认识到"一切学习的本质是创造"，音乐学习应是不断改进与创造音乐的过程，是学生对音乐持续产生新的体验的过程。当学生发现他们唱得一遍比一遍好，这节课唱的歌要比上一节更有魅力，他们便会感受到学习的欢乐，获得音乐美的享受，甚至产生"震惊""顿悟"等心理效应，突然认识到自己在音乐上确实是有了发展和进步。

六、定式效应

定式效应，是指人们进行某种活动时受习惯和经验影响的反应倾向或趋势，具有一定的趋向性和专注性。如果人们在一定的环境中学习和生活，久而久之就会形成一种固定的思维模式。那么，在音乐教育中，充分利用积极的定式效应，使学生养成主动的音乐学习态度定式，积极的音乐情感定式，特别是良好的音乐习惯定式，可以有效地增强学习动力，提高学生音乐学习的效果。

在音乐教育中注重对学生良好音乐习惯的培养，帮助学生建立起音乐学习常规，能够使学生迅速地进入学习状态。音乐教师可以针对班级学生和授课内容的特点，采取灵活多样的教学组织形式：如上课前，可采用教师弹奏或播放音乐，让学生律动进教室，或教师与学生一起做动作，以节奏练习的方式进入教室；可以示意全班同学唱歌来创设课堂氛围；上课开始时师生可以音乐的方式相互问好，可通过音乐语言建立

小

学音乐教师专业能力必修

Xiao Xue Yin Yue Jiao Shi Zhuan Ye Neng Li Bi Xiu

起音乐教学常规（如站立：用主和弦的上行音阶；坐下：用主和弦下行音阶；安静：用一段旋律平和的音乐；律动：用一段节奏鲜明的音乐等），使学生养成聆听音乐后迅速作出反应的良好习惯。在音乐教学过程中，组织教学是一种很巧妙的课堂教学艺术，应该无痕地贯穿于音乐课堂教学的始终，教师通过精心设计的一个个教学环节，为学生不断创设和提供良好的教学情境，让学生始终以积极的状态投入音乐学习，注重对音乐的感受与体验，形成良好的歌唱状态、正确的器乐演奏方式等，不断养成良好的音乐学习习惯。应认识到，良好音乐习惯的养成，不仅是音乐教学的重要手段，同时也是音乐教育的目标之一。

对于音乐教师来说，定式效应往往体现为长期教学习惯积淀形成的一种教学气质与风格，这是音乐教师人格和个性特点的外化，是其音乐教学特征与定式的体现，内涵表现为音乐教学技能、音乐教学智慧、音乐教学心理的完整统一。一个音乐教师教学气质与风格的形成，是其教学走向成熟的标志，丰富的表情，传神的目光，形象的肢体语言，使音乐教学高度情境化，充满趣味性；自信的神态，潇洒的举止，彰显着一种教学大家风范，各类教学内容在其治下均能体现出一定深度与厚重感；那种亲切的笑容，幽默的语言，营造着氛围轻松又效率很高的教学过程，课堂弥漫着温馨与亲和……这些都标志着很高的音乐教学质量和音乐教学境界。

第 二 篇

音乐教学能力

音乐教学能力包括音乐教学基本技能,音乐教学设计能力,音乐教学实施能力及音乐教学研究能力等。良好的音乐教学能力可以帮助教师较好地驾驭课堂,较好地达成教学目标。

第一章 音乐教学基本技能

音乐教学基本技能是指音乐教师进行音乐教学时所需要的一系列专业技术能力，它涵盖了音乐欣赏、音乐表演、音乐创作以及相关艺术和学科等多个方面，具体包括音乐欣赏、歌唱、乐器演奏与伴奏、音乐创作与改编、识读乐谱、指挥、舞蹈等技能。音乐教学基本技能是音乐教师的重要基本功，是其进行音乐教学实践活动所应具备的基本专业素养。

第一节 音乐欣赏

音乐是听觉艺术，敏锐的听觉体验能力是音乐教师最基本的能力。在音乐新课程中，感受与鉴赏是重要的音乐教学领域，是整个音乐学习活动的基础，音乐欣赏则是音乐教学的重要内容，是培养学生音乐审美能力的有效途径，因此，教师本身良好的音乐欣赏能力对音乐教学具有重要意义。从具体要求来说，教师应该在能够听辨、听记的基础上，对音乐进行鉴赏与评析，能够感悟和理解音乐内在的情感，能够体验音乐作品的内涵，能够悟到音乐作品的精神真谛，理解其审美价值和社会价值。从一定意义上说，音乐教学是师生共同交流音乐信息与分享音乐美感的过程，因此，教师音乐欣赏水平的高低往往决定着音乐教学的水平和质量。

一、听辨与听记

音乐教师应具有良好的听辨能力，能够准确听辨歌唱中不同人声和声部的类别，能够辨别中外常见乐器的音色，能够听辨音乐力度、速度的变化，节奏、节拍的不同，旋律、和声、调式等音乐表现要素的特点。同时，还应能区分音乐所表现的不同情绪情感，并能运用音乐表情术语进行描述，能够区别和分辨基本的音乐表演形式与常见的音乐体裁，能够聆听中外音乐史中代表性作品主题后确认曲名。此外，音乐教师还应具有良好的听记能力，能够听记音程、和弦和音乐主题、乐句和乐段等。

音乐教师良好的听辨、听记能力对于发展学生的音乐听觉非常重要，教学应注意从音响出发，把听辨、听记能力的培养贯穿于音乐教学的全部活动中，能够运用多种方式指导学生对音乐的听辨与听记，不断提升学生的音乐听觉能力。

二、鉴赏与评析

音乐欣赏与评析能力是音乐教师必备的专业素养。音乐教师不仅应具有听赏音乐的良好习惯，而且应具有比较宽阔的音乐视野，能够经常聆听不同国家、地区、民族的儿歌、童谣及表现儿童生活的小型器乐曲，同时，也常聆听中外民族民间音乐和在中外音乐史上具有代表性的音乐作品以及歌剧、音乐剧和舞剧音乐等，能够对其时代风格、民族风格、地域风格进行评论与分析，知道世界主要音乐流派的代表人物，能够对其创作、表演特征进行评论与分析。

音乐教师良好的鉴赏与评析能力对于发展学生的音乐审美能力至关重要。教学中应贯彻以听赏为中心的原则，教师能够采用多种形式引导学生积极参与音乐体验，引发联想和想象，能够尊重学生的独立感受与见解，鼓励学生勇于表述自己的审美体验，以激发学生听赏音乐的兴趣，使学生逐步养成聆听音乐的良好习惯，积累感受与鉴赏音乐的经验。同时，教师要善于引导学生运用语言和文字表达对音乐的感受、感悟、感动，重视学生的音乐短文的写作能力，并尽可能地将其同音乐评价结合起来，以利于学生整体音乐文化素养的提高。

第二节　音乐表演

一、歌唱

歌唱是小学音乐教学的基本内容，也是学生最易于接受和乐于参与的音乐表现形式，因此，歌唱技能是音乐教师的重要基本功，自然流畅、富有音乐表现力的演唱能力是一个音乐教师必须具备的基本条件之一。教师的歌唱技能主要体现在两个方面：一是能够对学生进行示范演唱，二是能够对学生的歌唱进行指导。所以，音乐教师应该能够演唱一般的中外歌曲，起到教学现场欣赏与示范作用，因为音乐教师充满激情的范唱会让学生体验到歌曲的美感，从而激发学生的学习兴趣，并引导和鼓励学生创造性地、富有个性地理解和表现歌曲的情感，使他们逐步学会运用音乐的各种表情手段，运用不同的速度、力度和音色以及不同的演唱形式、不同的伴奏乐器来表达歌曲的意境。

音乐教师应该能够指导学生歌唱技能的练习，培养学生正确的歌唱习惯与方法，对学生在歌唱中出现的音准、节奏、发声、咬字等问题能够及时发现，并提出正确的解决方法，能够注意学生变声期的嗓音保护，避免喊唱，帮助学生建立与他人合作演唱的经验，培养音乐的集体意识与团队精神，引导学生自信、大方、自然、富有表现力地歌唱。

二、乐器演奏

乐器演奏技能也是音乐教师的重要基本功之一。钢琴是音乐教学的首选乐器，条件不足的学校可使用风琴、手风琴、电子琴等键盘乐器，音乐教师应具备上述乐器的基本弹奏能力，能够演奏一般的中外乐曲，结合教学为学生进行现场演奏，并能够根据歌曲旋律、和声、调式风格与力度、速度、情绪要求，正确选择和编配伴奏，具备一定的即兴伴奏能力，以发挥乐器演奏在课堂音乐教学中的作用。

小学音乐新课程教学领域中明确提出"学习常见的打击乐器，学习竖笛、口琴、口风琴或其他课堂乐器的演奏方法，参与歌曲、乐曲的表现"的教学要求。这就要求音乐教师在掌握钢琴等键盘乐器的基础上，还应掌握相应的其他一些乐器（如竖笛、口琴、口风琴以及中外某一种管弦乐器等）的基本演奏方法或了解其性能，以保障音乐教学和音乐课外活动的需要。

第三节　音乐创作

一、歌曲创作

音乐新课程增加了"创造"教学领域，包括即兴音乐表演和简单的歌曲创作等内容，这对音乐教师提出了新的技能要求。音乐教师应该了解音乐材料组织与发展的基本形式，熟悉声乐作品的词曲结合关系，掌握音乐作品结构的一般常识及基本的歌曲创作方法，如歌曲的整体构思、主题乐句的写作、旋律的发展手法等，能够进行一般的歌曲创作，并用简谱或五线谱准确地记录作品。此外，还应该尝试在电脑上运用数字音序和数字音频软件进行简单的音乐编辑和创作。

音乐新课程对教师不仅提出了音乐创作技能方面的要求，而且要求教师在音乐教学过程中将创造力的培养贯穿于各个教学领域。对创作技能的理解，不应仅仅局限在"作曲"方面，而是体现为多种形式的音乐创造活动，如同一个练习，可能有多种答案；同一首歌曲，可能有多种处理方式；同一首乐曲，可能有多种理解等。教师应重视音乐实践中的创造性活动，要善于用新观点、新方法引导学生去发现、探索、创造，鼓励和培养学生的创新精神和创造能力。

二、改编与配器

对音乐作品的改编也是音乐教师应该具备的专业技能之一，例如，能够通过采风活动采集优秀的民间音乐，利用民间音乐资源作为改编的素材，或通过对原作品各种形式的加工处理，形成该作品的新的艺术风格，或利用各种不同的音源材料，进行某一主题的命题编创等。

配器亦是音乐教师应该具备的专业技能，例如，能为歌曲配置一般的钢琴、风琴、手风琴、电子琴以及小乐队的伴奏，这就要求教师要掌握一定的和声知识，了解常见的伴奏形式，懂得乐队中乐器的性能和运用，能够对伴奏织体进行正确的选择等。

第四节　其他技能

一、识读乐谱

能够较熟练地识读乐谱是音乐课对教师的基本要求。虽然音乐新课程的内容标准对识谱教学作了新的规定，降低了识谱教学和音乐基础知识与音乐基本技能的难度，但这并不等于对音乐教师识谱技能要求的降低。相反，音乐新课程要求音乐教师不但要提高乐谱识读水平，而且更要提高识谱教学水平。例如，在识读乐谱教学中，正确处理识读乐谱与音乐审美的关系，有效地发挥乐谱的工具作用，避免把识读乐谱变成理性传授、机械记忆的教学形式，将其与音乐实践活动、音乐审美活动结合起来，让学生在音乐实践中识读与运用乐谱，在音乐美的感受中提高识读乐谱的能力。

二、指挥

指挥技能是音乐教师必备的音乐技能，包括合唱指挥与乐队指挥。合唱是音乐教学中的常见形式，在课堂教学和课外活动中很普遍。随着音乐教育的不断发展，学校的各种乐队日益增多，并越来越受到重视，对校园文化的建设发挥着重要作用。因此，不断提高指挥技能，以适应音乐教学和学校音乐团队活动的需要，已是音乐教师的努力方向之一。

音乐教师要熟悉指挥的作用与任务，能够组织、训练合唱队或乐队，能够领导合唱队或乐队进行排练、演出，能够分析作品，设计指挥动作。在指挥技能方面，教师应了解指挥的双手分工，以丰富指挥手段，加强指挥动作的感染力，准确表达指挥意图，能够充分体现指挥动作的科学布局及层次感和分寸感，熟悉由点和线组成的指挥基本图式和常见拍子，能够准确表现速度、力度、情绪的变化。

三、舞蹈

舞蹈是小学音乐教学中"综合性艺术表演"的内容之一，也是学校课外音乐活动的常见团队，在课堂教学和课外活动中都很普遍，因此，舞蹈技能对于小学音乐教师来说也是非常重要的。音乐教师应了解舞蹈艺术的基本特征、体裁、舞种、表演形式等知识，熟悉由空间、时间和力度三种元素构成的舞蹈语汇，知道舞蹈的程式化、雕塑性、韵律感等基本特点。在此基础上，能够掌握舞蹈的基本动作及动作组合，表演或编创舞蹈，能够通过肢体动作表现舞蹈音乐的节奏特点和情绪情感，或根据舞蹈的节奏和情绪选配合适的音乐，能够根据指定或自选的音乐即兴舞蹈等。

小学音乐教师专业能力必修

Xiao Xue Yin Yue Jiao Shi Zhuan Ye Neng Li Bi Xiu

第二章　音乐教学设计能力

音乐教学设计是音乐教学实施的前期准备，是音乐课堂教学质量的保证，也是衡量音乐教师教学水平的重要标志之一。音乐教学设计包括了解和分析学生的音乐基础和学习状况，选择、分析和处理音乐教学内容，确定音乐课的类型和教学目标，选择教学方法、安排教学时间和设计教学过程等。

了解和分析学生音乐基础和学习状况是音乐教学设计的前提。新课程的一个重要理念是"以学论教"，要求教师从以往"只见教材不见学生"的传统备课方式中转变过来，从学生主体出发，关注学生这一重要的教学资源，了解和掌握学生课堂上的学习状态和心理反应，并思考相应的对策。因此，教师进行教学设计时，要了解学生的身心特点、生活经验、兴趣爱好以及学生的知识储备，分析他们在学习音乐时会出现什么问题，产生哪些矛盾，如何去处理等。

确定音乐课的类型、结构并合理安排教学时间是音乐教学设计的另一前提。一般来讲，音乐课的类型划分为两大类，即单一课和综合课。单一课的优点是内容集中，可以使学生获得鲜明的、相对完整的印象，有益于解决某一方面的问题，但由于教学内容单一，同时也容易使学生感到枯燥乏味，不利于引发兴趣和有效学习。综合课的优点是内容丰富、形式多样、富于变化、生动活泼，能使学生在学习过程中不断地变换学习内容和学习方式，因此更受学生的欢迎，是中小学音乐课中最常见的课型。在教学时间的安排上，应该从教学内容的多少、教材难易的程度、教学重点所需时间以及学生接受能力等方面综合考虑，使一节课的时间合理安排到各个教学环节上。

第一节　音乐教学内容设计

音乐教学内容，是音乐课堂上师生双方进行音乐教学活动时，共同所需的相关音乐材料，具体包括文本、乐谱、音响等。音乐教学内容是音乐教学活动的依据，在多数情况下，各学段、各学期、各学时的音乐教材内容即是相应学段、学期和学时的音乐教学内容。但有时，根据音乐教学的特殊需要，音乐教学内容也会脱离音乐教材而由音乐教师自行选择和组合。因此，掌握音乐教学内容的设计艺术，能够正确地选择音乐教学内容，合理地组合音乐教学内容，恰当地分析音乐教学内容，是音乐教师的一项重要基本功，也是音乐教学设计的基础。

一、音乐教学内容的选择

基础音乐教育是审美教育，音乐教学是师生共同体验、发现、创造、表现音乐美的过程，因此，音乐审美应鲜明地体现和贯穿在整个音乐教学的内容中，也就是说，音乐教学内容是学生获得音乐审美感受和体验的客观条件。所以，选择具有欣赏价值，能够唤起美感的歌曲和乐曲作为音乐教学内容是极其重要的，它是实现音乐教学以审美为核心的基础和前提。比如好的歌曲教材应具备"动听"和"耐唱"的特点，只有优美的曲调才能产生动人、感人的艺术魅力，使学生听了还想听，唱了还想唱，百听不烦，百唱不厌。这种曲调和音韵的美磁石般地吸引着学生，久而久之，自然就形成了"润物细无声"的审美功效。

音乐教学内容的选择要打破"学科中心"的传统观念，紧密围绕学生的兴趣和需要，结合学生的生活经验，遵循学生的生理、心理来进行，增强音乐教学内容的亲和力与人文性，使音乐教学内容真正成为为学生所接受和喜欢的内容。

在音乐新课程中，音乐知识技能的学习和运用是非常必要的，因此，在选择具体的音乐教学内容时应充分地考虑到这一点。在新的音乐教材中，有些音乐知识技能以暗线的方式呈现，这就要求音乐教师仔细地分析和研究教材，熟悉和吃透教材内容。音乐与相关文化是音乐学科人文属性的集中体现，充分体现多元文化价值观、促进课程综合性发展是选择音乐教学内容时要予以注意的另一个问题。音乐教学内容既要强调对我国民族音乐文化的弘扬，同时又要重视对世界优秀音乐文化的了解；既强调对音乐经典的掌握，同时又重视对充满时代感的现代音乐的学习，并努力做到思想性与艺术性的统一。

二、音乐教学内容的分析

音乐教学内容分析是音乐教学内容设计的基础，也是上好一堂音乐课的必要前提。一般，音乐教学内容的分析包括对音乐作品内容、形式、表现手法和创作背景以及作曲家介绍等方面，同时，更要注重对音乐作品的人文内涵、情感意蕴、艺术特色和社会价值的探究。

1. 分析音乐作品的内容与表现手法

对音乐作品内容、表现手法的分析，是音乐教学常见的备课方式之一。下面案例在这些方面的分析中具有一些特点：一是在分析作品内容、表现手法的同时，还把视点投向作品的人文方面，关注着音乐的情感内涵；二是分析作品时采取了重点突出的方法，而不是面面俱到，从而使作品的局部、细节特点清晰，加深了人们对音乐的印象。

案例1

管弦乐曲《月光》赏析

充满了诗情画意的《月光》，表现了一种朦胧美。它以淡淡的笔墨和雅致的色调描绘了一幅夜色迷茫、景色朦胧、万籁俱寂、月光如洗的美丽图画。印象派音乐最擅长表现风花雪月的朦胧美的题材。在一些情况下，朦胧比清晰更富有美感。人们在朦胧的状态下审美，别有一番情趣。为了获得朦胧美，印象派音乐如同印象派绘画强调色彩、否定造型和线条一样，在配器上追求轻柔、奇妙、喑哑的音响（如弦乐和声的细分，木管的极端音区，铜管的弱音器），和声上模糊和弦的功能，减弱调性的清晰，节奏上磨掉强弱的棱角，突破节拍的规律，旋律时隐时现，常常被吞没在和声的音型织体中。这首《月光》，由钢琴曲改编成管弦乐曲后，极其典型地体现出上述音乐特点，更加柔美动听。

乐曲由三部分组成。A段，降D大调，9/8拍，速度徐缓，乐思宁静。音乐由一连串平行三度的和声开始，左右手均以色彩较暗的小三度出现，作自由而平缓的移动，旋律疏疏落落，经常出现长音及同音延长，造成一种平稳、幽静的印象。节奏上多为三个音一拍，有时两个音一拍（二连音），显得从容不迫，松弛徐缓。和声是和谐的、静止的，很少有紧张度与动力性，从而加强了宁静的气氛。B段先转到E大调上，后又回到降D大调。旋律改以音型化的小句子为主，和A段悠长的旋律风格稍有不同。流动的分解和弦，使乐曲气氛和情绪活跃起来，好似一阵阵清风吹来，树影婆娑，树枝轻摇。第三段是第一段的变化再现，整个情绪又平静下来，偶尔出现的分解和弦音型的片断，在一定程度上保持着流动的印象。最后，音响逐渐减弱、减缓，直至曲终徐徐消失，极富幻想地渲染出月光照地、万籁俱寂的印象性意境。

2. 介绍音乐家及作品创作背景

对音乐家及作品创作背景的介绍，可考虑这样几个因素：一是音乐家的音乐成就和影响以及代表性音乐作品；二是简单的生平；三是所介绍作品的产生时代；四是与该作品相关的背景材料。下例巴赫与他的《G弦上的咏叹调》中，用简练的文字介绍了"G弦"和"咏叹调"，并以一句话（《G弦上的咏叹调》是一首只用小提琴G弦来演奏的优美如歌的乐曲）概括和解释了作品标题。相关的创作背景亦介绍得清晰而简洁："乐曲约作于1722年，原标题为《咏叹调》，是巴赫《管弦乐组曲第三首》的第二曲，原为D大调，用弦乐合奏的方式演奏，后经德国小提琴家威廉密改编为小提琴曲，并将原曲调性移低一个大二度，变成C大调。改编者巧妙地利用了G弦的最低音域，从而能用小提琴的一根G弦来演奏这首乐曲。而乐曲名称亦随之更名为《G弦上的咏叹调》。"

案例2

巴赫与他的《G弦上的咏叹调》

巴赫（Johann Sebastian Bach，1685—1750）是德国伟大的古典作曲家和管风琴家，是巴洛克音乐的代表人物之一，有"音乐之父""十二平均律之父"之称，是享誉全世界的音乐家。他生于音乐世家，童年深爱音乐，毕生勤奋创作，作品浩如烟海。

他具有精湛的对位技巧，其创作以复调手法为主。音乐作品构思严密，感情内在，描绘生动、热情、奔放，富于哲理性和逻辑性。他在德国民族音乐的基础上，集16世纪以来尼德兰、意大利和法国音乐之大成，对欧洲近代音乐的发展产生了深远的影响，其音乐为全人类所喜爱。

G弦，是小提琴四根弦中声音最低的一根弦（第四弦），由于该弦的定音为G，故称G弦。小提琴其他的三根弦则分别定音为D（第三弦）、A（第二弦）、E（第一弦）。G弦在小提琴的四根弦中处于最低音区，能发出深沉、浑厚的柔美音色。咏叹调，系西洋歌剧、清唱剧中的独唱曲，旋律优美，长于抒情。也就是说，《G弦上的咏叹调》是一首只用小提琴G弦来演奏的优美如歌的乐曲。

这首乐曲约作于1722年，原标题为《咏叹调》，是巴赫《管弦乐组曲第三首》的第二曲，原为D大调，用弦乐合奏的方式演奏。后经德国小提琴家威廉密改编为小提琴曲，并将原曲调性移低一个大二度，变成C大调。改编者巧妙地利用了G弦的最低音域，从而能用小提琴的一根G弦来演奏这首乐曲。乐曲名称亦随之更名为《G弦上的咏叹调》。

乐曲为单二部曲式，每段各自反复一遍。A段旋律轻起，徐徐奏出，柔婉如歌，极富情境，既像是静静的沉思，又好似默默的咏唱。B段篇幅较A段稍大，乐曲情绪有明显的起伏和变化，旋律先是转向属调，并用一系列大跳和切分音，表现情绪的激动抒发，犹如激情在倾诉。接着很快又回到主调上，情绪安静下来，柔婉如初。最后，乐曲速度放慢，力度更轻，缓缓地在延长的主音上结束。整个乐曲给人以极大的美感享受，令人荡气回肠，回味不已。

3. 关注音乐作品的创作价值和艺术特色

凡属优秀的音乐作品，凡能够选入教学内容、作为教材的音乐作品，都具有一定的社会价值和较高的艺术价值，因此，对作品这些方面的分析有着重要的教育价值与教学意义。如歌曲《我多想唱》，对这首曾打动了无数少年儿童心灵的名歌，如果仅仅着眼于表现手法和作品结构上的分析，就不会对当今学生产生那样大的吸引力和震撼力。然而，对该作品的分析一旦同孩子们的学习背景联系起来，那就完全是另外的一种情况。

案例3

歌曲《我多想唱》的社会价值

这是20多年前诞生在中国歌坛的一首名歌，曾打动了无数学生的心灵。

当今中国，应试教育现象犹如一条沉重的锁链紧紧地套在学生身上：书包越背越重，眼镜越戴越厚，学习时间越来越长……正是花季年龄的青少年和儿童，在学校、老师和家长的重重督促与重压之下，披星戴月，埋头苦学。不见笑脸，没有歌声，孩子们的生活难见七彩霓虹。面对竞争日益激烈的世界，学校、老师和家长们想得更多的是孩子的明天将会怎样，他们无情地剥夺了孩子们的快乐年华，自认为有一个最为用心良苦的理由，就是这一切都是为了孩子将来的发展，为了孩子明天的成才。

可是我们设想一下：以牺牲今天为代价，连今天都不曾拥有的孩子，还能够拥有明天吗？今天这些被抹去了童年色彩、失去了生活情趣、泯灭了创造活力的孩子，美好的明天难道会向他们走来吗？"生活需要七彩阳光，年轻人就该开朗奔放"，"该学就学，该唱就唱，生活本来就是这样。"——倒是这首歌唱出了孩子们的心声！

"我多想唱"这四个字包含了太多的内容，那份企盼，那份渴望，那份发自内心的呼唤，那份怀有真诚的向往。透过这四个字，我们犹如望见那天真的目光，犹如看见那张可爱的笑脸。除去感动，更多的是震撼！

伟大的思想家卢梭告诫我们："大自然希望儿童在成人以前，就要像儿童的样子，如果我们打乱了这个秩序，就会造成一些果实早熟，它们长得既不丰满也不甜美，而且很快就会腐烂，就是说，我们将造就一些年纪轻轻的博士和老态龙钟的儿童。"

教育的第一位问题是提高人们现实生活的价值，是让孩子们拥有一个幸福、快乐和健康成长的美好童年。这个哲理，正是这首歌的意义所在。

在分析音乐教学内容时，教师应注重对音乐作品的聆听，以获得本人直接的体验，这一点非常重要。

有些音乐教师对音乐教学内容进行分析时，往往依据音乐教学资料、音乐教学参考书等间接信息，缺乏自身对音乐作品的直接体验，因而也就形成不了对音乐的感悟。试想，一个自己都没有走进音乐的教师，怎能企望学生理解音乐？音乐课堂上，最为脱离音乐教育本质的教学现象就是教师照本宣科地讲解和学生不假思索地听讲，原因就是双方均无对音乐的直接体验，因此师生也都没有真正地走进音乐。良好的音乐教学效益来自师生之间和谐的音乐审美交流，而形成这种和谐交流的前提则是教师自身对音乐的切身感受。音乐教师上课之前如果缺乏这种对音乐的感受、感动、感悟，将不可能运用音乐的情感力量来感动学生。所以，对音乐教学内容的分析，教师自身的反复聆听、歌唱与多次体验相当重要。

第二节　音乐教学目标设计

教学目标是指教学活动预期达到的结果，或者是预期的学习活动要达到的标准。音乐教学目标是音乐课堂教学的方向，它提出音乐教学任务，确定音乐教学方式，主导音乐教学过程。因此，只有音乐教学目标明确，音乐教学才能有的放矢，才能判断音乐教学有没有效益。确定音乐教学目标的行为动词是可测量、可评价、具体而明确的；确定音乐教学目标的行为条件是指影响学生产生学习结果的特定的限制或范围，为评价提供参照的依据；确定音乐教学目标的表现程度是指学生学习之后预期达到的最低表现水平，用以评量学习表现或学习结果所达到的程度。

一、音乐教学目标的分类

1. 情感、态度与价值观目标

新课程观将情意因素提高到一个新的层面和高度来理解，赋予其在课程目标中重要的价值取向。情感，不仅仅体现为学习兴趣、学习爱好和学习热情，更体现为情感本身的体验与内心世界的丰富；态度，在表现为学习追求、学习责任的同时，更表现在对生活的乐观、进取、向上的态度；价值观，既反映在个人价值方面，同时更反映在个人价值与社会价值、自然价值的统一上等。这三个具有独立意义的要素已成为课程目标的重要组成部分。不同学科，其"情感态度与价值观"的取向和内涵是不同的。在音乐课程中，音乐课程的性质和价值决定了必须突出其"情感态度与价值观"方面的目标，以体现音乐教育的本质是审美，是实施美育的重要途径这一特点。对于音乐课程来说，其特质是情感审美；其教育方式是以情感人，以美育人；其教育效应不仅在于知识和技能的习得，更体现在熏陶、感染、净化、震惊、顿悟等情感层面上。

2. 过程与方法目标

学习过程和方法论具有重要的教育价值。重视过程，强调方法，其实质是尊重学生的学习经历、体验和方式，这是一个学习者必须要经历的过程，是一个人生存、生长、发展的内在需要。从教学的角度来说，只重结果而轻视过程与方法的教学获得的只是形式上的捷径。这种排斥个性思考，否定智慧参与，只关注知识掌握的教学方式，完全不利于人的发展，它使一个个鲜活的人成了一架架机械、呆板、只会接受与记忆、不会思考与评析的学习机器。

对于音乐课程来说，过程与方法之所以非常重要，是由于音乐教育多体现为"润物细无声"式的潜效应，其教学目标往往蕴涵在教学过程中，即过程即目的。从教学方法上说，授人以"鱼"，不如授人以"渔"，学会音乐，不如会学音乐，这样才有利于学生的终身学习和在音乐上的可持续发展。

3. 知识与技能目标

基础教育新的音乐知识与技能观认为：音乐知识不仅仅体现为乐理知识，它还包括音乐基本表现要素和音乐常见结构以及音乐体裁、形式等知识，特别是还包括音乐创作和音乐历史以及音乐与相关文化方面的知识；音乐技能也不是仅仅体现为视唱、练耳、识谱等方面，或是发声、共鸣、咬字吐字等唱歌技术层面，而更为重要的是把乐谱的学习或歌唱技能的训练放在整体音乐实践中进行，将其视为音乐表现活动的一个环节和组成部分，这样才能有利于构成基础音乐教育知识与技能的整体体系。要改变音乐教学中单纯传授音乐知识，以讲授代替体验的理性方式，改变机械训练音乐技能，以枯燥练习代替探究、研究的倾向。应把音乐知识与技能的学习，放在丰富、生动的音乐实践活动中，同情感、态度、兴趣、智慧等因素紧密结合起来完成。

二、音乐教学目标的表述

1. 目标要明确、具体和简洁

音乐教学目标是从微观的角度，预计某一课时、某一环节音乐教学所要获得的结果，是学生在音乐教师指导下，其音乐学习活动具体的行为变化表现。因此，表述音乐教学目标要明确、具体、简洁，指向清晰。不要把教学目标混同于课程目标，表述得非常宽泛、笼统，如"培养学生的创新精神与实践能力，增强音乐文化素养，使学生成为德智体美全面发展的人"等，这样的目标对具体音乐课堂实践没有指导意义，也无法进行评价。正确的音乐教学目标表述应主要涵盖本课时学习的具体内容、方法、过程及要达到的程度和水平。如下例：

案例 4

《茉莉花》的教学目标

（1）聆听不同体裁、风格的《茉莉花》，体验音乐作品的情感与表现形态，能够对民歌产生兴趣。

（2）了解民歌的演唱形式，能够随着音乐有感情地轻声歌唱。

2. 目标要涵盖三个维度

教学目标由单向变成多维是音乐新课程同传统音乐课程的一个重要区别。以往，音乐教学目标重点关注的是知识与技能方面，比如"学习 Soi 和 Mi 两音，能够唱准它们的音高"，"通过欣赏及讲解使学生掌握大合唱的有关知识，了解作曲家的生平"等。上述目标缺乏"情感态度与价值观"维度，"过程与方法"维度不清晰，主要突出了"知识与技能"维度。正确的目标确立方式应该是三个维度的表述，如下例：

案例 5

《动物说话》的教学目标

（1）对描写小动物的音乐感兴趣，知道动物是人类的朋友，人与动物应和睦相处。

（2）在音乐情境中，聆听和演唱《动物说话》，探索并运用不同声源创编简单节奏，表现小动物形象。

（3）能准确地朗读歌谣，读出二拍子的强弱，认识木鱼、碰钟，并能用其为歌曲伴奏。

3. 要正确使用目标的行为动词

新课程的重要理念是"以学生的发展为中心"，"学生是课堂教学的主体"，因此，课堂教学行为主体是学生而不是教师。过去在"教师中心"和"学科中心"传统观念指导下，音乐教学目标通常表述为"通过……培养学生……"这样的句式，这类以教师为主体的行为动词，已不符合音乐新课程"教学目标"的表述要求。音乐新课程是从学生、学习者的角度来表述目标的，因此其行为动词多为"对……""在……""以……""用……""能够……""知道……""感受……""体验……""了解……""掌握……"这样的句式，如下例：

案例 6

《国旗国旗真美丽》的教学目标

（1）知道国旗代表国家，是祖国的象征，能够尊重和爱护国旗。

（2）以崇敬的心情聆听《国歌》，用赞美的情绪演唱《国旗国旗真美丽》。

（3）能够选用打击乐为歌曲伴奏。

需要说明的是，音乐教学目标的确立和表述是每一个音乐教师进行教学设计的自主行为，不必过于追求统一，千篇一律；从另一个角度说，音乐教学本身就是艺术，而艺术是需要个性的，没有个性就形不成独特的教学风格，更谈不上创新与发展。

第三节　音乐教学过程设计

教学过程是根据教学目标实施教学的一种活动程序，由教师、学生以及教学内容、方法和手段等若干要素构成。音乐教学过程特指达到音乐教学目标所必须经历的各项活动程序，设计音乐教学过程则是音乐教师在分析研究了教学对象、教学内容、教学方法和手段的基础上，为实现音乐教学目标而准备在音乐教学实施中进行的一系列活动安排程序。

传统音乐教学由于重视音乐教学结果而轻视音乐教学过程，造成教学过程的机械、封闭和僵化。这种状况又导致了音乐教学过程设计的程式化、模式化，环节固定，步骤一致，千篇一律。而在音乐教学过程的实际操作中，往往又固守着"教案"不放，一经进入教学便不可调整，担心离开设计好的教学过程会影响教师期待的教学结果。其实，这种重结果、轻过程的音乐教学，只是一种形式上的捷径，音乐教育价值并不能得到良好体现。音乐新课程认为，音乐教学过程本身具有重要的教育价值，应在音乐教学中给以高度的重视。所以，音乐新课程倡导的音乐教学过程，应该具有可变性、生成性、开放性的特点。

在音乐教学过程的表述上，尽量避免运用师问生答的方式，不要以教师的主观想象来代替学生的客观学习行为。在教学设计中，学生的学习语言和行为只是教师的一种预期，因此不可能也不必要作那种绝对的表述，这种方式既限制了学生，也束缚了教师自己。

一、阶段式音乐教学过程设计

这种方式的音乐教学过程设计，是将构成音乐教学过程的各种因素，根据其不同特点划分成若干个固定的段落，如起始阶段、展开阶段、结束阶段等。

1. 起始阶段

起始阶段的主要任务是组织教学、诱发兴趣、导入新课。常见的导入方式有谈话式导入、图片式导入、音乐式导入等多种。导入方式最重要的是要具有新意。由于导入是一节课教学内容的初始阶段，它的成功与否和效果如何，将直接影响着后面的教学内容。好的导课设计犹如一座桥梁，不仅连接着教学的各个阶段，而且还连接着旧识和新知，好的导课设计不仅吸引学生的注意力，将学生的注意力迅速集中到教学内容上来，还可以激发学生的学习欲望，促进思维的运转，使后面的教学内容顺理成章。

2. 展开阶段

展开阶段是音乐教学的主体和中心阶段，是音乐教学内容展现和音乐教学目标达成的阶段，因此这一过程尤为重要。一般来说，展开阶段由若干个教学活动组成，其特点是环环相扣、逐渐铺展或是由浅入深、逐步递进。

3. 结束阶段

结束阶段是音乐教学的总结阶段，是音乐课堂教学中的"点睛"之笔，关系到整个音乐教学过程的完整。通常，音乐教师往往以概括一节课的教学内容、总结学生音乐学习情况等方式来结束教学。这种方式的特点是对教学过程的总结和概括清晰、明确，逻辑性强，缺点是内容重复，缺少迁移，特别是由于教师一人活动，缺乏情感的互通，显得单调。其实，经过一节课的音乐学习实践，学生会有许多有益甚至精彩的感受和体会需要表达，如果音乐教师把总结的机会交给学生，或者采取师生共同总结的方式，往往会收到意想不到的教学效果。

比如，由教师采访、学生谈感受的访谈式结课；由教师引导、学生回顾学习过程的回味式结课；由教师设问、引发学生的思考与联想，增进进一步探究欲望的外延性结课等。

案例7
《维也纳的音乐钟》教学过程设计

一、起始阶段（创设情境，感受钟声）

1. 钟表店里的钟声

听《在钟表店里》的音乐，感受音乐所表现的情境。启发学生联想：在音乐中似乎听到了什么声音？是在哪里听到的？

2. 王宫里的钟声

师：美妙的钟声可以唤起我们无限的遐想，听听下面一段音乐，想一想，它把我们带到了什么地方？

（1）初听《维也纳的音乐钟》，在听到模仿钟摆嘀嗒声的音乐处用手臂摆动的动作来表示。

（2）说一说，你仿佛来到了哪里？看到、想到了怎样的情景？

互相交流。

（3）教师讲一讲组曲《哈里·亚诺什》的故事，多媒体出示关于欧洲教堂、王宫的一些图片，引导学生感受欧洲教堂文化，简单介绍《维也纳的音乐钟》。

（4）熟悉主题曲调，画着旋律线唱一唱。

（5）闭眼再听音乐，引导学生想象王宫里的故事情景，并在主题音调出现的地方用自己喜欢的方式来表现（可以划旋律线哼唱，可以拍手律动，也可以模仿钟摆律动等）。

二、展开阶段（学唱歌曲，表现钟声）

1. 模拟钟声

师：音乐大师们写出了美妙的音乐来表现钟声，那我们可否用我们的歌声来表现钟声呢？

师生讨论如何模唱钟声，用"叮""当"象声词模仿。

师生一起模拟钟声，随琴练唱 do—do′＜1—i＞的自然音列和 fa、si、do′＜4、7、i＞的音准，同时渗透三拍子节奏练习，为歌曲学习打下基础。

2. 感受歌曲

播放伴奏音乐，教师范唱，学生随音乐摇晃身体，感受歌曲节奏。

3. 学唱歌曲

（1）听范唱录音，初步感受歌曲情绪。

（2）出示歌纸，利用色块引导学生观察曲谱，掌握反复跳跃记号在歌曲演唱中的具体运用。

（3）引导学生用正确的换气方法随琴唱高音声部歌词。

（4）多媒体出示图形谱，引导学生结合图形谱认唱唱名。

4. 拓展表现歌曲。

（1）用优美的声音边唱歌曲边摇晃身体，教师在强拍处加入碰钟为歌曲伴奏。

（2）学生随伴奏音乐唱歌词，教师尝试用口风琴加入低音声部，感受二部效果。

（3）合唱全曲，一部分学生唱高音声部歌词，一部分学生边弹口风琴边唱出低音声部，想象、表现悠扬的钟声在空中回荡的情景。

三、结束阶段（拓展延伸，回味钟声）

师：请同学们课后搜集有关表现中国钟声的歌曲、乐曲。如果有可能的话去就近的寺庙聆听寺庙的钟声音乐，把你的感受记下来。

师生齐唱歌曲《钟声叮叮当》，带着对钟声的回味走出教室。

二、环节式音乐教学过程设计

环节式音乐教学过程设计是指把构成音乐教学过程相互关联的若干因素进行并列式的组合，包括以内容为环节和以方法为环节两类。

1. 以内容为环节的设计

连接整个音乐教学过程的主线是以内容构建的各个环节，如下面的课例《美丽的延边》即是由三个内容环节组成，第一个环节是"延边风情"，第二个环节是"延边歌声"，第三个环节是"延边舞蹈"，三个环节构成了"美丽的延边"的内容主题。

案例 8

《美丽的延边》教学过程设计

第一个环节：延边风情。

观看朝鲜族舞蹈《花笑我也笑》片段，学习几个简单的舞蹈动作，在伽耶琴弹奏的《道拉基》音乐伴随下，学生跳起朝鲜族舞蹈，初步感受朝鲜族音乐、舞蹈"音乐节奏和舞蹈动作紧密结合"的特点。

引出具有"歌舞之乡"美称的朝鲜族自治州——延边，激起学生了解朝鲜族的民族文化、风土人情的兴趣。

学生谈自己对朝鲜族的认识和了解，并自由提出有关朝鲜族的相关问题。

教师在音乐《道拉基》的伴随下点出课题：如果大家有兴趣，课外可以浏览老师建立的"延边风情网"，你会了解更多。朝鲜族人民能歌善舞，爱清洁，尊老爱幼讲礼仪。美丽的延边是我国唯一的朝鲜族自治州，这里有被联合国确定为"人与生物圈"的长白山自然保护区。走进延边，你一定被这里独特的景色吸引，"天池如莲花浮水，瀑布似九天直下"；浓郁的朝鲜民族风情更会让你流连忘返。今天，让我们一起来到这美丽的延边，进一步感受和了解朝鲜族的风土人情吧。

师生再次交流，通过观看媒体展示的"延边风情"获得有关朝鲜族风土人情（居住、饮食、服饰、节日、礼俗等）的相关信息。

第二个环节：延边歌声。

欣赏伽耶琴弹唱的朝鲜族民歌《道拉基》，感受朝鲜族音乐流畅欢快的特点。

导语：在能歌善舞的朝鲜族人民的生活中，时时都有舞蹈，时时伴有音乐，他们特有的传统乐器——伽耶琴是善于表达民族柔和情感的民间乐器，下面请同学们欣赏一段伽耶琴弹唱的朝鲜族民歌《道拉基》。

欣赏伽耶琴弹唱的朝鲜族民歌《道拉基》片段，观看后思考：伽耶琴弹奏的姿势是怎样的？它的音色像什么？

学生观看后自由回答，教师补充：伽耶琴的样子和音色都有点像古筝，演奏时，一端着地，一端放于腿上，右手弹，左手弄，表演者的姿态稳雅别致。

再次欣赏伽耶琴弹唱的朝鲜族民歌《道拉基》，思考：音乐给你什么样的感觉？歌词表现了什么？（引导学生从节拍、节奏、强弱等方面注意聆听）

学生自由回答，教师在音乐《道拉基》的伴随下，图片展示并补充：音乐流畅欢快，听着这音乐，就会想起翩翩起舞的朝鲜族姑娘。每逢"道拉基"盛开的时候，姑娘们就会三五成群结伴去采集！"道拉基"是朝鲜族人民喜爱吃的一种野菜，中文叫

"桔梗"，所以这首民歌又叫《桔梗谣》。

再次完整欣赏伽耶琴弹唱的朝鲜族民歌《道拉基》，学生跟着哼唱其中的两句"哎咳哎咳哟，哎咳哎咳哟，哎咳哟！这多么美丽，多么可爱哟，这也是我们的劳动生产"。

第三个环节：延边舞蹈。

欣赏朝鲜族歌曲《阿里郎》，认识朝鲜族乐器长鼓，感受朝鲜族歌舞的特点。

导语：在延边朝鲜族自治州，还有一首人人都会唱的古老民歌——《阿里郎》，现在让我们随着镜头看一看、听一听。

观看中央电视台"魅力12"的《阿里郎》演出片段，注意观察：伴奏的乐器你认识吗？伴奏的音乐节奏是怎样的？

介绍朝鲜族的民族乐器长鼓及朝鲜族舞蹈长鼓舞。

教师补充：朝鲜族的长鼓两端空而大，一边音色柔和，一边音色清脆，我们刚才看到的就是朝鲜族很有特色的舞蹈"长鼓舞"，它有什么特点呢？（学生自由谈论、回答）

教师：边跳边敲鼓就是长鼓舞的表演形式，我们也来学着跳一跳、敲一敲。

启发学生用腰鼓模仿敲打长鼓。鼓励学生运用学跳的朝鲜族舞蹈、敲打长鼓等形式来表现歌曲《阿里郎》，感受和体验朝鲜族载歌载舞的民族风情。

2. 以方法为环节的设计

连接整个音乐教学过程的主线是以方法构建的各个环节，如下面课例《欢乐的边寨》。这节课以"探索与交流""感受与体验""表现与创造""归纳与总结"等方法作为教学过程环节，既体现了教师的教学方法，同时又体现了学生的学习方法，通过"探索与交流"环节，让学生上网查阅瑶族、侗族、撒尼族、彝族的有关资料，了解不同民族的相关文化与风土人情，辨析不同民族音乐作品的风格特征；通过"感受与体验"环节，获得对表现瑶族风情的音乐《瑶族舞曲》的直接体验，加深对少数民族音乐的印象；通过"表现与创造"的环节，进行《瑶族舞曲》演奏和舞蹈方面的实践，学习以音乐的方式来表达自己的情感。

案例9

《欢乐的边寨》教学过程设计

一、探索与交流

1. 学生在网上查阅瑶族、侗族、撒尼族、彝族的有关资料。

师：我们的祖国是一个多民族的国家，有着丰富的民族音乐文化。美国的潘杰夫说："所有的文化都有音乐，它们以自己独特的形式使用音乐。"因此我们要听懂少数民族的音乐，必须了解它的相关文化和风土人情。同学们可以通过网站搜索这几个民族的服饰、民俗、音乐文化及相关介绍。

学生分成四组，每一组分别在网上查阅瑶族、侗族、彝族、撒尼族其中一个少数民族的相关资料，查完后，每一个组推选出一位代表到教师的主控制电脑前来介绍一个少数民族的风土人情。

（将学生的电脑切换至教师主机控制，让每一个学生一边从自己的电脑中观看图像，一边听同学介绍）

2. 教师展示自己搜集的资料。

师：老师在课前也搜集了一些资料，现在想请同学们帮我整理一下。

课件展示瑶族、侗族、撒尼族、彝族的服饰图片，民俗风情图片，乐器图片，让学生用鼠标将展示的资料拖到相对应的民族一栏中。

3. 听音乐找出相对应的民族。

师：每一个民族的音乐都具有鲜明的民族特色，现在老师播放四个音乐片段，请同学们辨别它们属于哪个民族。

（播放《远方的客人请你留下来》《五月蝉虫唱得好》《瑶族舞曲》《阿西里西》的音乐片段）

学生讨论回答。

课件展示正确答案：

《远方的客人请你留下来》——撒尼族

《五月蝉虫唱得好》——侗族

《瑶族舞曲》——瑶族

《阿西里西》——彝族

二、感受与体验

1. 瑶族风情。

课件展示：瑶寨风景、瑶族服饰、瑶族婚俗、瑶族长鼓舞。

师：刚才同学们已经了解了一些有关瑶族的风土人情，瑶族是一个古老的山地民族，他们以大山为依靠，赶山吃饭、逐山而行，世代流动繁衍，是我国少数民族中迁徙最频繁的一个民族。瑶族主要居住在广西、湖南、广东、云南等地。瑶族有30多种称谓，主要以头饰区别划分支系。订婚仪式上，瑶族妇女往男方来宾脸上抹泥巴，以图吉利。他们是能歌善舞的民族，常常跳长鼓舞进行自娱自乐。现在让我们一起来欣赏《瑶族舞曲》，共同感受和体验瑶族边寨的欢乐生活吧！

2. 欣赏民族管弦乐曲《瑶族舞曲》。

思考题：

（1）全曲分为几部分？

（2）注意听刚才演唱的主题旋律依次在哪一部分出现？

（3）听完全曲有什么感受？

学生回答提出的问题并演唱音乐主题。

三、表现与创造

1. 给学生提供大鼓、碰铃、木鱼、响板、镲等打击乐器，学生为《瑶族舞曲》的主题旋律即兴配打击乐器伴奏，在配伴奏的时候一定要注意所要表达的音乐情绪。

2. 会演奏乐器的同学可练习演奏主题音乐的旋律，教师也参与学生当中进行演奏。

3. 合奏《瑶族舞曲》的主题旋律。

师：同学们，长鼓舞是瑶族常跳的一种自娱性的舞蹈，今天我们也随着《瑶族舞曲》一起走进欢乐的瑶家山寨，去共同分享他们的快乐吧！

（在演奏的过程中应该注意旋律的速度和力度，不会演奏乐器或没有拿到打击乐器的同学，可以用手拉成一个圈或者是即兴创编一些简单的舞蹈动作进行表演）

四、归纳与总结

我们的祖国是一个多民族的国家，丰富多彩的民族音乐记录着各民族的文化历史与生活习俗，学习和了解这些优秀的民族音乐，能够进一步拓宽我们的音乐视野，同时也能够让我们理解和尊重各民族的文化。希望同学们在今后的学习当中多了解中国的民族音乐，因为只有民族化的东西才是世界性的。

播放歌曲《爱我中华》的MTV，学生离开教室。

三、步骤式音乐教学的过程设计

这种音乐教学过程的设计是将构成音乐教学的各种因素，采取步步深入的方法，进行递进式的安排，如下例《美丽的草原》中的"情感导入""情感唤起""情感深入""情感表达"，以"情感"作为音乐教学主线来展开和推进教学，体现出步骤式音乐教学过程设计的特点。

案例10

《美丽的草原》教学过程设计

一、情感导入

1. 媒体展示，创设情境。

播放腾格尔演唱的歌曲《天堂》，投影仪同步显示草原风光。

（随着悠扬、宽广、风格浓郁的歌声响起时，多媒体同步展示草原的各种风光图：奔腾的骏马、欢叫的牛羊、洁白的毡房、劳作的牧人……）

2. 讨论分析，引入主题。

师：同学们，刚才你们听的歌曲是哪个民族的歌曲？它有什么风格特点？

师生交流：这是一首蒙古族歌曲，蒙古草原地域宽广辽阔，蒙古族人民喜欢骑马、狩猎，他们无论是在放牧、劳动时，还是在休闲、娱乐中，都喜欢引吭高歌，以表达内心的情感。蒙古民歌大致可分为两类：长调民歌（如《牧歌》《草原上升起不落的太阳》等）和短调民歌（《嘎达梅林》等）。长调民歌大多为上下两个乐句的单乐段结构，其曲调悠长、起伏较大、节拍自由、节奏宽广。短调歌曲的特点是：曲调短小、节奏紧凑、结构对称、叙事性强。

二、情感唤起

1. 初听《牧歌》，介绍无伴奏合唱。

教师：本节课我们要欣赏歌曲的另外一种演唱形式，请同学们听听这首歌曲与以前听的合唱歌曲有什么不同？当你聆听这首歌时，仿佛看到了什么？想到了什么？它是什么体裁的歌曲？

（学生聆听无伴奏合唱《牧歌》并展开想象）

2. 熟悉主旋律。

（随琴轻声哼唱歌曲旋律，并默数拍子）

3. 复听，感受意境美。

师：请同学们仔细听听这首无伴奏合唱共有几个声部？分别是哪些声部？这些声部各表达了什么样的意境？歌曲旋律有何特点？

师生讨论交流，引出人声分类。多媒体课件展示：女高、女低、男高、男低。

教师总结：这首无伴奏合唱由女高、女低、男高、男低四个声部组成，男女高声部声音响亮，是蓝天、白云的象征；男女低声部声音浑厚，是肥沃草地、羊群的象征。歌曲旋律起伏不大，较平稳，每一句的尾音很长，象征茫茫无际的大草原。作曲家是用丰满的多声部的人声音响，描绘了内蒙古大草原一派美丽辽阔的景色。

三、情感深入

1. 体验蒙古歌舞的风格特点。

随着《牧歌》音乐的响起，教师带领学生用身体造型模仿出蒙古草原上的各种场景，如蓝天、白云、骏马、牛羊、毡房等，用形体动作表现美丽的草原景色。

2. 主题创编。

引导学生以"美丽的草原"为题，用各种形式与方法（如歌词、诗歌、绘画、舞蹈）创编一段作品，表达自己的情感。可分组进行，学生任选其中一项。

四、情感表达

1. 按《牧歌》旋律演唱学生创作的歌词。

2. 随着学生的歌声将学生们创作的草原风光画通过多媒体展示台展现出来。

3. 学生在《牧歌》声中表演舞蹈《美丽的草原》。

4. 学生表演配乐诗朗诵《美丽的草原我的家》。（背景音乐：《牧歌》）

五、小结

教师：同学们，这节课我们在《牧歌》声中，感受、体验了蒙古民歌的风格特点，领略了蒙古草原的美丽和辽阔，表现和赞美了我们的美丽家园。下节课老师将带领大家去看一看"多彩的新疆"。同学们，下周见！

（播放《美丽的草原我的家》，学生在歌声中走出教室）

第三章 音乐教学实施能力

音乐教学实施能力是音乐教师专业能力的核心，是音乐教师教学水平的主要标志。特别是对于课改来说，新课程的教学实施起着非常重要的作用，是整个课改过程中一个关键的环节。如果说音乐《课程标准》的制定为音乐教学实施提供了理论基础和指导，那么音乐教学实施则是音乐新课程的具体操作和落实。在具体的音乐教学实践中，音乐教学实施能力主要表现在音乐教学的组织和调控以及音乐教学的策略、技术等方面。

第一节 音乐教学的组织与调控

一、音乐教学的组织

音乐教学的组织一方面是指维持音乐课堂教学秩序，建立音乐教学常规，组织学生有序学习的一种手段；另一方面是对音乐教材、教具学具、教学方法、教学形式等因素优化组合，贯穿音乐教学活动始终的一种策略方式。音乐教师应针对班级学生的特点以及授课内容的特点，采取切实可行、灵活多样的组织教学形式。如上课前，组织教学的方式可采用教师弹奏（或播放）音乐，让学生律动进教室，或教师与学生一起做动作，以节奏练习的方式进入教室，还可以示意全班同学唱歌来创设课堂氛围等。上课开始，师生可以音乐的方式相互问好，可通过音乐语言建立起音乐教学常规（如站立：用主和弦的上行音阶；坐下：用主和弦的下行音阶；安静：用一段旋律平和的音乐；律动：用一段节奏鲜明的音乐等），使学生养成聆听音乐后迅速作出反应的良好习惯。组织教学是一种课堂教学的艺术，应巧妙、无痕地贯穿音乐课堂教学的始终。教师通过精心设计的一个个教学环节，为学生不断创设和提供良好的教学情境，让学生以积极的状态投入音乐学习。可以说，音乐教学的组织是上好音乐课的前提。

二、音乐教学的调控

音乐教学的调控是指教师应对课堂发展变化，处理教学事件和驾驭课堂走向的能力。这种能力需要音乐教师具有良好的心理素质，是音乐教师教育智慧的集中反映。音乐教学是一个多种因素综合发生作用的过程，它是教师、学生、教材以及社会背景四位一体的集中体现。这几个因素有机地结合在一起，和谐地产生合力，从而保证课堂教学有序地进行。然而，这同时也决定了音乐课堂教学的复杂性。课堂上，教师面对的是各种各样的学生，他们的思想状况、智力水平、兴趣爱好以及意识形态、思维惯性等个性特征各不相同，对于课堂中各种信息所作出的反应会千差万别，特别是当他们所收到的教学信息和他们自身原有的已经形成的标准发生冲突时，会产生出各种各样的结果，这些都是超出教师的控制范围的。因此，在音乐课堂教学中，教学情景瞬息万变，随时会有许多意料之外的偶然事件出现。对于这种音乐教学事件处理妥当与否，会直接关系到课堂教学效果的好坏，这就要求教师要提高自身的应变能力，掌握一定的应变策略，面对意外发生的音乐教学事件时，能够作出及时妥善的处理与调控，以确保音乐课堂教学的顺利进行。

调控音乐课堂的偶发事件，一般可有三种处理方式：其一是"冷处理"。冷处理是一种暂缓处理的方式，以宽容的态度，采用发散、换元、转向的教育机智。发散就是将全班注意力从事件中转移、发散开来，以避免此事再成为注意的焦点。换元是将此事件巧妙地变成一种教育形式。转向就是用新颖别致的方式，将学生的注意力转移到教师所安排的方向。其二是"温处理"。温处理是教师用一种温和的态度、自然的方式，直面此事并顺其自然地过渡到原教学过程的轨道。其三是"热处理"。热处理是教师用即时处理的方式，以果断、机智的态度判断处理问题。三种处理方式要因人、因事、因地而定。如学生突发急病，就要热处理；学生答非所问，就可以温处理；学生故意发出怪声，以引起其他学生发笑，可以采用冷处理的方式。特别应该强调的是，课堂上出现纪律问题，教师一方面要及时调整自己的教学方法，从积极引导学生参与音乐活动的角度来改善课堂纪律状况；另一方面，教师还可以多用暗示的方法，如从精神不集中的学生身边走过，摸摸学生的头，或提问学生，或请学生参加音乐实践活动等，转移其注意力，使学生重新投入课堂学习。下面的两个案例可供参考：

案例 11

乐器支架突然倒了

一堂别开生面的音乐课"跳竹竿"正在进行。课堂左侧，教师设置了一个竹制支架，上面悬挂着两根独特的木制乐器——叮咚木。可能是由于学生们在音乐声中练跳竹竿时产生了震动，这个支架突然倒了。面对这一突如其来的变故，执教者处理得得心应手，恰到好处。第一，她没有因此把教学活动停下来（如用几分钟去重新安放好乐器支架），而是保持了一个正常运行的教学节奏；第二，面对那个担任敲击叮咚木、此刻显得有些手足无措的学生，她一边竖起叮咚木，一边安抚说："不要紧，你就这样敲。"这种迅速平息课堂意外的处理方式，显示了这位教师敏捷的教学应变能力和娴熟的课堂调控能力。试想，如果中断教学，如果重新布置设施，甚至再请一二位其他教师上来帮忙……结果不言而喻：既浪费了教学时间，又破坏了学生的审美心境。

案例 12

他们谁赢了

音乐课上，老师正指导同学们学唱歌曲《少先队友谊之歌》，突然，靠窗而坐的一前一后两名男生发生了冲突：为了多占点空间好透风，他们各自用手抓住窗棂向对方猛推。这种行为非常危险，因为窗户较大，滑槽较浅，很容易滑出槽去，而楼下操场上正有两个班在上体育课，如果窗户滑落，后果不堪设想。

教师停止了弹唱，对同学们大声说："我们班有两位男生正在斗牛，你们猜，他们谁会赢？"同学们的注意力即刻集中到这两个同学身上，然而两人并没有因为大家的注意而停止角斗，反而更上劲了，眼睛瞪得溜圆，彼此都不放松。学生七嘴八舌地发言："谁把窗户推向另一方，谁就赢了。""谁坚持到底，谁就赢了。""谁停了，谁就赢了。"教师赞成最后一种观点："停战，是双方最好的选择！退一步海阔天空，体现了心胸宽广和团结友善，因此停战的双方都是赢家！"争斗的两个同学脸上的表情明显有所好转，肌肉松弛了许多。教师见事态发展良好，继续追问："支持争斗和支持停战的观点各体现了什么思想？"大家你一言我一语地说开了："好争斗者争强好胜、自私自利、不讲团结、火上浇油、凑热闹……要求停战者胸怀宽广、团结友爱、谦逊忍让、不斤斤计较……"

随着大家的讨论，争斗的两个学生开始松劲，脸色趋向平和。教师见时机成熟，立刻说道："我认为他们两个都赢了，他们都是胜利者！"教师话音未落，两人的手已从窗棂移到了课桌上，教室里立即响起雷鸣般的掌声。

一场争斗终于平息了。教室里又唱起了《少先队友谊之歌》，歌声显得更有力，更有激情，更动听。

上例中，教师既没有直接批评两名男生，更没有指责学生的不正确观点，而是让他们自己去分析、感悟和反思，从而认识得以提高，情感得以升华。这种没有说教的教育体现的不仅仅是以人为本的思想，更重要的是教会了学生如何分析问题、处理问题、解决问题。

此外，还可以采用幽默的语言活跃课堂气氛等。总之，教师要运用教育学、心理学的知识，根据学生身心发展特点、音乐审美的需求，调控课堂，正确处理教学中的偶发事件。

第二节　音乐教学策略

音乐教学策略，是音乐教师为实现教学目标或教学意图而采用的一系列具体的问题解决方式。由于教学策略直接关系着教学的全过程与最终结果，因此，它是音乐新课程教学实施的中心环节。在具体教学实践中，音乐教学策略主要表现在重视情境创设、强调情感体验、倡导教学生成、关注合作探究、加强综合实践、注重目标达成等几个方面。

一、重视情境创设

情境，是对人有直接刺激作用、有一定生物意义和社会意义的具体环境。教学情境，是从教学的需要出发，依据教学内容创设以形象为主体、富有感情色彩的具体场景或氛围。从音乐教学的角度来看，教学情境是以"情"为"经"——将情感、意志、态度等心理要素确定为音乐教学的有机构成部分，将学生的兴趣、爱好、审美能力、表现能力和鉴赏能力以及价值观等人的素质重要方面摆在音乐教学应有的位置上；以"境"为"纬"，通过各种生动、具体的音乐氛围的创设，拉近了音乐学习与学生现实生活的距离，为学生的主动参与、主动发展开辟了良好的途径。音乐教学创设情境的方式很多，下面是几种常用的情境创设法。

1. 环境创设情境

音乐教室的环境布置能有效地激励学生的学习动机，提高学生学习的积极性，唤起学生的情感经验，使学生以积极的情感来促进智能活动的发展。良好的学习环境对小学阶段的儿童来说，显得尤为重要。因为小学阶段的儿童都有一个共同的特点，就是好动、爱玩，为孩子们提供与他们心理特点相适应的外界环境和气氛，使孩子们愿意学、乐于上学，不会对上学产生负担感、压力感。因此，音乐教学应创设优质的物质环境。音乐教室要宽大明亮，并能配备先进的教学硬件，如多媒体电脑、录像机、VCD、录音机、实物投影仪等。要经常改变音乐教室中的座位布置，以适应各种音乐活动的开展，如马蹄形、圆形可为学生提供表演场地，适合集体和个别相结合的活动方式，消除师生之间的视线障碍，体现"阳光普照"的原则，有利于形成和谐、平等的师生关系，而将座位排成几个小圆等分散形状，则有利于开展小组活动，培养学生的人际交往智能等。

2. 语言描述情境

人与人之间的情绪能够因相互感染而产生共鸣。教师在课堂上通过言语、表情、动作流露的真情实感会对学生产生极大的感染；而学生之间积极情感的互相感染，又会扩大情感的受益面；师生情感相互交叉，渲染出感人的情绪氛围，这一氛围又反作用于学生的心理，引起他们心灵的碰撞和激荡，产生强烈的与教学内容相适应的理念与情感。语言描述是指利用声调、速度、音色、情绪的交叉变化，描绘特定的情境，激发学生的情绪，在情感的驱使下，促进学生联想、想象与创造，完成心理暗示的过程。例如音乐欣赏课《走进西藏》，伴随着背景音乐《青藏高原》，教师这样导入："美妙的诗，感人的歌，像从高原雪山倾泻而下的河，时间、空间挡不住它奔向大海的冲动，藏族人日夜聆听的歌早已跨过时空，飞向远在千里万里的我们。它引导我们飞过高原，飞过雪山，到达美丽而神奇的西藏。"这种极富想象力与诗一般的语言配之以《青藏高原》的动人旋律，能够创设非常好的教学情境，会极大地激发学生的情感，在弥漫着浓郁艺术的氛围里，学生很自然地走进了音乐。

3. 故事引发情境

学生一般都喜欢听故事，如果把音乐融入故事中，有时再配上生动、新颖、色彩鲜明、感染力强的投影片，就更能激发学生的学习兴趣。如一位音乐教师在教一年级学生感知分辨音的长短时，用故事引发情境：在森林王国里，小动物要举行迎新年联欢会，这个消息传开后，各种动物分头准备节目：你们听兔哥哥正在敲铃"铃——铃——铃"，兔妹妹正在打木鱼"咚咚咚"（教师边讲边敲击器乐让学生感知）。然后进一步启发学生联想在生活中遇到的哪种声音长、哪种声音短，并让学生分别模仿出来。学生在模仿中初步分辨长音和短音。通过这样的故事引入，激发了学生学习的积极性，使学生在有趣的故事中掌握音乐知识。又如欣赏音乐童话剧《龟兔赛跑》时，可通过讲述乌龟与小兔赛跑的故事，以唤起学生对相应意境的联想，使其容易抓住音乐的特征，形象地表演起乌龟和小兔，凭借各自的想象力展现出千姿百态的乌龟和小兔的形象。学生的主动参与，再创了龟兔赛跑的生动场面，这不仅带给了学生无穷的乐趣，而且使他们懂得了骄傲使人失败的道理。

4. 多媒体再现情境

多媒体可以创设形象生动的教学意境，丰富教学内容，用多媒体再现音乐场景可以帮助学生更进一步理解音乐所要表现的情绪及意境。如一位老师让学生欣赏交响诗套曲《我的祖国》中的"伏尔塔瓦河"时，选择了三幅画面播放：第一幅是小溪流从山坡、小路、树丛中往下流淌的画面；第二幅是一条大河奔腾向前的雄伟、壮观的场面；第三幅是河边村庄中的村民们正在举行婚礼及舞会的画面，然后让学生想象可以用什么样的音乐来表现这三幅不同画面的意境。经过讨论，学生认为：第一幅画面给人以抒情的感觉，可以用木管乐器及少量弦乐器演奏的音乐来表现；第二幅图画面给人以雄伟、宽广的感觉，可以用管弦乐合奏的音乐来表现；第三幅图画是欢快、活泼、热烈、奔放的，可以先用少量乐器演奏，然后再用管弦乐合奏。学生讨论后，老师随即播放了"伏尔塔瓦河"的全曲。正如大家所说，音乐开始是两支长笛用波动的音型交错演奏出了"伏尔塔瓦河"的宽广、深情的主题，当伏尔塔瓦河流经两岸的村庄时，出现了欢快、活泼、带有跳跃的音乐，随后是热烈、奔放的管弦乐合奏。全曲结束后，学生基本上理解了该曲所表现的优美意境。

从教学策略的角度来说，音乐教学情境的创设主要体现在音乐课的导入环节，是否有一个充满新意的情境化导入，对于学生的好奇心、音乐兴趣、审美心境的形成有着重要影响，也就是说，音乐教学情境导入环节将决定着一堂音乐课的发展、走向和质量。

案例 13

音乐课《春天举行音乐会》的情境导入

1. 引子

师：同学们，今天让我们去参加一场音乐会吧。

播放小提琴协奏曲《春》录像，学生随音乐走进教室。

2. 聆听小提琴协奏曲《春》的主题音乐

教师谈话导入"春"：刚才这段音乐你听到过吗？（教师哼唱主题旋律……）在什

么地方听到过？

　　学生根据已有经验说一说。

　　师：这个音乐作品名字叫做《春》，是一首小提琴协奏曲。（点击出示课题）

　　3. 完整聆听小提琴协奏曲《春》

　　师：请你再听一遍，这段音乐让你听到哪些春天的声音？

　　学生认真聆听乐曲《春》，想象"春"的意境。

　　4. 交流

　　学生发表聆听后的感受：鸟鸣、蛙叫、春雨、春水、春雷、春风……

　　案例 14

音乐课《打字机》的情境导入

　　师：首先请同学们来欣赏几段有趣的音乐，它们像是在表现什么呢？我们仔细听听。（播放《森林的歌声》和《雷鸣电闪》）

　　师：音乐把我们带到了哪里？我们经常会见到电闪雷鸣，约翰·施特劳斯运用锣、鼓打击乐为我们塑造了怎样的电闪雷鸣的情景呢？音乐家将生活中、自然中各种灵动的事物再现给我们。

　　师：听，你又从音乐中听到、想到了什么？（播放《打字机》A1）音乐描绘了什么？看——这儿（图片）静静地陈列着一台打——字——机，音乐家却赋予了它生命，让我们边看边听。

　　师：打字机在操作中发出了几种声音？（加深音乐中特殊音效的印象，为聆听音乐作铺垫）

　　师：19 世纪美国的办公大楼中处处传出打字机的声音，于是美国作曲家、指挥家安德森从打字机富有节奏的音响中获得灵感，创作了一首世界闻名的管弦乐小品《打字机》，今天我们就来一起欣赏《打字机》。（出示课题）

　　上述两个案例均是通过音乐来创设情境，并通过情境导入环节来为整体教学作铺垫。《春天举行音乐会》一课，教师创设了一个师生参加音乐会的教学场景，巧妙地抓住小学生的心理特点，通过参加音乐会激发学生的学习兴趣，从而实现以"春"为线索，走进"春"——→感受"春"——→表现"春"。《打字机》一课则从感受描绘性音乐的特点入手，以景激情，以情激趣，帮助学生较好地进入聆听音乐的心理状态：音乐所表现的打字机是什么样子？从而在教学的起始环节激发了学生想学、愿学、爱学的强烈欲望，相信整堂课学生都会沉浸在这种由音乐情境的创设所产生的好奇心中，课堂教学过程和结果应该都会不错。

二、强调情感体验

　　音乐是情感艺术，音乐给人情感的移入比其他艺术有力得多，能更直接更有利地进入人的情感世界。因此，情感是音乐教学过程中最活跃的心理因素，是音乐审美感受的动力和中介。在音乐教学中牢牢把握住情感性原则，不时点燃学生的情感火花，会有效地打开学生的心灵之窗，使其在情感的勃发与激动中，享受美感，陶冶淑性。师生之间和谐的情感交流是音乐教学优化的重要标志。艺术不能容忍说教，审美不能依靠灌输，施教者与受教者凭借音乐审美媒介交流审美信息，这里没有智力教育和道德教育那种权威性和强迫性，教学双方完全是一种平等的关系，建立这种良好教与学的关系的关键在于施教者，音乐教师应把情感的纽带首先抛向学生，创造一种平等民主、相互交流的教学气氛。

1. 以情感人，以美育人

音乐教学的特点是以情感人，以美育人，要引导学生体验音乐作品的情感因素，获得审美感受。音乐的各种要素如旋律、节奏、力度、速度、音色、和声、调式、调性等均具有一定的情感色彩，因此要从音乐要素入手来把握音乐的基本情绪，由局部到整体，由浅表到深层，特别是在关键乐句和音乐高潮处的特殊情感表现，以使学生在感受和体验中迸发出情感的火花。如在《国歌》的欣赏教学中，可从力度、休止符、附点音符、三连音的运用上感受、体验歌曲的情绪变化，使学生在感受、体验中加深对音乐作品的理解。此外，也可从歌词入手把握音乐作品的内在情感。一首好的歌曲教材总是贴近学生的生活，表达孩子的心声，或是蕴涵着一个美好的寓意，或是抒发一种温馨的心曲，或托出一个美丽的梦幻，或展现一片炽热的情怀。这些生动的歌词，就像一首优美的诗，含有鲜明的形象和丰富的情感，对学生有着深刻的感染力。

2. 音乐学习的主要方式是体验

音乐是一种直接经验，而直接经验的获得，必须通过直觉的方式。音乐创作、表现和鉴赏都离不开人的亲自参与和体验，因此，音乐教学过程应是一个在教师启发和指导下学生主动体验音乐的过程。可以说，没有学生的主体参与，就不会有真正意义上的音乐教学。体验，是指由身体性活动与直接经验而产生的情感和意识，体验使知识的学习不再是仅仅属于认知、理性范畴，同时也是身心和人格健全与发展的过程。它强调身体性参与，学习者在学习过程中要用自己的眼睛看，用自己的耳朵听，用自己的嘴说，用自己的手做，用自己的脑去思考。一句话，就是学习者要自身去经历、去感悟、去操作。体验重视学习者的直接经验，视学习者的个人知识、经验、生活世界为重要的课程资源，尊重学习者的个人感受和独特见解，鼓励学生的自我意识与创新精神，在学习过程中强调参与，将教学过程变为整合、转化间接经验为学生直接经验的过程，将学习过程变为融学习者个人经历、感受、见解、体验的自我解读、自我操作的过程。

对于"体验"，《课程标准》中有一句十分重要的表述："完整而充分地体验音乐作品，在音乐体验与感受中，享受音乐中美过程的愉悦，体验与理解音乐的感性特征与精神内涵。"也就是说，音乐教学过程，应是一个学习者对音乐的感受、感悟和音乐对学习者的感染、感化过程。在音乐教学中，教师的语言要尽量少，应以描述性为主，不要总是试图诠释音乐。教师运用语言的目的是创设审美情境，渲染艺术氛围，引导和诱发学生积极地参与音乐体验。引导学生直接面对音乐，直接与音乐交流和碰撞。课堂中，音乐教师不要用过多的讲解代替学生对音乐的聆听，不要用自己的理解代替学生的感觉。音乐音响的直接性特征与音乐音响的非概念性特征决定了语言代替不了学生对音乐直接的感受和体验，如果欣赏过程中教师过多地进行讲解，不但不利于学生对音乐的直接性理解和把握，反而会阻碍学生直觉思维能力的发展。在教学中，教师可适当地讲解一些思辨性的、非音乐性的内容，以便于学生更深刻地理解和把握音乐作品的内涵。在聆听和鉴赏音乐的过程中，应更多地利用肢体语言，运用丰富的表情与手势来表达和提示对音乐的感受和体验。

音乐体验分为行为体验和内心体验两种方式。行为体验是一种实践方式，是亲身经历的动态过程，是学生音乐能力发展的重要途径，在音乐教学中表现为歌唱、器乐演奏、综合性艺术表演等。音乐的体验，很多时候都是与某种运动状态联系在一起的，尤其对于小学生来说，比如在聆听音乐时，没有相应的动作就很困难，甚至根本无法参与。达尔克罗兹曾指出："单教儿童用手指弹奏乐器是不够的，首先必须启发他们进入产生乐曲的激情中去，把乐曲的感情化为具体的动作、节奏和声音。"[1] 奥尔夫也说过："原始的音乐绝不是单纯的音乐，它是和动作、舞蹈、语言紧密结合在一起的。""以身体奏乐，并把音乐移置于躯体之中"，"音乐来自动作，动作来自音乐"。[2] 传统的音乐教学，尤其是在带有课桌椅座位的课堂形式中，学生的情感表达受到了限制，教师也往往因为怕动起来影响课堂秩序，而要求学生像其他学科那样正襟危坐，这样学生参与、体验、表现音乐的机会就会受到限制。音乐新课程实施以来，许多教师把学生从座位上"解放"了出来，改变上音乐课坐着不动的单一形式，注重创设一个生动活泼的音乐实践环境，让学生听到音乐时动起来，尽情地表现音乐，以表达他们对音乐的感受与理解。相对于行为体验，内心体验则是在此基础上所发生的内化、升华的心理过程，这是学生音乐发展的关键因素，在音乐教学中主要体现为学生对音乐作品深层次的理解并产生情感上的共鸣，从中得到心理上的满足。

案例 15

音乐课《红旗飘飘》教学课例

一、教学目标

1. 感受器乐曲《红旗颂》的音乐情绪及演奏形式，边聆听乐曲《红旗颂》边看油画，结合历史知识描述《开国大典》的盛况。

2. 能准确而有感情地演唱和背唱中华人民共和国国歌，体会国歌作为前进的号角、革命的呼声的重大意义，激发对国歌的崇敬和赞美之情。

① 龙亚君. 音乐新课程教学论［M］. 长沙：湖南人民出版社，2007. 118～119.
② 龙亚君. 音乐新课程教学论［M］. 长沙：湖南人民出版社，2007. 118～119.

二、教学过程

（一）创设情境——情感的苏醒

1. 观看录像。

设问：这是什么战争？请你用简练的语言来描述这一场景。

（在抗日烽火熊熊燃烧的中华大地上，义勇军和敌人作殊死搏斗的场景）

2. 听《红旗颂》的引子部分。

设问：下面让我们一起来听一段音乐。结合刚才的录像，听一听，这段音乐使你联想到了什么？（战士们冲锋的号角声）它是用什么乐器演奏的？

3. 引导学生回顾历史，观看油画《开国大典》。

（1）导语：这是小号吹奏出的辉煌而嘹亮的号角声。在那隆隆的炮火声中，正是在号角的指引下，我们的革命先烈前仆后继，浴血奋战，才迎来了新中国的成立，迎来了举世瞩目、震撼人心的那一刻——毛泽东主席站在天安门城楼上，向全世界宣告："中华人民共和国成立了！"这是一个多么庄严的时刻呀！让我们一起来看一看这激动人心的时刻吧！

（2）看油画《开国大典》，能不能根据你所掌握的历史知识，来描述一下这个画面。

（3）学生描述。

（二）欣赏体验——情感的积累

导语：是啊，就从这一刻起，中国开始了新的里程。

1. 聆听第一部分主题。

（1）再听一听刚才引子后的一段主题，请结合油画，说一说这段主题让你联想到了什么？

（2）学生谈联想。

（3）师：1949 年 10 月 1 日，天安门广场上升起了第一面五星红旗，中国人民从此站起来了！这一段主题就好像是人们用优美旋律向红旗倾诉着心中的千言万语。这就是这节课我们要欣赏的管弦乐合奏《红旗颂》的主题。

2. 出示课题《红旗颂》并简介。

3. 哼唱主题片段。

（1）师范唱，学生划拍。

（2）轻声视唱。

4. 完整欣赏乐曲。

出示问题，分组讨论：

（1）乐曲可分几个部分？

（2）欣赏时，请你展开丰富的想象，你会联想到哪些场面？其中你印象最深的是哪一部分？

5. 学生分组讨论后推举代表上来交流听后的感受和对乐曲的理解。

（三）演唱感受——情感的共鸣

1. 再听《红旗颂》的引子部分。

设问：你觉得这段旋律熟悉吗？你能不能哼唱一下？

（学生哼唱，比较）

2. 导入。

（1）曲作者是谁？谁来为大家介绍一下？

教师简介聂耳。

（2）那么你们知道这首歌曲的词作者是谁吗？这首歌曲又是怎么来的呢？

教师简介国歌的由来。

3. 欣赏中华人民共和国国歌一遍。

4. 师：当抗日的烽火燃烧在中华大地上的时候，当中华民族到了最危险的时候，《义勇军进行曲》对全国抗日军民起到了什么作用？（学生谈感受）

5. 教师指挥，随录音演唱国歌一遍（学生自己寻找不足之处，注意唱好起句的弱起小节，教师略加纠正）

6. 分析"三连音""重音"和"休止符"的运用及在歌曲中的作用。

7. 有感情地演唱一遍。

（四）实践延伸——情感的升华

1. 引导学生进行想象，听到这首国歌还能产生哪些联想？教师导语：半个多世纪以来，《义勇军进行曲》的雄劲音乐，激励着全国人民掀起抗日救亡的高潮，穿过解放战争的硝烟，迎来了新中国的诞生，从胜利走向胜利。这首国歌你还能在哪些场合听到？它能使你产生哪些联想呢？

2. 播放各种图片。

（1）炮火纷飞的战争年代，人民子弟兵高唱《义勇军进行曲》奋勇杀敌的情景。

（2）天安门广场上，伴随着国歌声冉冉升起的五星红旗。

（3）奥运会上，饱含热泪注视着鲜艳的国旗升起时的运动员。

3. 学生畅谈在这些场合听到国歌时的感受。

4. 再听一遍国歌，请学生评价。（播放周一升旗仪式的时候学生演唱国歌的录音并请学生自评）

师：相信通过今天这一课的学习，同学们在以后的升旗仪式上就不会再出现刚才听到的情况了。

5. 进行一次升旗仪式。

师：在本课结束之前，就让我们一起来举行一次升旗仪式。

"全体起立！升旗仪式现在开始：升国旗——奏国歌——唱国歌！"

6. 小结：鲜艳的五星红旗在蓝天下高高地飘扬，庄严的国歌在天空中久久回荡，希望这激越雄壮的声音，能在你们今后的升旗仪式国歌演唱中永久地保持。最后，让我们在《歌唱祖国》的嘹亮歌声中结束今天这一课。

《红旗飘飘》课例以独具匠心的教学设计鲜明地突出了音乐教学的情感体验特点。音乐是情感的艺术，是心灵深处发出的声音，任何一部音乐作品都有其突出的情感内涵。国歌是一个国家的重要标志，会唱自己国家的国歌对于每一个公民来说是最基本的事情，在新学期开始的第一堂音乐课，国歌往往成为音乐教师的首选教学内容，让每一个学生能够在升国旗的时候唱准国歌成为音乐教师义不容辞的责任。

然而，在当今高度信息化的社会环境里，各式各样的音乐通过各种途径充塞学生的耳朵，很多时候学生只是在被动地接受而没有去思考音乐背后的东西，这种流于表面、浮光掠影、浅尝辄止式的聆听，随着时间的推移就慢慢形成一种可怕的习惯，只满足于外界"千姿百态"的音响刺激，却不关心耳边的音乐到底在表达什么，这种对音乐"无意识""无情感"的体验，也正是当前许多学生唱不好国歌的重要原因。

因此，将音乐作品放在特定情感场景去理解，帮助学生把握住音乐作品的情感内涵，对于国歌一类的教学是非常必要的。像本课这样，紧紧围绕"情感"主线展开教学，从情感的苏醒，到情感的积累，再到情感的共鸣，最后达到情感的升华，很好地体现了音乐新课程突出"情感态度与价值观"的理念。

三、倡导教学生成

现代课堂教学是充满活力、不断发展的开放体系，音乐教学更是如此。音乐教师要有教学应变意识并善于教学生成，就是说，既要重视教学设计的预设功能，更要重视教学现场的生成意义，既要关注教案文本的价值取向，更要关注课堂环境、资源的客观变化。在音乐教学过程中，引发音乐教学变化和生成的因素多种多样，应对的策略也是千变万化，这里仅就实际音乐教学当中出现的几类常见的音乐教学生成因素及相应的应对措施略作陈述。

1. 教学环境

在音乐教学过程中，一切教学活动都在一定的教学环境下进行，有时由于许多主客观因素的影响，往往会导致教学环境的变化，从而产生许多音乐教学事件。这类因教学环境发生变化而影响课堂教学改变的例子有很多，比如一教师在讲解音的高低知识时，恰巧窗外车站的大钟突然"当当"响了起来，这个意外因素很自然地吸引了学生的注意力，课堂秩序一度有些混乱。在这种情况下，教师没有训斥学生或大声维持课堂秩序，而是因势利导，让学生去仔细寻找这种声响的音高位置，并用钢琴加以引导。这样一来，原本是与教学无关的意外因素被很巧妙地纳入教学当中，从而生成了一段新的教学，学生的积极性被调动起来，最终这堂课取得了很好的教学效果。

2. 教学气氛

教学气氛是教学的"软环境"，相对于教学环境而言，由教学氛围引发的教学变化对师生的影响会更大，应对起来也更不容易，因为它通常是由"人"的因素造成的。例如，一位年轻教师在上课时，突然门被推开了，校长领着两位客人进来听课，教室内的气氛一下子紧张起来，教师由于缺乏经验，没能及时调节自己的情绪和状态，讲课声音变小并有些颤抖，眼睛始终不敢离开教案，许多设计好的活动也忘记了，突然而至的紧张教学气氛导致了这堂课的失败。而同样遭遇此变故的一位老教师则显得颇具教学智慧，同样是突然有许多专家和教师观摩，甚至教学中途又进来三位外宾，但这位老教师从容不迫，气定神闲，始终面带微笑，以自己的情绪感染着学生，不断消除他们的紧张情绪。在教学进行当中，他即兴带头扭起了秧歌，并邀请外国客人参与教学，进行即兴表演，巧妙地利用了教室内的资源，非常成功地缓和了教学紧张气氛。

3. 教学设备

教学设备是进行音乐教学所必不可少的条件，但教学设备出现问题怎么办？作为音乐教师，能否在熟练应用教学设备的同时，还能够对突然出现的设备问题作出妥善处理，值得大家重视。如一位女教师上《小青蛙你唱吧》这一课，她原来准备几幅画面，想用投影仪打出来，帮助学生了解歌曲的情景，但不巧教学过程中投影仪发生故障无法使用。如果按常规先去排除设备故障，不仅浪费很多时间，还会使正常教学中断，这位老师机敏地选择了教学生成：她问学生"谁会画荷花？"学生纷纷举手，她挑选一位学生到黑板前用彩色粉笔画出一朵荷花，然后又问："谁会画柳树？"结果学生非常踊跃地你一笔、我一笔在黑板上画出一幅很漂亮的画，恰如其分地表现了夏日池塘小青蛙欢乐歌唱的情景。最后，全体同学在自己画的画前拍着手和着伴奏非常高兴地唱起了歌。这堂课后半部分没有按照教学设计进行，但由于教师的应对措施得力，同样也收到了意想不到的效果。

4. 教学活动

音乐教学过程是由一个个教学活动连接起来的过程，各个环节丝丝相扣，体现着教师课前的设计思路。但在实际操作过程中，有时并不会按教师所设计或预想的步骤进行，会有许多设计环节之外的情况出现。有位教师在引导学生欣赏音乐童话剧《龟兔赛跑》时，她原本计划要学生扮演角色参与表演，但大家谁也不愿去演骄傲自大的小兔子，正在这时一名同学推门而入，气喘吁吁、满头大汗地说："对不起，老师，我迟到了。"下面的学生哄堂大笑，场面一度出现混乱。这时教师没有制止大家，也没有批评那位同学，而是顺水推舟道："又睡懒觉了，小兔子就是你演了！"这样一来，既化解了课堂上的混乱和尴尬，又婉转地批评了迟到的同学，可谓巧妙之极。这样，既不影响教学效果，还丰富了活动的形式。

总之，音乐教学生成是音乐课堂教学中一个重要的组成部分，它使音乐课堂教学精彩纷呈，魅力无穷，但如果把握和处理不当，亦会影响音乐教学效果。作为音乐教师，要不断提高课堂应变能力，才能做到从容不迫，随机应变，信手拈来，运用自如。面对形形色色的音乐教学生成因素，教师的应变应该是多种多样的，要以创造性思维方式，结合实际教学情况来应对相应的音乐教学事件，生成新的音乐教学。

案例 16

从《大海的歌》到《海上风暴》

一位教师在《大海的歌》一课中做了精心的准备，安排了一系列让学生参与的音乐实践活动（如三拍子的体态律动、多层声态模拟，选择用合适的打击乐器给歌曲伴奏以及唱唱、演演、拍拍、奏奏、画画、说说等），让学生感受歌曲优美、抒情的情绪，表现大海的优美意境。

当教学进入了学生编创环节时，教师引导说："我们的小船不知不觉地划进了大海，想一想，大海是怎样的？在海上你会听到哪些声音呢？"学生纷纷举手，凭着他们已有的一些生活经验各抒己见地描绘起自己心目中的海。

"海浪声""海鸥叫声""轮船鸣笛声"……学生的思维被激活了。教师随即在黑板上用简笔画画出了海浪、海鸥、轮船并引导："那让我们一起来模仿这些声音吧！"在教师引导下，学生分成三组练起了多层的声态模拟：

水浪： 哗 啦 啦 哗 啦 啦

海鸥： 鸥 — — 鸥 — —

轮船： 鸣 — — 鸣 — —

正在练唱时，教室后面传来一声极不和谐的声音和一阵哄笑，只见一男生离开了座位，站在教室后面的一排凳子上，手舞足蹈地比画着什么，嘴里还发出沉闷而又难听的声音，学生都被这一现象吸引而停止了练唱。

教师心里极不高兴，以严肃的神情呵斥道："××，你在干什么呢？"男生却不慌不忙地说道："我在模仿海里的鲨鱼呀！我看课外书知道海里有鲨鱼，它们是凶猛的动物呢！我想它们发出的声音一定也很可怕的。"这个男生的解释，犹如一石激起千层浪，使很多同学都有了共鸣，神采飞扬地与旁边的同学讨论起来："对，海里是有鲨鱼，还有鲸鱼呢！""它们都很庞大，还会吃人呢！""海上有时很可怕的，会刮大风、起大浪……"可见，学生对于大海的认识不只是平静柔美，还有波涛汹涌！教师心里急剧地翻腾着，课怎么样进行下去呢？是继续斥责这个男生的言行然后把所有学生的思绪强制性地引回原先教学设计中呢，还是顺着学生讨论的思路改变既定的教学流程呢？这一单元主题中还有一首欣赏曲《海上风暴》和编创活动，教师原是把它设计在第二课时的，眼看现在课堂的情形和气氛，那么上这一内容不是更合适吗？于是这个教师马上调整了心态，决定顺势生成新的教学："是啊，大海有很多张脸，有时是平静的，有时是翻腾的；有时是温柔的，有时是愤怒的；有时是美丽的，有时是令人恐怖的，那么今天这堂课就让我们探寻和表现你心目中的大海好吗？""好！"回答声震耳欲聋，学生兴奋的心情、迫不及待的情绪溢于言表。

就这样，以大海为主题分组创编心目中的大海的活动展开了。不出教师所料，绝大多数的同学都选择表现波涛翻滚的大海，有表演的，有创造声响的，还有模拟赶海者的嬉笑声的……有了这些铺垫，到聆听《海上风暴》一曲时，学生对音乐形象的理解和旋律线条图谱的创编可谓水到渠成，教学效果完全超出了教师备课时的预想。

这堂音乐课，教师根据课堂上所发生的意外情况随机调整了教学内容，改变了教学策略，如果从教学预设的角度来看，是没有完成教学任务、达到预定教学目标的，但如果从教学生成的角度来评价，这应是一堂教师及时应变、学生主动参与、教学内容与形式都很不错的音乐课。之所以这样说，是因为这堂课上学生对音乐的感受是真实的，对音乐形象的体验是真切的，通过这堂课，学生内心深处又多了一份对于大海的真实、全面的了解。

这个教学案例说明：学生是活的，课堂是活的，音乐教学也是活的。面对音乐教学中的"意外事件"，音乐教师必须从学生为主体的教学观念出发，充分发扬教学民主，尊重学生在学习过程中的独特体验，注重学生的自主参与创造，挖掘学生的潜能，及时生成教学资源。同时，要充分发挥教师主导作用，创设宽松和谐的教学环境，为学生提供学习音乐的各种机会，引导和促进学生更好地、高效地学习。当然，课堂结构的开放和教学内容的调整并不是随意的，音乐教师要正确区分学生在课堂上行为表现的性质，即是否符合教学生成的条件，如果来自学生的言行不能构成教学资源，反而是一种对教学的破坏力，那就不能盲目地迁就学生的无理行为而使课堂"跑调离题"，也就是说，不能为了"生成"而生成。

四、关注合作探究

合作与探究学习是现代教育倡导的一种学习方式，是实现创造性教育的重要形式。交流合作、研讨探究的意识和能力，是现代人所应具备的基本素质。合作探究学习强调学生的主体地位，注重调动学生学习的积极性和主动性，教学形式主要表现为灵活多样的交流、研讨活动。教师通过提供信息、启发思路、补充知识、介绍方法等途径，为学生提供合作探究学习的良好条件，并与学生一起开发实施合作探究学习的校内外音乐教学资源，以促进学生自我学习、合作学习、主动学习，不断提高学生观察、调查、处理、解决问题的能力。这种有助于学生形成健康的竞争意识、培养学生的合作精神，有助于学生创新思维的发展、增强音乐教学效益的学习方式，目前已在音乐教学中被广泛地运用。

1. 合作学习

合作学习，是指在教师的主导作用下，学生在小组或团队中为了完成共同的任务，有明确的责任分工的互助性学习。它以异质小组为基本形式，充分利用教学动态因素之间的互助来促进学生的学习，并以团队成绩为评价标准，达成和实现共同的学习或教学目标。一般来说，合作学习具有以下几个方面的要素：学习者之间相互支撑和配合；积极承担共同任务中的个人责任；小组成员有效沟通，妥善解决组内矛盾；对于个人完成的任务进行小组加工；对共同活动的成效进行评估。

合作学习的特点是：首先要按音乐素质、能力和性别划分小组，成员之间存在着一定的互补性，也就是说小组成员应包括优等生、中等生和差等生，以使各小组总体水平基本一致，每个小组都是全班的缩影或截面，同时全班各合作学习小组之间又应具有同质性，这种组内异质、组间同质的组合不仅为互助合作提供了可能性，而且为全班各小组间展开公平竞争提供了条件；其次是小组成员之间要充分交流、研讨和协作，学生不仅可以从教师那里获取知识，还可以从同伴身上获取知识，通过集体智慧的充分发挥，使音乐学习效果最佳化，例如，对歌曲进行演唱处理，可由各小组自行讨论设计演唱形式，编创表演动作，制作表演道具，选择伴奏乐器及音型、节奏型等；再次是融会游戏、竞赛因素，促进小组间的竞争，增加学习的趣味性，例如，在器乐演奏学习中，分成若干小组（各组演奏水平均包括上中下三个层次）进行游戏式的竞赛，让各种能力和水平的学生都有机会参与表现，机会均等，促进学生的集体荣誉感，培养团队精神。总之，合作学习应着眼于互补、互动、互换，着眼于合作、交流、共享，以实现音乐教学效益的最大化。

合作学习要确立"教师主导、学生主体、平等互助、教学相长"的师生互动合作关系。在师生交流合作中，教师要培养学生学会倾听、尊重他人的合作规范意识，培养学生的人际交往技能，使他们学会对话和共事。合作教学过程中，教师必须对各个小组的合作交流情况进行现场的观察和介入，提供及时有效的指导和帮助。如果小组活动开展得非常顺利，教师要给予及时表扬；小组提前完成任务时，教师应检查他们是否完成了任务；发现小组内角色分工不清、讨论混乱无序时，教师要耐心讲解，帮助学生明确角色和合作程序，尽快进入有效的讨论；讨论偏离主题或声音过大时，教师要及时发现、及时制止，将学生引到任务中来；讨论受阻时，老师要及时点拨，引导学生寻找解决问题的恰当方法和途径；有的问题教师也可提供给各小组思考讨论、解决，教师进行适当总结。合作学习结束后，教师要给学生充分展示成果的机会，并给予及时的反馈和总结。小组选出代表发言或表演，组内的其他成员可以补充，其他组的成员也可以提问和评价。教师要鼓励学生对问题提出不同的看法，互相交流、辩论，以激发学生深入地思考问题。最后，教师要对各小组展示的结果予以客观评价，要以小组的表现而不是个人的表现为依据，从不同的角度肯定各小组的合作并提出改进建议。

案例 17

音乐课《春天举行音乐会》教学课例

一、走进"春"

1. 引子

教师：同学们，今天让我们去参加一场音乐会吧。

（播放录像，学生随音乐《春》走进教室）

2. 欣赏小提琴协奏曲《春》

教师谈话导入"春"：刚才这段音乐你听到过吗？（教师哼唱主题旋律……）在什么地方听到过？

学生根据已有经验说明。

教师：这个音乐作品名字叫做《春》，是一首小提琴协奏曲。（点击出示课题）

3. 完整聆听乐曲《春》

教师：请你再听一遍，这段音乐让你听到哪些春天的声音？

学生认真聆听乐曲《春》，想象"春"的意境。

4. 交流

学生发表感受：鸟鸣、蛙叫、春雨、春水、春雷、春风……

（教学意图：创设情境，激发兴趣，引导学生在轻松愉快的氛围中学习音乐）

二、探索"春"

1. 探索音响

教师：今天老师带来了一些生活中常见的物品和一些打击乐器，你认为它们可以模拟春天的哪些声音呢？现在分小组讨论、探索一下。

（教师给各小组提供：三角铁、碰铃、铝板琴、鼓、蛙鸣器、报纸和塑料袋若干）

（学生以小组为单位"探索春天的音响"，敲击教师提供的各种乐器，通过对比感受到不同音源所表现的不同音色）

2. 表现春天

教师：表现春天的声音那么多，各小组选择1～2种声音来表现，请大家讨论一下：你们小组决定表现什么声音，怎样向大家展示？

小组内交流：自己探究的乐器声音，并敲击给大家听一听，让其他同学一起想象这种声音像什么。学生在感受和想象的基础上，用乐器进行简单的声音模拟：①非常规音源（塑料袋、报纸等）模仿春天中各种美妙的声音，如风声、雨声、青蛙鸣叫、报春鸟叫等；②探索用鼓和铝板琴分别表现春雷声、春水哗哗声等声响。

教师：让我们的小乐队一起来表现春天的声音吧！当听到春风姑娘到来的时候，春风乐队加入，如果是春雷就请春雷乐队展示，其他乐队也一样。听明白了吗？小乐队准备好了。

（小组代表汇报：学生用人声、乐器声和其他音源模仿表现春天里风雨雷电的情景）

（教学意图：以小组合作和探究学习方法去了解打击乐器和各种非常规音源的音色，表现春天里风雨雷电的场景，培养创造性思维与合作交流能力）

三、歌唱"春"

1. 揭示课题

教师：你听，这些音响组成了春天的音乐会！——揭示课题《春天举行音乐会》。

（教师范唱歌曲）

2．学唱歌曲

教师教唱，学生轻声跟唱；教师弹琴，学生跟琴接唱；播放录音，学生随录音轻唱。

3．演唱歌曲

教师：我们的音乐会有春风、春雨、春光、春雷四个合唱队参加演唱，下面就比一比，看哪个队演唱得最棒！

各小组轮流演唱，演唱过程中一小组担任人声、打击乐和其他音源伴奏，另两小组欣赏和评价。

（教学意图：通过各种手段和方法让学生反复体验歌曲，更好地熟悉歌曲旋律，并能准确、富有感情地演唱歌曲）

四、表现"春"

1．引导

教师：听了同学们的歌声，感觉春天真是太美了！那么，在这个春天的音乐会上，除了歌声之外，各小组还想用什么方式展示春天呢？

2．各种形式展示春天

各小组讨论后进行新的展示春天的练习和表演：有的朗读描写春天的诗歌和散文，有的即兴书法和作画，有的用肢体语言和舞蹈表现，喜欢唱歌的学生在演唱有关春天的歌……

3．小结

教师：大家用各种形式展示了春天！是的，春天就像一支歌，春天也像一段舞，春天像一首诗，春天更像一幅画。春天充满着希望，让我们一起走出教室，用自己的感受去找寻醉人的春天吧！

（教学意图：给学生提供一个展示自己才华的空间和时间，使学生的自主活动能够开展、交流和互动，使学生能体验到自主学习、合作学习的成效、意义和乐趣）

上述课例采用体验、合作、探究的学习方式，启发学生在积极体验的状态下，通过合作与交流的方式进行探索性学习。这节课的主题是"春天"，而"探索春天"和"表现春天"则是教学的两个主要环节，通过探索春天的各种声响，学生想象春天里风雨雷电的场景，并用人声、乐器声和其他音源模仿表现春天里的风雨、雷电，进行即兴的音乐创造活动，特别是运用各种形式来表现春天、展示春天，在丰富的实践活动中培养了探索意识与合作精神。

本教学过程比较充分地体现了鼓励小组学习、激发探究兴趣的特点。学生间相互启发、帮助、合作，既促进了学生的思维能力发展，又可以在学习有困难时得到同学的帮助，在交流、互助、合作的情景中共同完成音乐创造实践活动。教学过程中，教师为学生营造了充分合作的空间，学生们兴趣浓厚，积极参与，在融洽的气氛中通过自己和伙伴们的努力完成预定的学习内容。它给我们的启示是：音乐教师应尽力为学生营造合作学习的空间，减少不必要的省略，因为省略的也许不仅仅是一节课的几分钟或十几分钟，更多的是泯灭了孩子的创造性，打击了孩子的表现欲。一首歌曲的美妙内涵，一个音符的特殊意义，一段乐曲的精彩演绎，对它们的理解恰恰就是学生合作学习的成果。再有，学习成果的生成，需要合作的空间，而对于生成的成果，要达到资源共享的目的，则还需要教师给学生足够的时间展示其合作的成果。对于小学生来说，几乎人人都有上音乐课的积极性，那么，不管创编的效果如何，教师都应舍得时间让他们去做，去编，去展示，以实现成果的共享，让他们在这个平台上比较、反思、收获、成长。

　　2. 探究学习

　　探究学习，是指教师不将现成结论告诉学生，而由学生自己在教师指导下主动地收集资料、调查研究、分析交流、发现与探索问题并获得结论的过程。探究学习可以从学科领域或社会生活中选择和确定研究主题，特别是音乐学科的非语义和不确定性特征，为探究学习提供了广阔的实施空间。在音乐教学中，探究的实质是一种音乐创造行为，而音乐恰恰是所有艺术形式中最具创造力的艺术，从作曲者的"一度创造"，到表演者的"二度创造"，再到听赏者的"三度创造"，每一个环节都充满着鲜明的创造精神和创造行为，因此对于音乐课程来说，音乐艺术中的许多东西都是探究学习的课题。

　　探究学习首先要选择好内容和课题，除关注音乐本体以外，还要充分考虑学生主体的实际情况，从学生熟悉的现实生活、学生关心的音乐问题、学生具有兴趣的音乐话题中来选择，具体范围可根据教师水平、学生水平、教学条件和环境来定。如"生活中的音响""大自然中的音乐""音乐的社会功能""电影音乐的作用""广告音乐""实用音乐""音乐与健康"等。其次要确定教学形式，如集体探究、小组探究、个人探究以及几种形式的结合等。集体形式的探究往往由教师来选择课题，并确定形式和组织活动，通过在倾听、发现、分析、思考、查询、陈述、辩论、梳理、自悟、形成等若干个反复操作的过程，师生共同完成探究任务，如进行民歌欣赏时，教师可以引导或启发学生把不同时期的同一类山歌、小调、劳动号子进行分析、比较，感受并体验不同风格的作品的情绪情感表达方式。小组探究是将学生分成若干组，要求学生以小组为活动主体，通过各种渠道（网络、书籍、报刊、地图、歌本、电视、光盘等）多方面获取有关信息资料，如在《瑶族舞曲》一课中，有的小组搜集瑶族民歌，有的小组学跳瑶族舞蹈，有的熟悉瑶家习俗，有的了解瑶族建筑、服饰等，然后小组同学将汇总来的资料信息进行分析梳理，最后在音乐课堂上以小组形式将探究的内容用歌声、舞蹈、剪贴、投影以及语言表达出来。以小组为单位的探究学习，可以有多个选题，也可以围绕一个选题进行多侧面、多角度的探索。个人的探究学习选题范围和操作形式就更加灵活，如对歌曲的速度处理，可以先让学生尝试用稍快、中速和稍慢等不同的速度来唱一唱，比一比哪种速度与歌曲内容、风格更贴近，并说说为什么。再如上口琴课，可先让学生玩口琴并出示几个问题，让学生自己去探究发现后找到答案，比如：可以用几种方法让口琴发出声音？怎样拿口琴吹奏最顺手？嘴巴怎样放吹出的声音最清晰？教师不告诉学生答案，而是由学生通过自己练习得出答案。在以上几种探究方式中，个人探究是最基本的学习方式，没有个人的主动思考和积极探究，便没有集体探究的延续与发展，而小组探究和集体探究则是音乐课堂教学的常见方式，根据需要，有时还可将几种探究形式结合起来。

在探究学习中，教师要注意引题激趣，设计好问题情境，引导学生很快融入探究状态之中，让学生自己尝试用已有的音乐知识、经验，了解和理解"问题"的意义和内涵，然后提出自己弄不明白或很想知道的疑难问题，使学生由外部活动刺激转化为内部学习动机，提高对探究学习的积极性。还应该注意到，探究学习使音乐教师的角色发生了明显改变，即从原来的教学主宰者和知识传授者，转变为探究学习的设计者、促进者与合作者。而随着角色的变化，还将引起教学行为的变化，甚至使教学举止、教学语言也会发生变化。例如，教师的位置从讲台前移到学生中间，从坐在钢琴旁边移到小组的旁边，教师的语言从冗长的讲授变为情境的创设和问题的提示与引导，从向学生提出要求变为学生向教师提出质疑，从教师一人面对所有学生到师与生、生与生之间的平等对话。总之，探究式的学习与教学使音乐教师往日课堂"总指挥"的身份不再，而更像交响乐队中的那位"平等中的首席"。

案例 18

音乐课《用声音编织的故事》教学课例

一、感知、听辨声音

师：同学们，自然界的声音可以给我们带来很多美妙的感受，听了下面这组声音，来说说你有什么感觉。（出示课件——鸟叫声）

生：鸟叫声……

师：你从鸟叫声中能听出小鸟的心情怎么样？

生：快乐、高兴……

师：小鸟用优美的歌声在迎接春天的到来。听，这又是什么声音？

（放录音——流水声）

生：流水的声音，小河里的流水声……

师：春天来了，山上的冰雪融化了。再听，这又是什么声音？

（放录音——疾驰而过的飞机声）

生：飞机的声音。

师：（再放一遍录音）听，这声音有什么变化？

生：从小到大再到小，飞机从远处飞来，经过我们头顶，又飞远了。

师：刚才同学们听得很认真，想象力也很丰富。声音可以传递一种信息，它会让你感受到生活中的无限乐趣。

二、探索、参与表现声音

师：我们的教室里有一些打击乐器（沙锤、双响筒、响板、手铃、三角铁、碰钟）和生活中的一些材料（报纸、塑料袋、铁皮、硬塑料片），让我们和它们交个朋友，相互认识一下。

（师生共同认识打击乐器，并了解它的奏法以及生活中的材料如何产生声音，感受声音强弱的变化、速度快慢的变化，学生主动参与操作乐器，演示变化过程）

师：让我们一同用各种美妙的声音来创编一个故事好吗？

生：好！

师：（板书：用声音编织的故事）故事的名字叫：《小猪的生日》。

师：（出示 flash）这是一个阳光明媚的好天气，漂亮的风车在鲜绿的草地上旋转唱歌。活泼可爱的小猪在家忙什么呢？我们去看看！原来小猪的生日到了，几天前，小猪就向伙伴们发出了邀请。这一天终于来到了。早晨天刚亮，小闹钟就把小猪吵醒了……故事讲到这里你们是否发现故事中缺少点什么？

生：小闹钟没有声音。

师：那我们快行动起来，找一找小闹钟的声音吧。

学生寻找自我感觉可以发出像小闹钟声音的打击乐器（碰钟、三角铁、手铃），使其发出自然的声响。

师：这么美妙的声音，我们用录音机把它录下来好吗？（师生配合录音）

师：接着听故事（出示 flash），小猪听见钟声走到屋外，看看小伙伴们来了没有，哎呀！天气不作美，突然几声雷响，下起了小雨……雨越下越大了……又过了一会儿，雨渐渐小了……慢慢地，雨停了，小猪又看见了太阳公公的笑脸……这一段，大家要模拟什么声音？

生：雷声和雨声。（生抖动铁皮，模拟雷声；轻揉塑料袋，模拟小雨声；使劲摇动沙锤、揉报纸和塑料袋，模拟大雨的声音……）

师：虽然是用同样的材料却模仿出了小雨和大雨两种声音，这是怎么回事？

生：我们用的劲不一样，声音大小就不一样。

师：大家快来看！谁来了？（出示 flash）

生：小兔子蹦蹦跳跳地跑来了。

师：谁来模仿一下小兔跳？

（一学生模仿小兔跳）

师：我们来学它好不好？

生：好！（用手拍小兔跳的节奏后齐跳）

（师录音，引导学生体验声音的节奏感）

师：看！又来了两个小伙伴，它们是——（出示 flash）

生：小狗和小猫。瞧！它们也有说有笑地向小猪家走去了。

师：小狗怎样叫？

生：汪、汪、汪……

师：啊！小狗可真淘气，还挺厉害。那小猫又是怎样叫呢？

生：喵、喵……

师：哟，温柔可爱的小猫咪。

师：（加入旁白）听！唧唧喳喳的叫声（出示 flash），原来是小鸟唱着歌飞来了，谁来模拟小鸟的叫声？

（生用口技模拟，用塑料泡沫在教室玻璃上摩擦出鸟的叫声）

师：这个鸟叫声模仿得可真是惟妙惟肖！

师：（戴上小猪的头饰）今天是我小猪的生日，小动物们都来祝贺，我们一起来为生日 party 做丰盛的晚餐，好吗？谁来洗菜？

生：我来，我来……

师：这一组的小动物一起来。

学生用× × ×|× × ×‖的节奏，揉搓塑料袋。

师：谁来打鸡蛋？

学生用× × 0|× × 0‖的节奏敲击小棒。

师：谁来炒菜？

学生用× 0 0 |× 0 0‖的节奏摩擦小镲。

（用不同的声音、节奏创编出了《锅碗瓢盆交响曲》）

三、聆听录音《小猪的生日》，感受创造和成功的喜悦

（略）

四、小结

同学们，正是这么多美妙的声音，构成了我们丰富多彩的生活。让我们学会发现和聆听吧！每一种声音，都是一个动听的音符，伴随着我们度过快乐的每一天！

这是一个小学一年级的音乐教学课例。该课的教学目标是：通过对生活中生动有趣的声音场景的探索活动，学会用打击乐器和用多种非音乐音源生活材料创造声音，加深对音乐要素——声音、节奏的感受和体验。教学过程中，师生围绕着探索、创造声音并用声音编织故事展开，比较集中地体现了教学目标。如感受和听辨大自然中各种美妙的声音，体会声音的长短、强弱；以故事创编为线索，引导学生在游戏中加深对音色、力度、节奏等音乐要素的感受和体验；在创造音响的过程中，注意感受声音的强弱，让学生了解不同力度表现的声音给人感觉的不同等。该课在创编音乐实践活动过程中，激发了学生创造音乐的兴趣，使学生获得成功的体验，有利于学生学会聆听、学会模仿、学会创编。

在探索音响与音乐的教学中如何运用人声、乐器声或其他音源材料表现一定的自然情景或生活情景呢？首先，教师要引导学生联想自然界或生活中的声音现象。师生可共同选定几个情景，如百鸟朝凤、火车启动、运动员入场等，以引起学生的联想。

小

学音乐教师专业能力必修

Xiao Xue Yin Yue Jiao Shi Zhuan Ye Neng Li Bi Xiu

其次，教师要引导学生选择适当的人声、乐器声、非常规音源声。如百鸟的声音，可以用人声模仿，也可以用不同的乐器，如二胡、笛子、电子琴、长笛等，不同的学生就会有不同的选择，运动员入场式，有的学生可能选择用人声呼喊振奋人心的口号或喊"一二三四"，有的学生可能选择用鼓声来伴奏步伐，有的学生可能选择用小号来吹奏雄壮的《运动员进行曲》等，当然，这种选择一定要与学生的主动性、想象性和参与性相结合。再次，引导学生设置一个有情节的诗或短剧，再用自制的乐器或其他乐器，为其配制音响效果。如用速度的加快、节奏的加密、力度的渐强表现情绪的逐渐高涨、气氛的逐渐热烈，用不同的音色表现不同的角色，用不同的段落表现不同的场景等。最后，引导学生进行表演评价。

3. 合作探究学习应注意的问题

第一，合理安排合作学习，不能滥用这一形式，要注重教学实效，避免形式化和走过场，避免无目的、无针对性、无必要性的小组合作。如果学生对合作的内容毫无兴趣，合作学习便失去了意义。合作学习需要有一定的时间来保证，不要学生分组讨论才开始，多数学生还没来得及阐明自己的观点时，教师就拍手叫停，这样，合作学习将会流于形式。教师不应在意合作过程花去的时间，"磨刀不误砍柴工"，保证了学生参与、探究、交流、辩论的时间，让学生在动脑、动口、动手的交互合作中找到感受、表现音乐的方式，这样远比教师中断学生的讨论，由老师或个别优秀学生说出他们的感受强得多。当然，教师要把握好时间，如果让学生漫无边际地说下去也不可取。教师要始终作为小组合作学习的设计者和引导者，把握合作学习的"度"，引导小组合作学习的走向，提高小组合作学习的质量。

第二，重视探究学习的选题，音乐中的许多内容都会让学生产生好奇，这是探究学习中最活跃的心理成分，但选题内容一定要有相关的价值取向，把简单问题复杂化不是探究教学的本意，真正的探究教学所面对的必须是一个有价值的未知世界，也就是说，不是所有音乐教学内容都适合运用探究的学习方法。在探究教学过程中，教师应尊重学生的差异性、多样性、独特性，为学生提供表现自我的机会，不必过于在意问题的标准和结果，特别是对学生提出或解答的问题不要轻易否定，对学生每一次探究都应给予鼓励，使学生体验到探究的乐趣，形成永久的主动参与和探究学习的动力。

五、加强综合实践

综合，是音乐新课程的一种基本理念，它体现了现代教育的一种发展趋势，是学科体系向学习领域的伸展，是精英文化向大众文化的回归。音乐教育之所以要加强综合实践，根本意义在于有益于改变人格的片面化，使人格向完整化和谐发展。《课程标准》在其基本理念中指出："音乐教学的学科综合，包括音乐课程不同教学领域之间的综合；音乐与诗歌、舞蹈、戏剧、影视、美术等不同艺术门类的综合；音乐与艺术之外的其他学科的综合。在教学中，学科综合应突出音乐艺术的特点，通过具体的音乐材料构建起与其他艺术门类及其他学科的有机联系，在综合过程中对不同艺术门类表现形式进行比较，拓展学生艺术视野，深化学生对音乐艺术的理解。"这就是说，加强综合实践可以通过以上三条途径来实施。

1. 音乐教学领域之间的综合

《课程标准》在"实施建议"中对音乐教学领域之间的综合做出了具体阐释："本标准设定的四个音乐教学领域是一个相互联系、相互渗透的整体。教师应全面理解和掌握音乐教学各领域的内容要求及其相互联系，并在教学中将其融合成有机整体，全面提高学生的音乐素养。"从上面阐释中我们可以理解：感受与鉴赏、表现、创造、音乐与相关文化四个教学领域是一种相互渗透和互为依存的关系。比如"感受与鉴赏"和"表现"，乃是感受与体验、认识与实践、审美与立美的关系，感受与鉴赏是整个音乐学习活动的基础，是音乐表现活动的出发点与归宿，而反过来，表现则是音乐欣赏活动的客观表征，鉴赏水平的提高可增强音乐表现力，同样，良好的音乐表现则有利于鉴赏经验与审美体验的获得，因此，"感受与鉴赏"和"表现"两个学习领域的相互渗透与整合，不仅会使教学内容丰富多彩，教学过程更加生动有趣，而且能最大限度地发挥音乐教学的整体效应，从而促进学生的感受力、鉴赏力、表现力的和谐发展。再如，"感受与鉴赏"与"创造""音乐与相关文化"之间也是一种相通相融的关系，"感受与鉴赏"领域本身即包含着"音乐与相关文化"，同时又是"创造"活动的源泉和基础；反过来，"创造"活动不仅能够推动音乐创造力的发展，也能促进音乐感受与鉴赏能力的提高。同理，"音乐与相关文化"也只有在音乐欣赏、表现和创造中才能真正得以理解和体现。

案例 19

音乐课《美丽的星光》教学课例

一、情境导课

教师播放多媒体画面——浩瀚的夜空，繁星点点，优美宁静，伴随着音乐《闪烁的小星》，教师用优美的语言导课：同学们，今天这节音乐课，我们走进这优美宁静的夜晚，一起来聆听、演唱小星星的歌。

二、聆听表现

（一）闪烁的小星

1. 聆听歌曲《闪烁的小星》。

师：听，一颗颗小星星正在眨着眼睛向我们问好呢！就让我们随着音乐来轻轻地唱一唱这些闪烁的小星星吧。

（教师带领学生伴随着音乐一起自编动作演唱《闪烁的小星》，启发学生动作和声音要轻柔、优美，体验并表现出夜晚宁静恬美的氛围）

2. 聆听《小星星变奏曲》。

播放《小星星变奏曲》，引导学生感受、听辨出音乐主题的变化，并能用动作表现出音乐的变化，体验不同的音乐情绪。

（二）我和星星打电话

师：多么可爱的小星星啊！听，有个小朋友，忍不住拿起话筒，对着星星打电话呢！

1. 聆听歌曲《我和星星打电话》。

带领学生聆听、感受歌曲活泼、欢快的情绪，引发他们的联想。

教师出示两颗不同颜色的小星星，一颗为红色，另一颗为蓝色，请学生选择其中一颗表达自己对音乐情绪的感受。

2. 随着音乐跟唱歌曲。

（三）星光恰恰恰

师：同学们，你们美好的心愿感动了一颗颗亮晶晶的小星星，让我们在这美好的星光下和可爱的小星星随着音乐尽情地跳起来、舞起来。

1. 播放《星光恰恰恰》，带领学生随音乐创编动作表现歌曲欢快的情绪。

要求：学生能将恰恰舞的基本节奏随音乐拍击出来。

2. 几人一组合作创编动作及不同声响表现恰恰舞的节奏特点。

三、情境结课

播放乐曲《闪烁的小星》作为背景音乐，在轻柔的音乐声中，教师在情境中结课：同学们，今天这节音乐课，我们在美丽的星光下，和许多可爱的小星星聆听、演唱了许多小星星的歌曲，一起度过了美好的学习时光。时间过得真快，不知不觉，太阳公公已经升起来了，让我们跟可爱的小星星再见，背起小书包高高兴兴去上学吧！

学生在《太阳，你真勤劳》的音乐声中欢快地走出教室。

这堂音乐课，体现了音乐教学领域的综合，很好地处理了鉴赏和表现两个教学领域的关系，处处体现出感受与鉴赏是音乐教学活动基础的原则。例如，聆听歌曲《闪烁的小星》和《小星星变奏曲》，要求学生随着音乐跟唱；聆听乐曲《星光恰恰恰》，教师带领学生随音乐创编动作，表现歌曲欢快的情绪等。一般，在小学音乐课中，不宜进行那种单纯的唱歌或欣赏教学，最好的方法是把二者有机结合起来，形成在感受的基础上鉴赏、在鉴赏的基础上表现的课型。

2. 音乐与姊妹艺术的综合

从艺术的本质上来说，一切艺术都是心灵的艺术，只是各自所有的感性材料不同而已。不同的艺术形式或同一艺术形式的不同方向在审美意蕴、表现手法等方面有许多相通之处。从心理学的角度而言，艺术具有"通感"这一心理现象，使得艺术之间的相互融合成为必要和可能。另外，艺术同广泛的文化领域有着密切的联系，这也使得艺术同其他非艺术门类的相互之间的融合成为可能。美国音乐教育家雷莫认为，每种艺术都有自己的主要元素，音乐中有旋律、和声、节奏，绘画中有色彩、线条、质感，诗歌中有比喻、形象、韵律，如此等等。每种艺术都可以借用其他艺术的要素，再与自己的领域同化。奥尔夫认为，从来就没有孤立的音乐，而只有与动作、舞蹈、语言同时存在的音乐。因此，在奥尔夫教学中，一是注重音乐与舞蹈、动作、语言综合的动态音乐课，二是注重每门课程本身的综合，像"普通音乐"这门课，就是一门包括声乐、器乐、节奏训练、合唱、指挥等多种内容的综合性训练课。达尔克罗兹也说，任何乐思可以转译为动作，任何动作也可以译成与之相对应的音乐，律动就是随着音乐的节奏通过身体动作来感受音乐要素和表现情感，把音乐和舞蹈高度地融合了起来。音乐是人文学科的一个重要领域，音乐与相关艺术的融合是音乐课人文学科属性的集中体现，是直接增进学生文化素养的学习领域。它有助于扩大学生的音乐文化视野，促进学生对音乐的体验与感受，提高学生的音乐欣赏、表现、创造以及艺术审美能力。在音乐教学中，可根据教学内容，充分发挥各种艺术门类的不同表现手段，整合成综合性的音乐教学方式，使音乐与舞蹈、戏剧、美术等艺术形式结合起来进行，如用形体动作配合音乐节奏，用表演及情节表现音乐情绪、情感，用色彩或线条表现音乐的明暗、相同与不同等。

案例 20

音乐课《中华鼓》教学课例

步骤	教的活动	学的活动	课件展示	设计意图
一、导入	1. 出示我国象形文字中的"鼓"字，并分析其结构。 2. 甲骨文中的"鼓"字出现了几十次，这说明了什么？	说出"鼓"出现的年代以及字的形象。	图片：甲骨文中的"鼓"字。	让学生知道鼓的历史悠久。
	鼓的种类：鼓的种类繁多，有名字的有上百种。	说出认识的鼓的名称。	图片：堂鼓、战鼓、花鼓、八角鼓、象脚鼓等。	了解学生对鼓的认识程度；鼓的种类繁多，激起学生进一步学习的兴趣。
	引出课题		《中华鼓》	
	提出问题：1. 人类受了什么启发而创造了鼓？ 2. 出示教师的文字资料。	各组各抒己见，分别讲述课外查找的资料与观点。	文字："雷泽中有雷神，龙身人头，鼓其腹则雷。"（《山海经》）"雷，天之鼓也。"（《抱朴子》）	了解鼓的创造是人类从大自然的雷声中得到启示。
	鼓的词语：鼓自产生以来一直作用于人的生活，鼓融入了中国文化与民族精神，汉语中与鼓有关的成语和词语很多。	1. 快速说出和鼓有关的成语和词语。 2. 讲一个关于鼓的成语故事。 3. 各组自选一个成语，用鼓来表现想象中的鼓声。	文字列出：一鼓作气、旗鼓相当、偃旗息鼓、鼓励、鼓动、鼓吹、鼓舞……	从学生现有的生活与文学经验积累入手，通过语言表达来认识、感悟鼓文化，使学生有进一步挖掘鼓文化内涵的愿望。

续表：

步骤	教的活动	学的活动	课件展示	设计意图
二、展开	鼓的功用：引导学生浏览鼓在军事、祭祀、宗教、民俗、音乐、舞蹈、戏剧、司法、传递信息中的应用。	通过欣赏、议论、模仿、体验、实践、创作等参与活动进行探讨式学习。		了解在人类生活中鼓的广泛应用，明确鼓与人类生活的密切关系与作用。
生活领域	军事：鼓是古代军事的代名词，列举鼓在军事中的作用。	讲述黄帝用鼓战胜蚩尤的战争故事。	题目：军鼓雷动助军威。动画：舞台上的军事场面《关公出征》。	
	祭祀：鼓自发明伊始，便堪称与雷电之声相感应，成为人神沟通的中介物。		题目：鼓敲击钟簴百神。动画：基诺族拜鼓仪式、佤族木鼓简介。	
	宗教：鼓乃"群音之长"，渲染着宗教仪式所特需的气氛，同时也作报时集众之用。	解释"暮鼓晨钟"。	题目：法鼓咚咚震东海。	
	政法：简介"击鼓鸣冤"的制度。	自告奋勇用鼓声来表现"击鼓鸣冤"。	题目：衙门似海鼓喧动。	
	民俗：什么时候、什么场合最容易听到鼓声？鼓是制造热闹气氛最有力的工具，节日喜庆必大肆鼓噪，甚至死了人也有打丧鼓的习俗。	1. 舞狮、划龙船、开张等喜庆的日子。2. 模仿赛龙舟的鼓点，并说出鼓点的作用（用饼干盒）。3. 模拟赛龙舟的场面，一组打鼓点，一组作划龙舟状。	题目：鼓声报喜又报丧，动画：哈尼族、傣族、瑶族、汉族节日用鼓的情景。	
	音乐：欣赏一段鼓乐，说说鼓在音乐中的作用。	听后小结，鼓声渲染出热闹热烈的情绪与气氛。	题目：鼓乐喧天满欢乐。声音：丰收锣鼓。	

步骤	教的活动	学的活动	课件展示	设计意图
艺术领域	舞蹈：以鼓为名之舞，鼓既是道具又是乐器，鼓舞既有优美的舞姿，又有富于韵律的鼓声，声、色俱全。	1. 说出知道的以鼓为名的舞蹈。 2. 学打手鼓并跟随音乐作鼓点的节奏（饼干盒）。	题目：打起鼓来跳起舞。 动画：藏族、朝鲜族、羌族、维吾尔族的鼓舞。	
	戏剧：戏剧中的唱、念、做、打，一举手一投足都离不开鼓点。	小议锣鼓在戏剧表演中的地位和作用。	题目：半台锣鼓半台戏。 动画：京剧武场音乐，京韵大鼓。	
三、实践与创作	探讨鼓的敲击方法：在同一个鼓上，你能敲出多少种不同的音色来？	在鼓的不同部位尝试不同的敲击方法。		发挥学生的创造性思维能力。
	欣赏和感受有关鼓的演奏和艺术表现力。	聆听丰富的鼓乐声，模仿课件展示鼓击动作。	动画：鼓乐表演《丰收的喜悦》。	丰富学生的积累，为下一节作好铺垫。
	即兴创作表演：1.把学生分成两队，举行击鼓擂台赛，各打三个回合。2.要求：（1）要有创意，探索与众不同的敲击方法；（2）形式不限，可以一人参赛，也可集体参赛；（3）体现出鼓的精神。	聆听丰富的鼓乐声，模仿课件展示中敲击的动作。		丰富学生的音乐积累，为下一环节作好铺垫。
四、归纳	1. 展示本课主要内容。 2. 结束语。			

《中华鼓》一课以中国乐器"鼓"为主线，分别从艺术、生活两个领域向学生介绍了我国历史悠久的鼓文化。应该说，这一选题十分巧妙，通过一件乐器引申出相关文化的学习，引导学生了解鼓乐在人们生活中的作用，特别是在艺术领域的重要地位与作用，非常自然和流畅。

小学音乐教师专业能力必修 Xiao Xue Yin Yue Jiao Shi Zhuan Ye Neng Li Bi Xiu

音乐与姊妹艺术之间既有共性又有个性。共性是因为社会意识形态在内容上是相通的。另外，所有艺术差不多都涉及知觉、情感、创作过程、文化背景和审美愉悦。就审美愉悦来说，所有艺术都有使用特定材料和形式进行创造的快乐、欣赏艺术形式和结构时的快乐等。个性是不同的艺术，有不同材料和形式，有不同的体验路径。音乐与姊妹艺术的结合，将有效促进学生的视觉、听觉以及其他整合性感觉的形式，也将有助于学生获得更加丰富的审美意象和艺术感悟。因此，了解音乐与姊妹艺术之间的密切关系，在音乐与姊妹艺术的整体状态中，学习、感受音乐文化便成为这一学习领域的主旨。

3. 音乐与其他学科的综合

音乐与艺术之外其他学科的综合不仅具有广阔的发展前景，同时也有着十分丰富的教学资源。如在语文教学中，可以选用适宜的背景音乐为诗歌、散文配乐，烘托审美意境，亦可运用诗化的语言和散文式的表达来描述音乐的情境，营造浓郁的课堂艺术氛围。同样，音乐与历史、地理学科综合，可以学习和了解一些不同历史时期、不同地域和国家的代表性音乐以及相关的风土人情；音乐同体育学科综合，可以运用韵律操配合不同节奏、节拍、情绪的音乐；音乐同数学、理化学科综合，可以联系"黄金分割线"将美学概念与数学概念整合起来以及将音乐的高低、长短、强弱等声音性质同物理学的频率、振幅等知识联系起来等。如在欣赏《走进西藏》一课时，教师可将音乐与语文、历史、地理学科进行有机地综合，因为音乐与民族、地域、环境、背景、习俗等有着密切的联系，让学生结合西藏的地域环境、气候特征、生活习俗来感受和理解音乐作品，使他们认识到西藏壮阔的雪域、高原自然环境是形成藏族歌曲高远激越、热情粗犷风格特征的重要因素。这种把音乐、地理、历史等多学科相关文化融合起来的教学，有利于形成音乐学习的最佳环境，使音乐学习变得视野开阔，内涵丰富，信息量大，特别是对学生更有吸引力。

案例 21

音乐双语课《小小的船》教学课例

本课是以汉语和英语同为课堂教学语言的音乐课。全课分为三个部分：

第一步游戏律动。《假如你感到幸福》是学生最喜爱的律动之一，原词是大家耳熟能详的拍手、踩脚、拍肩、握手。教师引入英文原版歌曲加以创作，在学生夸张、生动的表演中，音乐课有了快乐的开始。通过精巧的听音游戏，充分调动了学生的记忆力和注意力；复习歌曲《闪烁的小星》，导入欣赏《月亮月光光》。

第二步聆听音乐。通过聆听发挥想象，获得最直接的感受和体验。学生完整听歌曲《小小的船》。通过2/4和3/4拍的两种节奏速节奏度，让学生体会感受不同节拍，使其在潜移默化中学习跟唱、分句唱、合唱、表演唱等。学生在游戏中学习，在学习中游戏。

第三步创作提高。学生自主参与演唱、表演、用打击乐器伴奏。在这一环节中，课堂氛围活跃。学生自信、大胆地演唱、表演、尝试创编，充分体现新课程理念自主学习与小组合作的效果，学生从中总结、发现歌曲旋律的构成，五声音阶将欣赏曲与歌曲更紧密地串联起来，是本课从感性到理性升华的桥梁，使本课音乐性更强。

最后，再听欣赏曲《月亮月光光》，让学生跟唱的同时与音乐融为一体，呼应作品的感召力，凸显本课主题"宁静的夜，优美的歌"。从听觉入手，从听觉结束，首尾呼应。

以上课例是"中文教材——双语教学"的一个实践尝试。通过具体的音乐作品和生动的音乐实践活动实现"音乐与其他学科"的综合教学，从整体上看，本课在突出音乐学科特点的基础上，采取双语教学的形式，充分发挥了教学语言的工具作用。音乐和英语都是世界的共通语言，音乐双语教学使孩子们更快、更早地面向世界，有利于学生的全面发展。

当前的音乐双语教学尚未进入使用双语教材阶段，因此，上这类课的前提是要深入体会音乐课程标准的要求。课标提出的"提倡学科综合""理解多元文化"，奠定了音乐双语教学的理论基础。同时，也要了解英语课程标准，掌握外语教学的进度，抓住二者的结合点，就可以走出一条有个性风格的音乐双语教学之路。

4. 综合实践应注意的问题

音乐课程的综合，是以音乐为本的综合，这是音乐新课程实施中的一个重要原则。诚然，基于综合理念的贯彻，音乐课中可能会不同程度地涉及一些艺术门类和其他学科的知识内容，但涉及它们是为了更好地学习音乐，激发学生对音乐的情趣。如果把学生的注意力和学习兴趣引向了探究其他学科或艺术门类的方向，用文学、政治、历史、地理、舞蹈、美术、戏剧等内容作为学生音乐课学习、探究的主要对象，那音乐课的自身功能必然会受到削弱和损害。这显然是同音乐课程标准的理念和精神相悖的。

案例 22

失去音乐属性的两个音乐课例

例一：《彝家娃娃真幸福》。

教师精心准备了音乐课件给孩子们展现了异彩纷呈的彝族风情：服饰、房屋、习俗等，而后组织学生学唱歌曲，简单唱了两遍后，歌曲教学就结束了。接着，教师将全班学生分成6个小组，每组准备了制作彝族姑娘佩带的银项链所需的珠子、铅丝和彝族小伙的帽子所需的羽毛、塑料薄膜、胶水、剪刀等物。孩子们兴致勃勃地动手制作起来。教室里热闹极了，有的孩子热烈地讨论如何制作，有的孩子高兴地在教室里穿梭。教师更是手忙脚乱，帮助那些不会动手操作的孩子。大约过了二十多分钟，孩子们终于完成了作品。可是，下课的铃声响了……

例二：《长江之歌》。

教师在上音乐课的过程中，不仅拿出地图与学生仔细分析、讨论长江的源头在什么地方，流经多少个省市，全长多少千米，出口在什么地方，与世界著名的尼罗河、亚马逊河的长度相比排名第几等，而且又讲了历史上关于长江的荣辱兴衰，诗人杜甫、李白等写了哪些咏长江的诗句，1998 年的长江抗洪大战，三峡大坝的伟大工程共移民了多少人等。继而，教师让学生观看了电视片《话说长江》片断，对学生进行环保教育。接着介绍了《长江之歌》的词、曲作者，进而分析歌曲主题思想和曲式结构……然而在 45 分钟时间里，学生只听了一遍歌，唱了一遍曲，下课铃就响了。

课后，一位学生走过来对音乐教师说："老师，你讲的课比我们地理老师讲得还要好。"

这是两个失去了音乐学科属性的课例。但这并不是一个个别的教学现象，新课程实施以来，类似的课例不同程度地存在，带有一定的普遍性。一些音乐课脱离音乐艺术属性和音乐文化内涵去探讨、了解、评价社会发展、经济建设、环境保护、精神文明以及历史、地理、数学、物理、美术、舞蹈、戏剧等领域的问题，将其他学科的教学内容凌驾于音乐内容之上，音乐教学内容成了点缀和陪衬；一些音乐课综合表现活动的展示和延伸占据音乐学习的时间过多，喧宾夺主，学生在综合活动中没有注意音乐并使用音乐，学生的描述和表现没有围绕音乐的要素，课堂活动没有加深学生对音乐的理解。虽然课堂气氛很好，但教学内容基本脱离了音乐。

面对上述现象，许多人疑窦丛生：这是音乐课吗？在发出疑问之后人们对种种脱离学科属性的音乐教学不无担心——如果音乐课上无音乐，这不仅使音乐本体淹没在喧宾夺主、华而不实的拓展中，而且有可能局部地甚至是全局性地改变音乐课的学科性质，逐渐削弱音乐课程的基本价值，甚至使音乐学科失去在基础教育课程体系中存在的意义。反思这种状况的形成原因，大致有这样几个方面：认识上的问题：一些教师认为，一节课如果没有体现综合，就不符合当前教改潮流；操作上的问题：学科综合就是多种教学方法、手段、活动的运用。

"以音乐为本，以育人为本"是新课程音乐教学中的一个根本原则。之所以要以音乐为本，以育人为本，是由音乐课程的性质所决定的。在教学过程中脱离音乐艺术属性和音乐文化内涵去探讨其他领域的问题，而音乐教学内容则成了点缀和陪衬，有悖于音乐教育的属性。应该认识到，基础教育中任何一门课程都有其学科特征作为其存在的支撑点，也就是说，音乐课必须以音乐为载体，音乐课中要有音乐，音乐教学要突出音乐学科的特点，以丰富的音乐艺术内容和音乐表现形式及相关的音乐文化为学生体验、探究、学习的主要目标、主要内容和主要过程。在音乐新课程实施过程中，要正确认识音乐课程的综合理念，这是正确实施音乐课程综合教学的基础。综合的目的是为了加强对音乐的学习与理解，综合的内容必须与音乐密切相关、有机联系，音乐课的开放态势是有条件、有限制的，因此必须把握一个适可而止的"度"。音乐教师在音乐课堂上应做的事是：选用最具有音乐表现力的作品，为学生不断地提供感受、体验、表演、创作、理解、判断音乐艺术表现力的机会，帮助学生逐步增加对各种音乐要素的敏感反应，这是正确实施音乐课程综合教学的基础。

六、注重目标达成

课程目标是学校课程价值的体现。在音乐教学过程中，要特别重视教学目标的达成，因为音乐课程价值体现在音乐课程目标上，而音乐课程目标则体现在音乐教学目标上，音乐教学目标则具体地体现在学段、学年、学期，特别是学时目标上，因此必须重视音乐教学目标的潜效应，认真研究与设计每一节课的教学目标，并紧密围绕目标来展开音乐教学活动，也就是说，在音乐教学过程中，形式服从于目标，方法取决于内容，无论采用什么教学方式与手段，都必须要有明确的针对性和目的性，都必须有利于教学目标的达成。高水准的音乐教学不仅仅体现为教学形式的丰富，而更在于丰富教学形式所隐含的鲜明意图。

课改以来，曾出现了一些"重形式轻目标"的教学现象，有的音乐课教学目标不清晰，教学中缺乏鲜明的指向性与达成性，教学过程鲜见有机的组合与连接，教学形式与方法过于外在和花哨，往往与教学内容脱节，学生在课堂上一会儿忙这，一会儿忙那，有活动没体验，缺乏目的性。一些音乐课过于追求"形式"，比如唱歌，运用各种形式唱了一遍又一遍，毫无新意，又如教师对一些对于本节课来说并不必要的分组形式乐此不疲，一些直接明了的问题也让学生去讨论，一些没有实际意义的内容也要学生去创编等。

案例 23

目标未能达成的音乐课例片断

例一：唱歌课《如今家乡山连山》。

学生基本学会歌曲后，教师采用独唱、对唱、小组唱、全体齐唱等多种形式唱了一遍又一遍，但每遍都没有情感和技能上的任何提示和要求（情绪、表情、速度、力度、节奏等）。结果重复演唱了许多遍后，不仅学生的歌声不见起色，而且学生也流露出厌倦之感。

例二：唱歌课《雪花带来冬天的梦》。

教师在指导学生唱歌时，让学生分成小组讨论："歌曲有几个乐句，由几部分组成？可以运用几种演唱形式？"教师站在一旁若有所思，似乎在思考下一步的教学环节，在计算课堂上已过去的时间，既没有参与学生的交流，也没有调控学生在小组内的交流情况，随意地在各小组间巡视了一遍后，在学生讨论兴趣正浓时打断了交流，进入了下一阶段的教学。结果，学生的脸上写满茫然、失望的神情。

以上这些教学现象，集中反映了音乐课堂教学目标的达成问题。如上面的第一个例子，一首歌毫无目的地重复了一遍又一遍，根本原因在于教者没有意识到这一遍与下一遍应该有所不同。其实，重复的美学意义在于"创造"，在于明确的指向性和目的性，而对于唱歌来说，就在于前后能够影响歌声表现要素的变化和不同。上面第二个例子将分组学习形式化了，使合作学习流于一种形式，变成为了合作而合作。分组讨论时间不足，小组成员缺乏独立思考就进入合作，而不到一两分钟就叫停，思维敏捷的学生往往抢先把自己的想法说出来，而思维相对迟钝的学生也就失去了发表意见的机会，这样的小组合作学习不但达不到合作学习的目的，而且很容易挫伤学生合作学习的热情，养成敷衍了事的不良学习习惯。

这些现象的存在说明一个问题：有些教师比较忽视教学目标达成的研究。设想一下，缺乏明确、清晰、有效的教学目标达成的音乐课能够产生良好的教学效应吗？如果目标长期模糊又怎样体现音乐课程的价值呢？方法、手段与目标、内容之间应是什么关系？因此要特别重视教学目标的研究，重视教学目标的设计，重视教学目标的达成。真正高质量、高水平的音乐教学首先体现在音乐教学的目的性和有效性上，而良好的教学形式则给人以意料之外又情理之中之感。

第三节 音乐教学技术

一、现代音乐教学技术的功能

现代教学技术是把现代教育理论应用于教学实践的现代教学手段和方法体系，其特点是通过多种感官刺激，使学生在有限的时间内，最大限度地获取信息，感受音乐

的多姿多彩。现代音乐教学技术以电视、网络、电脑多媒体等方式呈现，其功能表现不受时间空间和微观宏观的限制，跨越时间和空间，将教学所需的信息以最快、最简便、最完美的方式展现给学生。通过现代教学技术，创设音乐情境，引领学生走进音乐，发挥视听通感作用，激发学生内在学习动机与兴趣，运用图、文、声、色并茂的效果感染学生，使课堂教学丰富多彩，形象直观。它突破了传统教学法在时间、空间和地域上的限制，直接表现各种事物和现象，并在短时间内展示事物运动发展的全过程，便于学生充分感知所学的知识。通过电脑多媒体等声像设备，把历史事件、异国风土人情、远方的景象清晰地展现出来，使学生耳闻目睹，犹如亲临其境。作为听觉艺术的音乐，借助影视、艺术等综合艺术的表现形式，可以帮助学生对音乐艺术形象的感受和理解，易于引起学生情感上的共鸣，便于让学生视听同步进入音乐世界，感受音乐的无限魅力。运用现代音乐教学技术可以大大提高音乐教学效率，比如可以提高信息增值率：远古时期手把手带徒弟的传授知识方式，信息只能一比一地增值；传统的课堂教学方式，信息的增值率则增加了几十倍甚至上百倍；而运用现代教学技术，如电子计算机教学、广播电视教学、卫星传送的开放大学、网络教学等，信息的增值率可以扩大到几万甚至几十万倍。

《课程标准》在"实施建议"中明确提出："以信息技术为代表的现代教育技术扩展了音乐教学的容量，丰富了教学手段和教学资源，在音乐教育中有着广阔的应用前景。音乐教师应合理利用现代教育技术视听结合、声像一体、资源丰富等优点，为教

学服务。要加强对学生在影视、广播、网络上学习音乐的指导，善于利用现代远程教育中的音乐课程资源进行教学，努力提高教学质量。"确实，多媒体和网络技术的运用不仅突破了传统音乐教学在时间、空间和地域上的限制，有利于音乐审美情境的创设，为师生的音乐情感体验提供了条件和环境，而且具有很强的人机交互能力，因此有利于改变以往那种以教师为中心的传统音乐教学模式，将教师与学生的主动性充分调动起来。特别是对于学生来说，多媒体及网络技术为实现新的音乐学习目标提供了便利工具，为学生了解丰富多彩的音乐世界打开了大门，帮助学生组织、建构和完成多项音乐学习任务，能有效地发展学生的音乐思维能力。其应用使学生的学习方式由单一的课堂学习方式向多方式、多途径发展，学生不仅可以在课堂上通过多媒体辅助教学方式获取音乐知识，还可以借助多媒体课件或信息网络在计算机室、图书馆或家中等场所进行个别化学习。可以说，现代音乐教学技术使音乐教学进入了一个新时代、新天地，因而，对现代音乐教学技术的掌握也成为现代音乐教师的要求与标志之一。

二、音乐教学媒体

以储存和传递教学信息为目的的媒体叫做教学媒体，它用于教学信息从信息源到学习者之间的传递，主要有教科书、标本、模型、图片、粉笔、黑板、幻灯、投影、广播、录音机、磁带、唱片、CD 机、影碟机、电影、电视、计算机等。

用于教学的多媒体信息使视觉和听觉相互结合，其形象化、直观化的教学特点有利于学习和记忆，有利于提高学习效率。而对于音乐教学来说，正是由于计算机进入多媒体时代，音乐课堂中才会出现从电脑中听到美妙的音乐、看到逼真的画面的情景。随着多媒体技术的不断发展，音乐教学与现代教育技术的结合已超越了学科渗透的概念，形成了类似于边缘学科的学科整合。常用的音乐教学媒体主要有视觉媒体、听觉媒体和视听觉媒体等。

1. 视觉和听觉媒体

音乐教学中，常用的视觉媒体有黑板（白板）、粉笔、图片、模型、幻灯、投影、指挥棒、音乐教材等各类印刷品等，常用的听觉媒体有广播、唱片、唱机、磁带、录音机、音响、光盘、CD 机等。

视觉媒体在音乐教学中的运用，可增加音乐教学的形象化色彩。充分利用和发挥听觉艺术与视觉艺术之间的通感作用，不仅有利于学生对音乐的理解，同时还可以扩大学生的艺术视野，提高学生的人文修养。如有一个运用视觉和听觉媒体辅助音乐教学的实例：在音乐课中，教师多次使用了视听结合的教学手段，先利用投影在《道拉基》音乐声中展示延边风情图片，让学生感受和了解朝鲜族的民族文化和风土人情，在展示图片的同时，投影打出相关文字介绍资料，然后在欣赏和演唱朝鲜族民歌《道拉基》的过程中用投影打出伽倻琴弹唱的图片，让学生在听、唱、看、跳等音乐活动中，感受朝鲜族音乐的特点，师生在聆听与观看中学习和交流。

音乐教学中常用的视听觉媒体有各种乐器、节拍机、电影、电视、影碟机、计算机等。其中，以计算机媒体使用得最为广泛。

以计算机为主要教学媒介的音乐教学活动，可以通过声、光、电的结合，在课堂上展示文字、图片和乐谱，播放音乐、影像、动画，用更直观、形象和生动的方法替代教师传统板书和挂图展示等手段，增加音乐教学的吸引力，提高学生学习的兴趣、愿望和热情。比如在介绍乐器时，可用软件展示乐器的图片，同时还可播放乐器的音色，并配上文字说明及相关知识介绍，这比单纯观看乐器挂图要丰富得多，同时也增大了音乐的信息量。根据音乐教学的不同需要，有时可以把计算机媒体同其他音乐教学媒体结合起来使用，比如关于乐器的介绍，在展示乐器图片和播放乐器音色的同时，如能把乐器实物的观摩和聆听结合起来，具体的演奏效果就会更好。

对于学生的音乐学习来说，计算机媒体应是一个非常好的学习伙伴和学习工具，学生可以通过计算机多媒体光盘学习音乐知识，欣赏音乐，巩固、延伸和拓展音乐课堂的学习内容，也可以通过 MIDI 软件对音乐进行拼接和简单"创作"，感受电脑音乐创作的乐趣与喜悦。在学习方式上，由于是通过人机对话、虚拟情境、角色扮演等途径进行，这为学生提供了一个类似真人游戏的虚拟时空，能使学生像做游戏一样在快乐的环境中不知不觉完成音乐学习任务。

3. 合理使用音乐教学媒体

在音乐课堂使用多媒体技术时，明确的目的性至关重要。如果不顾教学内容是否需要，单纯追求所谓的课堂效果，为电教而电教、为技术而技术，则是一种本末倒置。例如，由于讲课、评课等因素的影响，把多媒体的使用当成教学中单独的一个环节来应付，或把每种媒体单独使用，使多媒体在音乐教学中的功能得不到充分发挥，或把多媒体技术当成黑板、录音机、录像机、投影机等传统教学手段等。诸如此类，不仅达不到预期的音乐教学目标，影响了音乐教学任务的完成，同时也是一种教学资源的浪费。

应该看到，多媒体的元素种类和表现形式很多，多媒体技术的使用不是简单的媒体相加，教师要注意不同媒体的综合运用，充分发挥多媒体技术中媒体功能互相补充的作用。因此，对媒体的合理选择与运用，必须建立在对音乐教学目标与过程设计的基础上。音乐教学作为基础教育课程序列的学科之一，有着自身的教学规律，任何先进的教学手段都只能起到教学辅助作用，所以不能以违反音乐教学固有的规律来适应多媒体的特点，这在音乐新课程的教学中是一个重要原则。

多媒体对于音乐教学来说，就像一把双刃剑，如果运用得恰当，便能提高教学效益，收到很好的教学效果，反之，如果运用不当、喧宾夺主，也会冲淡音乐教学本身，甚至影响和降低音乐教学的质量。例如，盲目地依赖多媒体技术，将课件设计成顺序式结构，教师上课不停地按键播放播讲，成了一个"解说员"，这不仅以计算机的思路限制和取代了教师和学生的思路，人成了机器的奴隶，而且改变了音乐教学作为人文课程的学科性质，师生间和谐的人性关系被冰冷的人机关系所取代，割裂了音乐课堂中所特有的情感纽带。因此，在运用多媒体进行音乐教学的实践中，必须注意不能让多媒体挤占学生体验、探索、分析、思考的时间，也不能冲淡和改变音乐教学所固有的和谐情境与氛围。

案例 24

音乐教师面对多媒体的困惑

当前，一些音乐课对多媒体的依赖越来越严重，音乐教师将他能够找到的所有资料统统搬进电脑，从课堂导入到课堂小结，从谱例到分析，从作者生平到后人评价，甚至人物传记，应有尽有。然而，一节课光见教师忙于电脑操作，却不见师生互动与交流，特别是学生探索、分析、思考的时间大量被多媒体挤占，学生没有时间、也没有机会去发现问题、提出问题，即使提出了，教师也会因为事先没有设置这个程序或因为课件的时间已经定好的原因匆匆带过，从而大大束缚了学生的思维，限制了学生的想象力的发挥。有人课后曾问一个学生对音乐的感觉如何，得到的答案竟是没有注意体味，因为光顾着欣赏多媒体画面了。每次听完课，教师们都议论纷纷："做这样的课件得花多少工夫啊？""你平时上课会这样做吗？""这样的课无法效仿，没课件就没效果啊！""拓展的东西太多都不像音乐课了。"原因是每一节公开课都制作了精美而大容量的课件，而且所用课件多半都不是自己动手而是请人制作的。课堂上，授课教师似乎也不需要范唱范奏等技能，只要点击鼠标就可以了。对此，许多教师感到非常困惑，课改并不是要摒弃一切传统，一味追求"新奇"和"现代"，难道这就是音乐教改的方向吗？

有些音乐课，为之增色的是多媒体，为之遗憾的也是多媒体。音乐课出现的不能合理使用多媒体的问题，值得教师们思考。比如，多媒体教学怎样有所选择地组织课件内容？假如学生的思考内容与课件内容不相符怎么办？应该怎样利用多媒体来开发学生的创新思维？虽然，作为听觉艺术的音乐学科，借用具有视听效应的多媒体进行教学是必要的，但是它毕竟只是一种服务于教学目标的手段而已。所以只有当教学内容最需要被展示时，它才最适合被做成具有交互效果的课件，否则多媒体只能成为蒙蔽眼睛的花架子。

现代教育技术是运用现代教育理论和现代信息技术，通过对教学过程和教学资源的设计、开发、利用、评价和管理，以实现教学过程和教学资源优化的理论与实践。现代教育技术既包含理论层面，又包含实践层面，其研究对象是教学过程和教学资源，其核心是教学设计。因此，不能简单地认为使用了某些现代化的教学手段和设备就是运用了现代化教育技术，而应从教育观念和教育理论上来全面、深入地理解现代教育技术对于音乐教学的意义。

三、网络音乐教学技术

1. 网络音乐教学资源

网络音乐教学资源包括网络化电子百科读物、网络化音乐教室、音乐教育网站等。

网络化电子百科读物是指借助计算机网络检索和搜寻到的相关领域的资料。在计算机网络中，有关音乐学科教学的内容非常丰富，信息量极大。通过网络化电子百科读物可收集到大量音乐学科的背景资料、图片资料和音像资料，同时也可以找到音乐教学所涉及的其他学科的相关资料，为丰富音乐教学内容，实现综合化、合作化音乐教学提供了素材和条件。网络化电子百科读物对学生的音乐学习具有重要价值，学生通过网络化电子百科读物可以收集到许多相关资料，而这些资料将构成学生的知识网络，纳入学生对学习主题意义的建构之中。此外，网络化电子百科读物将有助于学校网络教学管理的实现。

网络化音乐教室是通过计算机网络互联形成局域网，并可同国际互联网相通，随时查找与教学主题相关的信息和资料的音乐教学场所。其特点是改变了传统音乐教学以教师为中心、以教师在台上演讲为特征、不利于学生主体参与、不利于探索和研究的教学方式。网络化音乐教室不仅淡化了教师的中心地位，在学习组织形式上也体现了新的思路，如限制学生音乐活动的桌椅大大减少，师生音乐学习与教学活动的空间被延伸和加大。同时，网络信息技术的运用可以把音乐教师从繁重、重复性的教学工作中解放出来，使他们有充足的时间和精力进行音乐教学研究，有利于音乐教学水平和质量的提高。

音乐教育网站是音乐教学和音乐学习的一种重要资源。在音乐教育相关网站中可以检索到各种音乐资源，供师生下载、学习和研究，为音乐教学服务。同时，音乐教育网站还能向教师和学生提供音乐教育论坛，师生可以在论坛上充分发表自己对音乐的评论和见解，对音乐学习方面的体会和思考，使学生在讨论与交流中体验和领悟音乐学习的奥秘，积极提出对音乐教学有益的意见和建议，师生合作共同改进音乐教学，促进音乐教学质量的提高。有些音乐教育网站还推出了各种类型的音乐课程供爱好者选修，这也是应该充分利用的音乐教育资源。

2. 网络信息技术在音乐教学中的运用

网络信息技术对音乐教学产生了重要的影响，具体表现在音乐教学组织形式的变化和音乐教学方式方法的变化两个方面。

首先，网络化音乐教学将使传统的教学组织形式发生改变，以班级授课制为代表的集中教学形式将为个别化教学形式所取代。以网络信息技术为特征的个别化教学，是师生借助于计算机多媒体和网络的交流与对话，其方式为"教师——媒体——学生"。显然，在这种教学组织形式中，教师和学生的行为角色发生了变化。教师从单纯传授为主转变为设计教学为主，从权威的传授者、灌输者转变为学生学习的引导者和促进者。学生也从传统教学中单纯被动地接受知识转变为自觉主动地探索，充分发挥学习的主体性和创造性。由于传统音乐教学中的班级授课制面向的是集体，这不利于因材施教及学生个性品质的培养，而通过网络化音乐教学则可以真正地实现因材施教。在网络化音乐课堂中，学生可根据自己的学习需要，自主、灵活地选择教学内容，控制学习进度，真正达到《课程标准》中提出的"以自己独特的方式学习音乐，享受音乐的乐趣，参与各种音乐活动，表达个人的情智"的要求。

其次，网络化音乐教学将使传统的教学方式方法发生改变，网络化音乐教学的重要理念之一是合作性学习。其特点是实现音乐教育资源的共享，最大限度地提高音乐教育资源的利用效率，同时，有利于学生多方收集音乐资源，开阔视野，增加艺术积累，进行开放式学习，尤其是有助于教师和学生、学生和学生之间平等地"协作对话"，重视学习者之间的交互学习活动，益于培养学生的合作意识、共处能力和集体主义精神。合作性学习是探究性学习的基础。学生利用诸如数字化图书馆、电子阅览室、学科数据库等电子化学习资源，在互联网浩瀚的信息海洋中检索、收集、获取有关音乐信息，以完成教师设定的带有真实情境的课题，再经过基于网络的讨论（同城的或异地的），逐渐对教学主题形成概念，完成意义建构。这种合作性学习只有在网络技术成熟的今天才能够真正得以实现。

网络化音乐教学主要有以下几种形式：

（1）通过网络进行交流。在网络化音乐教室里，通过数台电脑的连接，就可以利用 Windows 系统中自带的 NetMeeting 软件运用虚拟教室服务器来进行协同教学中的通信。这是一个简单、易用的桌面视频会议系统，其主要功能包括交谈、电子白板、传送文件、共享应用程序、音频和视频等项。

NetMeeting 提供了远程协作的所有工具。利用它，学生间可以两人同时谈话、发送和接收视频、输入与传递文字和共享应用程序，同学间可以在带有图像、文字的画板上协作，还可以互相传递文件等。

（2）通过网络获取信息。在网络化音乐教室里，可以通过因特网查询到所需要的各种信息。在因特网上获取信息的方法很多，可以通过浏览器查访分布在世界各地的数千万台 Web 服务器上的信息，也可以让有关方面通过电子邮件定期按要求送来相关信息，还可以从世界各地的文件传送服务器上获取信息等。其中信息量最多、使用最方便、内容也最丰富的是通过浏览器获取信息。网页和主页是上网时必须涉及的两个名词。网页是因特网上的一种信息组织的形式，网页内容往往非常生动活泼，具有多媒体的特性，它们被放在一种称为 Web 服务器的计算机中。因特网上有几千万台 Web 服务器，上面存放了大量的网页，要在网络的其他计算机上展示 Web 服务器中的网页内容必须要有所谓的"浏览器"，这些服务器和带有浏览器的计算机合在一起，加上因特网上原有的网络结构，就构成了所谓的 WWW 网，也称为"万维网"。

音乐教师利用互联网可以查找音乐教学素材和资源以丰富自己的音乐教学经验。

音乐教师利用互联网还可以学会建立自己的电子信箱，收发邮件，这都是网络信息技术条件下音乐教师必须具备的本领。

案例 25

音乐课《金蛇狂舞》教学设计

一、教学目标

1. 在网络环境下，通过听、辨、唱、奏、画等活动，感受乐曲《金蛇狂舞》热烈欢腾的情绪，初步了解乐曲的创作特点——"螺丝结顶"和"对答呼应"，从情感上喜爱这首乐曲。

2. 尝试自主的网上学习，进一步了解曲作者聂耳及其主要作品，并对网上学习产生兴趣，有进一步探索的愿望。

二、教学准备

学生分四组搜集有关聂耳的生平、作品等资料，做成简单的PPT。每人一张附有课题可以记录的白纸，铅笔。

教师制作好《金蛇狂舞》的网络课件。

教学过程

教学程序	教师主导活动	学生主体活动	教学设计意图
导入部分	1. 点击网页，教师出示flash动画"赛龙舟"，你看到了什么画面？你的心情如何？引出课题《金蛇狂舞》。	学生观看网页的flash动画"赛龙舟"各个画面，思考回答问题。	从视觉上创设flash动画情景，激发学生产生在电脑室学习音乐的兴趣。
	2. 教师又给出两段音乐（第1段是琵琶独奏曲《金蛇狂舞》，第2段是民乐合奏曲《金蛇狂舞》），提问：这两段音乐哪一段更能体现刚才看到的场面？	学生选择给flash动画"赛龙舟"配上合适的一段音乐，教师让学生讲出理由。	通过为动画配乐，体现学生理解音乐、应用音乐思想。
	3. 启发学生结合画面、曲名谈谈：你认为应该怎样表现出火热欢腾、喜气洋洋的音乐？	引导学生从力度、速度等音乐要素去考虑。	领会音乐要素在音乐表现中的作用。

续表：

教学程序	教师主导活动	学生主体活动	教学设计意图
乐曲欣赏	1. 听赏全曲，想想：乐曲有几个不同的乐段？你认为哪一段旋律最有特点？（时间为10分钟） 2. 重点听赏C段主题，分析乐曲的创作特点：刚才同学们认为最有特点的旋律是作曲家在创作时运用了民间锣鼓点中"螺丝结顶"的结构形式。什么叫"螺丝结顶"？我们先把这个问题放在一边，老师这里有一首儿歌，请大家朗诵一遍。 (1) 网页出示儿歌《闹新春》。 (2) 听乐曲C段主题，用自己的图谱记录乐句的长短（5分钟）。 (3) 比较儿歌和图谱的形状，为自己的作品起个名。（启发学生用自己的语言来描述"螺丝结顶"的结构形式） (4) 出示C段旋律，与"儿歌""学生图谱"比较。 (5) 师解疑：句子越说越短，最后只剩一个音在音乐中，就叫"螺丝结顶"；一问一答就是"对答呼应"。 (6) 感受"对答呼应"的创作手法。 3. 完整欣赏民乐合奏。	学生自主点击网页上的民乐合奏《金蛇狂舞》音乐，戴上耳机聆听全曲，一遍听完后举手表示，10分钟内可以多听几遍，把完成的问题写在白纸上。 (1) 学生看着网页上的儿歌，齐声朗读一遍，谈谈感受，分两组对读，再谈感受。 (2) 点击网页听C段主题，5分钟内完成用自己的图谱记录乐句的长短，记在作业纸上。 (3) 学生展示。 儿歌《闹新春》： 一二三四五六七，正月里来闹新春； 七六五四三二一，龙灯耍得快又急； 一二三四五，来跳狮子舞； 一二三，来敲锣； 三二一，来打鼓； 敲锣，打鼓； 咚，锵。 在教师的电子琴伴奏下，学生分组唱C段旋律，体会旋律的对答呼应特色。 当C段主题出现时，用简单的律动来表示，感受这两种创作手法在乐曲中的运用和效果。	改变传统音乐欣赏中教师控制音响的方式，在一定时间内让学生更好地熟悉音乐，聆听音乐。 引出问题但又引起悬念，激发学生探究的兴趣。 以学生熟悉的生活经验——儿歌开始：(1) 通过网页展示儿歌，用红色和绿色对比，让学生理解"对答呼应"。 (2) 通过朗读体验句子越说越短，了解"螺丝结顶"的创作手法。 (3) 表达自己对音乐的理解。 金蛇狂舞C段 5 6 5 6 | 5 4 5 | 1 2 1 2 | 5 6 1 | 5 6 5 6 | 1 6 5 | 1 2 1 2 | 5 6 1 | 5 6 5 4 5 | 1 2 5 6 1 | 5 6 5 | 1 2 1 | 5 6 5 | 1 2 1 | 5 5 1 5 | 1 5 1 1 | 5 1 5 | 1 5 1 5 | 1 1 1 | 1 1.1 | 1 | 0 1 1 | 体现音乐实践理念，加深理解乐曲情绪和特色。
拓展部分	师：你们知道《金蛇狂舞》是由我国哪位音乐家编曲的？关于乐曲和作者你还想了解些什么？ 师：老师也搜集了一些资料，做在网页上，你们有兴趣可以看看。 师：通过这次音乐活动，我们在音乐上又有了哪些提高呢？你们想知道吗？点击网上的"音乐知识闯关行动"，看看自己能不能过关。 统计全过关的同学，给予奖励。 小结：你对这次活动有什么感想和建议？	四组学生代表展示通过收集资料做成的PPT，并且讲一讲。 学生自由看网页，在网络课件上查询聂耳的生平、生活照片，聂耳的名字是怎么来的，欣赏由聂耳创作的歌曲以及具有代表性的作品。 学生点击网上音乐知识题库"闯关行动"，做练习。 把老师奖励的五角星贴在自己喜欢的地方。 学生交流。	提供开放性的学习模式，引导学生在自主探究中了解音乐知识。 进行知识反馈，检查学生对新学知识的掌握程度。 了解学生的想法，更好地进行以后的教学。

《金蛇狂舞》一课是运用网络环境下的音乐学习方式优化课堂教学的一个较好课例。教学体现了这样一些特点：

一是教师从儿童熟悉的生活经验入手，在计算机上演示儿歌《闹新春》的字句"递减"，演示乐曲主题音乐片段的乐句"缩减"，使这一创作特点深入浅出，化抽象为形象，变深奥为易懂，有效地解决学生音乐学习的难点。

二是教学中运用网络优势，搜集大量信息，如聂耳的生平趣事、成长过程、主要作品、历史背景等，使学生的音乐学习得到拓展，更好地理解本课的知识点。特别是设计了音乐知识题库"闯关"行动网页，使学生在课结束前进行很好的学习反馈。

三是采用多种形式、多渠道参与方式学习音乐，如"演唱主旋律""动画欣赏""身体律动""朗诵儿歌""操作电脑"等，整个教学活动都贯穿着学生的活动，体现学生的主体作用。

网络环境下的音乐学习对学生的要求较高，学生不但要有熟练的计算机操作技能，还要课前用一定时间做好准备工作，课中能自觉地欣赏电脑的音乐，并在规定时间内完成学习任务。因此，教师要做好组织和引导工作。另外，要注意和学生的交流、沟通，以避免由于学生自主学习时间较多而造成课堂气氛沉闷。

第四章 音乐教学研究能力

音乐教学研究是以音乐教学理论与实践为对象，揭示音乐教学本质及其规律的一种创造性活动。音乐教学研究能力是音乐教师的一项重要基本功，亦是音乐教师学识水平的主要标志。音乐教师应树立"科研兴教"的观念，坚持教学科研为先的指导思想，在教育科学理论指导下，有效地进行音乐教学工作，不断提高音乐教学的质量和水平。

对于小学音乐教师这一群体，教学研究能力包括：音乐教材研究、音乐教法研究、音乐教学评价、音乐教学实验、音乐教学论文写作等几个方面。

第一节 音乐教材研究

一、明确教材的编写理念

音乐新课程的教材编写理念是：以音乐审美为核心，以学生发展为中心，以音乐文化为主线，以音乐实践为基点。

1. 以音乐审美为核心

音乐教育的本质是审美教育，美的感染必须通过自身的体验才能获得，因此音乐审美教育首先要完整地体现在音乐教科书中。音乐教学内容是音乐教学的依据，是学生获得审美感受和体验的客观条件。因此，选择具有欣赏价值，能够唤起美感的歌曲和乐曲作为音乐教学内容是极其重要的，它是实现音乐教学审美为核心的基础和前提。

音乐教材的审美因素包括立意美、情境美、音韵美、曲调美、配器美、伴奏美等。教材的曲目选择，在考虑作品的经典性、时代性、艺术性、民族性基础上，注重歌曲的可唱性与欣赏曲的可听性，使歌曲朗朗上口，易唱易记，贴近学生的生活，表达学生的心声，让学生爱唱爱听。因为只有优美的曲调，才能产生动人、感人的艺术魅力，使学生听了还想听，唱了还想唱，百听不厌、百唱不烦。这种曲调和音韵的美磁石般地吸引着学生，久而久之自然就形成了"润物细无声"的审美功效。

2. 以学生发展为中心

传统的音乐教材往往从教师的"教"考虑，无论教材内容的构建，还是教学方法的思路，都强调以教师为主，很少考虑学生的学，其理念是建立在"教师中心"上的。而"以学生发展为中心"的教材编写理念，是从学习者的需要出发，教材内容贴近学生的学习经验、生活经验，为学生所熟悉、所了解，这就会使学生更加喜欢音乐课，对之产生浓厚的兴趣，愿意学，乐于做，敢于创，让音乐作为其生活的一部分，伴随其持续发展。教材中呈现的教学目标，改变了以往教材中的空洞、生硬、宽泛的现象，变得具体、有效和能够操作。特别是内容设计贴近学生生活，都是来自于学生生活，都是学生渴望学习、渴望了解、渴望参与的内容，更易激活学生先前的生活经验，无论是歌曲、欣赏、表演还是创造等，都力图体现出让学生感兴趣，易于接受，愿意参与，敢于创造、表现的教育理念。

3. 以音乐文化为主线

音乐是人类最古老、最具普遍性、最有感染力的艺术形式，是人类文化的一种重要形态和载体。千百年来，音乐伴随着人类文明与进步的步伐，孕育和积淀着厚重的人类精神食粮与文化果实，推动着社会的发展。音乐教材，虽然有其自身的知识技能体系与学科特征，但对于基础音乐教育的小学音乐课程来说，主要还是一种文化层面的学习。因此，教材把音乐置身于文化背景之中，教材内容关注与强调音乐与人、音乐与自然、音乐与社会、音乐与民族、音乐与世界的必然联系，贯穿着一条鲜明的文化主线。分别选择表现儿童现实生活与小学生成长、发展，表现大自然中的各种现象与情景，表现丰富多彩的社会生活，表现祖国各民族优秀的音乐文化，表现世界不同国家、地区和民族的音乐文化等各类音乐作品，以使学生全面地了解音乐文化，开阔艺术视野，提高音乐文化素养。

4. 以音乐实践为基点

音乐学科是实践性很强的课程，因此，音乐教材要有利于学生的参与和实践，有利于学生感受、体验、表现、鉴赏音乐的美。在音乐新课程的各版本音乐教材中，一改以往罗列知识、堆砌概念，以枯燥讲述为主的老面孔，代之以形象直观、生动活泼、能够操作的演唱、演奏、表演、创作、鉴赏等各方面的音乐实践活动。有的教材每个单元均体现出聆听、表演、创编等实践活动，有的教材设有专栏"编创与活动"编入大量的音乐实践内容，为学生创设了广阔的音乐实践舞台，提供了大量艺术实践空间，让学生在活动中去体验音乐美感，了解音乐文化，积累音乐知识，提高音乐能力。

二、了解教材结构框架

音乐新课程的教材同传统音乐教材在编写结构方面有了根本的不同，那就是：人文结构取代了知识结构，单元结构取代了课时结构。

1. 人文结构代替知识结构

学校教育和音乐艺术均属人类文化活动的范畴，音乐教育本身具有人文学科的属性。但在传统音乐课程时期，教材是从学科逻辑出发，以学科为中心，贯穿着知识技能的主线，不考虑学生是不是喜欢，需不需要。音乐课由于单纯地强调知识与技能，"乐理"加"唱歌"成为音乐教材编写结构的主要形式。这种结构形式是对音乐教育功能认识片面性的具体体现，极大削弱了音乐教育应有的人文内涵。这种从学科出发的教材编写方式，造成了音乐学习的繁、难、旧，其结果就是制约了学生的音乐兴趣，客观上造成学生被动地接受学习。

新课程音乐教材的编写结构，以人文结构代替了原有的知识结构，通过人文主题的方式体现音乐对人文内涵的开掘和音乐文化的传承。新教材从学生的成长与发展出发，从学生的心理逻辑出发，从学生的生活经验、兴趣、能力和需要出发，努力贴近社会生活，尽可能从学生的现实生活和学生的视角选择作品，为学生提供感受音乐、表现音乐、创造音乐以及积累音乐文化的广阔天地。把音乐教学内容置于社会生活的大背景下，让学生在大千世界多姿多彩的生活中，以音乐方式与社会、自然对话相融，使他们在与社会环境的互动中，在与世界沟通中感受音乐的美好，感受生命的崇高，获得个体的自由与和谐发展。新教材每一单元的内容是由多个与之相关的分主题组成，每一主题内容均是围绕单元主题的人文性，以不同的题材、体裁、形式、手段等，展示了同一主题的人文特点，赋予学生更多的人文情感。

2. 单元结构代替课时结构

以往按课时结构来编写的音乐教材，是"教师中心"和"学科中心"的反映，不仅形成了教学中对课时和教材的过分依赖，而且束缚了教师的手脚，限制了教师的教学活力，使其没有灵活设计、整合、运用教学内容的空间。由于这种课时结构的编排对教学限制得较死板，教师没有一点灵活性，在很大程度上影响了教师积极性和主动性的发挥，这种按部就班的音乐教学内容安排，使教师不可能有创造性的教学思维，往往导致音乐教学的机械与僵化。

新教材在编写体例上，采用了"单元"的形式，打破过去音乐学科按课时划分教学内容的传统模式，使教材成为更为开放和灵活的教学载体，有利于教师发挥自己的主动性，有效地安排每一课的内容，独具匠心地设计每一课，让学生主动、愉快地学习，生动、活泼、健康地发展。教材是一种资源，教与学也是一种资源。新教材以单元结构编排，给予教师很大的自主权，增加了教学弹性，为教师的教学组合与设计提供了很大的空间，有利于教师运用教学智慧，创造性地进行教学。每个教学单元安排了三到五个作品，给了教师一定程度的选择余地，同时由于每个单元容量的不同，课时可由教师掌握，内容由教师自由组合，教师可以自己去选择去安排，这样每个单元的课型就丰富多了。同时，从学生发展的角度来看，单元结构的设计更加有利于学生学习积极性的发挥和积极主动地学习，有利于学生自己灵活运用这些材料去进行自学，有利于学生音乐学习方式的改变。

三、熟悉教材内容特点

音乐新课程的教材在内容上体现了经典性与时代性的统一，教学内容的整合、拓展以及体现新的评价方式等编写特色。

1. 经典性与时代性的统一

作为教材，编入中外音乐历史文化中的经典作品是必须的，因为古今中外优秀的、经典的、具有代表性的音乐作品，在学生的音乐成长与发展过程中起着非常重要的作用。但时代在变迁和发展，进入新世纪的儿童需要在了解经典音乐的基础上，学习和接受更多富有时代气息的音乐作品。如果教材内容过于注重经典音乐，学生总是听百年前的音乐，总是唱几十年前的歌曲，那么这些过多的、远离时代的、脱离学生生活经验的学习内容，便不能激起学生们的学习热情，只会使他们感到厌倦。

新教材注意选取具有经典性、代表性和时代感、富有现代气息的优秀作品，所选曲目，既有中外传统音乐的经典曲目，又有反映当代生活的优秀新创作，两类作品均占有一定比例，从而将经典性与时代性有机结合、相互统一。具有时代感的作品深受学生们的喜爱，为音乐课堂教学注入了一股活力。有的新教材还为高年级的学生增设了"我们喜爱的歌"，精选了学生们喜欢演唱的最新作品，这些充满时代气息、健康向上的音乐作品为学生提供了更广阔的学习空间。

2. 教学内容的整合

在音乐新课程中，"表现"是一个重要的教学领域，它整合了传统课程的唱歌、唱游、器乐、视唱听音和乐理知识等内容，是音乐学习活动的基本形式之一。新教材依据《课程标准》的要求，将"表现"领域具体呈现为"演唱""演奏""综合性艺术表演"和"识读乐谱"四项内容。把四项内容整合在一个领域中学习，有利于加强各项内容之间的联系，有利于改变单一的教学课型，有利于增加学生的音乐学习兴趣。尤其是，"识读乐谱"作为一项具有辅助性质、为表现音乐服务的内容融会在"表现"领域之中，十分有益于学生在实践中学习乐谱。

音乐是表演艺术。人们通过欣赏音乐表演获得音乐审美需要，同时亦通过参与音乐表演满足自己的音乐表现需要，因此，"表现"在音乐学习中具有重要意义。《课程标准》指出："表现是学习音乐的基础性内容，是培养学生音乐审美能力的重要途径。教学中应注意培养学生自信的演唱、演奏能力、综合性艺术表演能力，以及在发展音乐听觉基础上的读谱能力。通过音乐实践活动促进学生能够用音乐的形式表达个人的情感并与他人沟通、融洽感情。"以上表述是对音乐表现领域的一个新的定位，突出了情感态度与价值观的表现目标，强调的是"自然""自主""自信""有表情"的表现，这与传统的音乐教学强调"技术""技能"形成鲜明的对照。在上述表述中，无论是在定位上还是在教学要求方面，我们均可以捕捉与提炼出一句至关重要的话来概括对表现领域的本质认识："用音乐的形式表达个人情感并与他人沟通、融洽感情。"

3. 教学内容的拓展

新教材的内容拓展了两个新的教学领域：创造和音乐与相关文化。创造，是发挥学生想象力和创造性思维潜能的音乐学习领域。音乐创造包括与音乐有关的发掘学生潜能的即兴创造活动，能够用人声、乐器声或其他音源材料表现一定的情景，能够对自己或他人的声音探索活动作出评价，能够独立地或与他人合作创编短曲等。音乐教材每一单元内容的设计，都为学生开辟出音乐创造与探索的新领域——通过提供开放式和趣味性的音乐情景，激发学生对音乐的好奇心和探究愿望，引导学生进行即兴式自由发挥为主要特点的探究与创造活动，重视发展学生的探究能力。学生们在节奏中创造，在表演、律动中创造，在唱歌中创造，在欣赏中创造，这诸多的创造空间，可以更好地培养学生的记忆力、模仿力、想象力，极大地激发学生的创造热情，这是以往音乐教材中所没有的。

音乐与相关文化作为新的教学领域融入教材之中，体现在同一主题下的音乐与文化内涵的渗透，同一文化内涵下的不同音乐主题的切入、拓展等。主要表现在三个不同的层次上：一是音乐学科中不同教学领域间的综合，如演唱、演奏教学与音乐欣赏教学相联系，演唱、演奏、欣赏教学与音乐基础知识、基本技能相联系等；二是音乐艺术与姊妹艺术间的综合，如音乐与诗歌、舞蹈、戏剧、美术、建筑、影视等的融合联系，促使学生在各门艺术之间能够互相联通、互相迁移，以提高综合艺术审美能力；三是音乐与艺术之外的相关学科间的综合，如音乐与语文、外语、历史、地理、体育等学科的相互渗透、相互影响、有机结合等。

4. 体现新的评价方式

新教材将"改变课程评价过分强调甄别与选拔的功能，发挥评价促进学生发展，教师提高和改进教学实践的功能"的评价理念渗透在各个教学单元中，使教学评价的功能和方式有了重大的突破。新教材体现了评价主体多元化和评价方式多样化的特点，取代了以往单一、重结果的评价方式。评价内容是多方面的，包括演唱、演奏、欣赏音乐知识、音乐文化等多项内容，形成贯穿于音乐教学全过程的、生动活泼的良好评价氛围。对学生的音乐学习评价，新教材以《课程标准》规定的各学段、各年级的课程目标和教学领域为基准，在音乐教学活动中，除了关注学生的知识与技能方面的情况之外，还注重学生音乐学习的兴趣爱好与情感反应，音乐实践活动中的参与态度、程度、合作愿望与协调能力，音乐的体验能力与模仿能力、表现能力、创编能力，对音乐与相关文化的理解以及审美感情的形成等。在教材中，学生的自我评价以描述为主，重点是自我发展的纵向比较，评价变成了主动参与、自我反思、自我教育、自我发展的过程，学生深入地了解和肯定自己的能力，并能与同学分享自我探索的体会及进步的情况。同时，学生之间开展相互评价，教师对学生进行评价，形成了积极、友好、平等和民主的评价关系和共同参与、交互作用的评价模式，使教师的教学真正服务于学生的学习。例如，"音乐是我的好朋友""音乐伴随我成长""新年音乐会"等教材栏目以生动活泼的活动和评价方式，展示学生音乐学习成果，学生在教师的指导下自己编排、主持、评定、总结，相互交流和激励，发展了各种能力。

四、清楚教材呈现方式

教材呈现方式无论对于学生或教师都是非常重要的，对于学生，应该体现学生用书的特点，而对于教师，只有了解和清楚了教材的呈现方式，才可能更好地使用教材。

1. 体现学生用书的特点

传统音乐教材由于是从学科出发，按照学科体系构建和编写，其着眼点是"教"，主要是给教师用的，没有体现学生用书的特点。比如，面对既不识字、更不识谱的小学一年级学生，呈现的却是完全成人化的文字和乐谱。这种不考虑学生如何学习的教材呈现方式，带来的直接后果就是学生只能在被动的状态中学习，并对教材产生一种难以认同的逆反心理。

新教材依据以学生为本的课程理念，从学生学习的角度出发、从学生的认知规律出发呈现教材。例如，在文字呈现上改变了以往陈述式、要求式的老面孔，体现出简明扼要、短小易懂、清晰流畅、生动有趣的特点，富有趣味性和可读性，容易为学生所理解和接受。又如，教材采用了大量彩色图片、照片，很多不只是具有"插图"的辅助与配合意义，而是一种活动本身的提示，这些色彩鲜艳、富有童趣的画面带给学生更多的是赏心悦目与情感陶冶。再如，教材在乐谱设计上有了新的突破，从学生的学习需要出发，教材呈现了生动有趣、形象直观、易学易唱的多种乐谱，其中包括图形谱、节奏谱、简谱、五线谱。尤其是那种生动形象、易于识记的图形谱，紧紧贴近歌曲内容，形象的画面中蕴涵着旋律的高低、走向、长短、强弱，有益于学生掌握学习音乐的方法。可以说，新教材在呈现方式上是图文并茂、美不胜收，符合各相应学段学生的心理审美认知规律，这种为学生们设计的教科书才是学生自己能看懂的教科书，是真正意义上的学生用书。

2. 新颖的明暗线设计

传统教材过于强调学科知识体系，着重于音乐知识和技能的传授，过分强调识谱教学，知识过于繁多而偏难，学生对音乐课有畏惧心理，不喜欢音乐教材。新教材在降低音乐知识与技能难度的同时，将知识技能内容作了变"显性"为"隐性"的安排，即一种音乐知识技能的暗线设计。这种以人文主题为明线、以知识技能为暗线的呈现方式，有利于减轻学生的学习负担与畏难情绪，有利于学生在音乐上的发展。也就是说，新教材并不是不要知识技能，而是以"隐性"方式、"暗线"方式贯穿于教材之中，教材的每个单元都会涉及具体的音乐知识技能，如歌唱、演奏、识谱等知识，音乐表现手段、音乐体裁与形式、音乐家和音乐作品背景介绍等各类知识和技能，经过精心设计、编排，被合理、巧妙地隐含分布到各个单元的作品中和具体的音乐活动中去，学生在饶有兴趣的学习中，能够自然地掌握必要的音乐知识和技能。由于教材在编写时已列出了各册所包含的知识点，所以"暗线"本身的连贯性和循序渐进特点得到了保证。

3. 丰富的教学配套资料

新教材除了学生用书外，还包括与教材配套的教师用书，内容有背景材料、作品分析、作者介绍、相关音乐知识、有关的参考书目等，内容丰富，资料翔实。在教学建议中，还为教师们提供了一些有参考价值的教学方法，这些既是当前我国音乐教育科学研究的成果，也是许多一线教师宝贵的实践经验，有相当的借鉴价值。教师用书的编写，改变了以往单一的只对教师不见教材的呈现方式，巧妙地将每一单元教材的学习内容有机结合、呈现在教师用书上，使得教师在使用这本教学参考书时，不脱离教材，不脱离学生，真正体现了"师生互动"的教与学的新理念。

在教材配备上，充分考虑到音乐是听觉艺术的特殊性，根据教材内容配备了完整的音乐音响和多媒体教学光盘，将音频与视频结合在一起，丰富了教师的教学资源，既为教师节省了制作课件所需花费的时间，又是教师备课时的好参谋、上课时的好助手。同时，新教材考虑到各地区经济发展的差异，在音响配备上还制作了教学录音带，以便为更多的学校和教师所用。

第二节　音乐教法研究

一、新课程视角下的音乐教学方法简述

音乐教学方法的研究，首先要放在新课程的视角下进行，这样才能更好地在分析、继承传统音乐教学方法和了解、借鉴国外音乐教学法的基础上形成和发展新的现代音乐教学方法。

传统教学方法不能适应新课程的问题，是课改的重要内容之一。例如，改变教学方法中过于注重知识传授的倾向，强调教学方法有利于学生形成积极主动的学习态度，并使获得知识与技能的过程成为学会学习和形成正确价值观的过程；改变教学方法中过于强调接受学习、死记硬背、机械训练的现象，倡导学生主动参与、乐于探究、勤于动手，培养学生搜集和处理信息的能力、获取新知识的能力、分析和解决问题的能力以及交流与合作的能力等。可以说，改变教师的音乐教学方式和学生的音乐学习方式是音乐课程改革的突出特点。在新的音乐课程中，对教学过程与方法提出了明确要求，倡导体验、模仿、探究、合作及综合式的学习（具体参见第六章第二节），强调学生在教学活动中的主体地位，创设便于师生交流的教学环境，建立平等互动的师生关系，这些都旨在改变过去单向灌输式的教学方式，启发学生在亲身体验或实际模仿的过程中，怀着探究的兴趣，主动和有效地学习。我们欣喜地看到，课改以来，体验、模仿、探究、合作、综合等渗透着新理念的音乐教学方法给学校的音乐教学带来了全新的变化。

透析新课程视角下的音乐教学方法，可以看出这样一个突出的特点，即教师引领与主导，学生自主与合作，师生交流与互动。教师引领与主导是充分发挥教师音乐技能和语言表达方面的特长，在教学中充分激发、调动起学生的学习兴趣，引领与主导教学的实施；学生自主与合作是在教师的指导下，运用已有的音乐知识与技

能，创造性地解决音乐学习课题的过程；师生交流与互动是通过师生对话与活动，共同思考、讨论、探求和解决学科有关问题。在小学音乐新课程教学中，充分认识和合理运用教师引领与主导、学生自主与合作、师生交流与互动的教学方法，对于音乐新课程的有效实施显然具有重要意义。因此，音乐教师应该加强这方面的学习和研究，如学生自主学习活动与教师引领指导的关系，学生自主学习活动的外在形式与学习内容、强度和效率的关系，学生自主学习活动的课题与学生现有音乐知识能力的关系等。特别是新课程的教学方法中，许多教学活动的主动性都由师生共同掌握，鲜明体现出教师与学生二位一体的双向性本质特征，这种师生相互联系、相互配合、共同进行的教与学双向交往活动，是作为教学主体的学生与作为教学主导的教师的有效结合。

音乐教学目标的多维和音乐教学内容的多元决定了音乐教学方法的多样性，而学生的个体差异和音乐智能的不同又使音乐教学方法具有复杂性，所以在音乐教学方法的选择和运用上有着相当的灵活性，正如有经验的教师常说：教学有法，但无定法。恰当的音乐教学方法能激发学生学习音乐的兴趣，有利于音乐教学质量的提高，而不当的音乐教学方法将会使学生产生厌学情绪，甚至会阻碍学生的音乐发展。因此，正确处理音乐教学中的各种关系，灵活运用音乐教学中的各种方法，对音乐教学质量有着重要的影响。

案例 26

音乐课《打字机》教学课例实录

一、教材分析

《打字机》是一首描绘性非常强的管弦乐小品，由美国指挥家、作曲家安德森创作。乐曲共一分四十三秒，虽短小却诙谐有趣。全曲共分为 A、B、A1 三部分：快速平稳的第一主题旋律在全曲中出现了三次，第二主题以上行、下行的反复波动配以鲜明的力度构成了形象而具有动感的旋律，与第一主题形成明显的对比。乐曲最大的特点是借助打字机作为节奏乐器，配以快速灵巧的旋律，淋漓尽致地表现了打字机的美妙声音。打字机的打字声、铃声和换行倒机声是这首乐曲的特殊音效。

二、教学目标

1. 欣赏管弦乐曲《打字机》，能够在参与音乐活动中获得积极、愉悦的审美体验。

2. 在听和律动表演为主要音乐活动形式的过程中，加强对音乐的感受与体验，进而培养节奏感、表现力和良好的合作意识。

3. 能在反复聆听中加强对音乐主题的记忆，能听辨乐曲旋律、音色、节奏、速度、力度等音乐要素的特点和变化，感受乐曲的音乐形象，能听辨乐曲的基本曲式结构。

三、教学用具

音乐、B 段旋律线图谱、三角铁、沙锤各 3 个、乐谱 50 张、打字机一台。

四、教学过程

（一）情境导入

师：孩子们，见到你们很高兴！让我们随着一段有趣的音乐，和着乐曲欢快的节奏和变化的旋律跳起来吧！

学生跟随教师随着《打字机》音乐进行律动表演。

师：跳得真好！为了奖励我们自己，咱们一起来看一件稀奇的宝贝。知道这是什么吗？

（教师将打字机抱给孩子们看）

生：打字机。

师：对！这是一台打字机。谁想来玩一玩？请大家仔细听，打字机能发出哪些声音？

学生在教师的提示下分别回答：有敲打键盘时发出的"嗒嗒嗒"的打字声、有满行提示的铃声"叮叮"和"嚓嚓"的倒机声。

师：现在打字机已经被电脑所代替，同学们很少能见到它了。但在电脑尚未诞生之前，打字机的作用可大了，美国的办公大楼中处处传出打字机的声音。美国作曲家、指挥家安德森就是从打字机富有节奏的音响中获得灵感，创作出了一首世界闻名的管弦乐小品，名字就叫——《打字机》。（出示课题）

（二）聆听全曲

师：接下来，让我们安静、完整地聆听这首管弦乐小品《打字机》，边听边想象音乐所表现的情景。（二听全曲，展开想象）

师：音乐使你想到了什么？

生：在打字机的世界里，人们在忙碌地打字。

师：你觉得这首乐曲的速度怎么样？

生：很快。

师：为什么作曲家要用这么快的速度来表现这首乐曲，他想表达什么？

生：他想表达打字员打字的速度很快。

师：这么快的速度，说明他们的打字技术怎么样？

生：高超、娴熟。

师：从音乐中你感觉到打字员的心情怎么样？

生：很愉快！

师：孩子们，这首乐曲一共分为三个部分，请大家再一次仔细聆听这首欢快而又诙谐的乐曲，注意听辨其中哪两个部分基本相同？在听的过程中，你可以用轻微的动作帮助你感受音乐。（三听全曲，区分结构）

师：音乐中哪两个部分基本相同？

生：第一和第三部分基本相同。

师：对！听得真好！第一部分和第三部分基本相同。因此，我们就用 ABA1 来表示乐曲的结构。（教师板书：ABA1）

（三）聆听与表现主题

师：你们有没有注意到，在整首乐曲中，有几种特别的声音贯穿了 ABA1 三个部分，听出是什么声音了吗？

生：打字声、铃声、倒机声。

师：对，这就是作曲家的高明之处！他将打字机的三种声音融入乐曲中，让我们感觉很特别！接下来，伍老师请大家来听一听这首乐曲中 A 部分的主题，请注意其中的铃声和倒机声出现了多少次？（一听主题）

师：铃声和倒机声出现了多少次？

生：分别出现了四次。

师：如果一次铃声和一次倒机声表示打了一行字，那么四次打了几行字呢？

生：四行字。

师：让我们再来听一次，检验一下这份文件是不是打了四行字？（二听主题）

师现场画 A 部分旋律线：

。＿·，／

。＿·，／

。＿·，／

。＿·，／

师：仔细看看，打字员前三排打得怎么样？

生：很短，很整齐。

师：每一排都打了几个字呢？

生：六个字。

师：其实啊，是有六拍，给我们的感觉好像是打了六个字。最后一排很长，又打了几个字呢？

生：十个字。

（视听结合，充分感受和熟悉音乐主题）

师：伍老师今天还带来了三角铁和沙锤，你们觉得三角铁的音色像乐曲中的什么声音？沙锤呢？

生：三角铁像乐曲中的铃声，沙锤像乐曲中的倒机声。

师：我要请两个最会听音乐的孩子在铃声和倒机声处加入三角铁和沙锤的伴奏。谁有胆量来试试？（三听主题。两个学生分别在铃声和倒机声处加入三角铁和沙锤的演奏）

师：现在伍老师要再请四个同学来当打字机上的小字丁，和他们俩一起组成一台打字机，以律动的方式表演一台打字机的工作情况。我来当打字员，他们就是我的打字机上的小零件，你们说，这些小零件应该听谁的指挥？下面的孩子仔细观察一下，台上哪个孩子不仅能准确地合上节拍，而且舞姿大方，还能表达出小字丁快乐的心情？（四听主题。四个学生以律动的方式表演打字机上的小字丁）

师：你们觉得哪个同学跳得最好？为什么你觉得他跳得最好？

生：×××的姿态美，动作到位，能合上节拍……

师：好，现在请全体起立，想象自己就是打字机上的一个小字丁。咱们在原地一起来体验一下小字丁的快乐。请每个同学合着音乐的节拍进行表演。（五听主题。全体表演律动）

师：伍老师发现这四个孩子动作很美，能准确地合上节拍，我请他们上台来表现小字丁的快乐。（六听主题。四个学生表演律动）

师：在打字员的办公室里，有很多打字员都在忙碌着，伍老师请所有的孩子都来当打字员，比比哪些打字员打得又好又准确。你想发挥一下，转个圈也是可以的。咱们先来统一一下手势：当你听到铃声的时候，指头——叮；倒机手势——嚓。我来当观众，专门看看哪个打字员和着音乐在打字。（七听主题。全体表演律动）

（采用打击乐器、律动、声势等活动形式引导学生参与音乐体验，引发想象与联想，不断加强学生对音乐主题的理解和记忆）

听辨主题在全曲中出现的次数。

（四）再听全曲

师：谢谢你们的表演，请回到自己的座位上。你们很能干！刚刚你们打出的文件就在伍老师手里，你们想得到吗？（传文件）请你们仔细听一听，刚刚我们听过的这段旋律（手指乐谱）在全曲中一共出现了几次？听见一次咱们就模仿打字，不是这段旋律就停下来。（四听全曲）

师：主题出现了多少次？

生：三次。

师：这三次主题是完全相同还是基本相同？

生：基本相同。

师：对！这三次主题每次出现都在第四句上有一些小小的变化。可是没关系，只要你们这些打字机上的零件看着打字员的指挥，就一定能顺利完成打字任务！好，现在我请这三个组的同学上台，排列成三排。第一次音乐主题出现时，请第一台打字机开始工作，依此类推，第二次音乐主题出现时就该第几台打字机工作了。第三次呢？好，下面的孩子们，请你们仔细聆听，比一比谁能听出主题每次出现时，第四句上的小小变化。准备好了吗？我要开始打字了。（五听全曲。三组同学表演律动）

师：听出第二次的不同了吗？

生：第二次主题出现时，第四句上没有铃声和倒机声。第三次主题出现时只打了三行字。

（加深学生对乐曲的体验和音乐注意力，检测学生对音乐主题的记忆程度）

小
学音乐教师专业能力必修
Xiao Xue Yin Yue Jiao Shi Zhuan Ye Neng Li Bi Xiu

（五）聆听与表现 B 段

师：孩子们，刚才我们表现的是两个 A 段中的主题部分。现在让我们来听一听 B 段音乐有什么特点，它是怎样进行的，我们来画出它的旋律线。（一听 B 段）

生：从高到低，从低到高，像上下楼梯。

师：老师请一个孩子到前面来，和着音乐画出这段音乐的旋律线。

（一学生和着音乐画出 B 段旋律线）

师：画得怎么样？把上楼梯和下楼梯表现出来没有？掌声送给他！这段音乐除了有音高的变化以外，旋律在上行、下行时还有什么变化？

生：还有强弱的变化。

师：我们可真有默契，伍老师画的图谱和你们的回答完全一致。让我们再来感受一次。（贴 B 段图形谱，二听 B 段）

师：这段音乐和快速平稳的 A 段有明显的不同，根据 B 段音乐旋律线的上下行变化，你们觉得在这一段中，打字员又在办公大楼里忙什么？

生：打反义词；把打出的文件送走……

师：很有想象力！你能合着音乐带着大家一起去送文件吗？

（一学生上前带领大家表演送文件）

师：打字员边走边欣赏着自己的作品，爱不释手啊，既然打字员这么满意，心情一定很好，我们能不能在这个地方凸显一下打字员无比得意的心情，可是怎么表现呢？（教师在学生创编的基础上提升动作美感）

师：你可以在这份文件上做点文章吗？

生：摇纸，拍纸，弹纸。

师：这些主意都很好！我们就采用这些办法，和着音乐一起来试试！（指挥手势）注意再干净、整齐一点。（三听 B 段。表演律动）

（听辨 B 段音乐的音高、强弱、旋律走向，在积极体验的状态下充分展开想象，利用手中的文件制造音响效果，表现音乐情绪）

（六）聆听与表现全曲

师：刚才我们对 A 段和 B 段的音乐分别进行了欣赏和表现，现在让我们全班一起来完整连贯地表现一下办公室里一片繁忙的工作景象，怎么样？有信心从头到尾表演一次么？

生：（信心十足地）有！

师：还是请这三组孩子上台扮演打字机的工作情况。请其他孩子当技术高超的打字员，B 段音乐时就请你们上楼下楼送文件。老师也很想参与你们的表演，我和你们（打字员）一组吧。（六听全曲。全班进行完整律动表演）

（七）小结

师：孩子们，你觉得安德森爷爷给我们创作的这首《打字机》有趣吗？安德森爷爷最喜欢用身边的小物品、小动物作为素材来创作音乐，无数的美国小朋友都是透过他那些生动活泼的音乐而开始爱上古典音乐的。最后，伍老师再请大家欣赏一首安德森爷爷的作品《顽皮的小闹钟》（播放音乐）。这是一首很俏皮的音乐，也是我们成都市龙江路小学孩子们的下课铃声。音乐来源于生活，音乐就在我们身边，让我们也踏着这段音乐，开心地离开教室吧！谢谢孩子们的合作！再见！

由四川省成都市龙江路小学伍娜老师执教的音乐课《打字机》具有许多新意和亮点，可以归纳成四句话：教学关系很和谐，教学情境很浓郁，教学方法很适宜，教学效果很精彩。首先，学生的积极性被教师充分地调动了起来，特别是一些男生和她合作得非常投入。我一直有一个观点，音乐课上不能脱离情感，必须用情感的纽带维系音乐课的教学双方，而前提是教师首先把情感纽带抛给学生。这堂课师与生的交流非常流畅，没有障碍，所以学生就非常好地投入到音乐学习之中。第二，教学情境的创设在这节课中处处都有体现，比如课前由于设备临时出了点问题，伍娜老师就请几个学生分别为大家弹奏钢琴，起到了很好的创设教学情境的作用。上课开始，随着《打字机》音乐的响起，孩子们能很快就融进音乐，这就是由于审美心境的创设。欣赏音乐必须有一个良好的心境，才有可能跟音乐产生情感的交流，后面的几个环节也都有这样的考虑和设计在里边。第三点，教师选择了合适的教学方法，在 A 段用的是律动，用几个组解决各乐句的区别；在 B 段用的是图谱，便于记忆上下行旋律以及旋律的变化，并用弹纸的声音解决对 B 段旋律的记忆；接着是 A 段和 B 段的区别比较及 A 段和再现段的细微区别。音乐主题以图谱形式出现是非常恰当的，而且有些图谱是根据学生的特点来进行设计的，这是个很好的方法，反映教师吃透了音乐。提问是教学中一个很重要的问题，这节课的问题设置比较准确，意图明确，有目的性，有选择性，有层次性，能抓住关键，能抓住音乐的核心特点（打字机铃声、倒机声等），如"是什么声音贯穿全曲""这一段和前一段有哪些不同"等，问题的设置能做到这样几点，教学就比较顺畅。这节课教学媒体的使用也很得当，没有视频，没用多媒体，这具有一定的提示作用：当很多学校不具备多媒体条件时，能不能上一堂好的音乐课？第四点，这是一堂很好的欣赏课，教学效果显著，特别是教师设计的音乐律动表演独具一格，非常好地表现了音乐内在的情绪和内容，换句话说，视觉和听觉是统一的，给人带来很好的艺术享受。这节课，带有很大的观赏性，甚至排练好了可以成为一个"音乐律动表演《打字机》"的节目。

二、按教学内容分类的音乐教学方法

按教学内容分类，音乐教学方法主要有：欣赏教学法、唱歌教学法、器乐教学法、创作教学法以及其他有关内容的教学法等。

1. 欣赏教学法

（1）聆听法。音乐是听觉艺术，聆听音乐自然就是欣赏教学中最基本的方法。首先是要多听，要体现以听为主、以讲为辅的原则。"多听"是欣赏教学的关键要素，是一切音乐欣赏活动的基础和前提。欣赏教学的每个环节都离不开听，不仅要有初听、复听，还要有整体听、分段听等。也就是说，"多听"遵循了听觉艺术的感知规律，突出了音乐学科的基本特点。另一方面，在欣赏教学中教师应该少讲、精讲，特别是要避免过细地解释音乐。音乐音响的非语义性特征决定了音乐教师不能对音乐作品进行过多讲解，因为音乐与语言和概念不同，它的意义是非概念性的，内容是不确定性的，而这种非概念性或不确定性源于欣赏主体经验的差异，因为由音乐表现或激发的情绪是确定的，但这种确定的情绪运动形式对不同的人来说可能是由对不同事物所持的态度产生的，所以情绪运动着的人们会在各自的经验中寻找或回忆引起类似情绪运动的事物，这样，确定的音乐情绪也就产生了不确定的音乐内容。实际上，再高明的语言都不如音乐本身更能打动人的心灵、震撼人的魂魄，解释音乐的做法等于教师代替学生欣赏音乐，使学生失去了审美主体的地位和体验音乐的机会，抑制了学生想象力的发挥。欣赏教学在一定程度上是"只可意会，不可言传"的过程，是一种离不开学习者亲自体验的过程，因此欣赏教学在许多情况下是不能通过讲授的方式来进行的，正确的方式只能是多聆听、少讲解，多意会、少言传。在欣赏教学过程中，教师的语言应以描述为主，目的是创设审美情境，渲染艺术氛围，引导和诱发学生积极地参与音乐欣赏体验。

（2）想象与联想法。音乐是一种非语义的信息，是一种不具象的艺术，音乐的这种自由性、模糊性和不确定性特征给学生对音乐的感受、体验与理解提供了想象、联想的广阔空间。音乐的这一特质，使欣赏教学在发展孩子们的想象力、创造力方面表现出了极大的优势，因此，教师应该在欣赏教学中运用各种手段来促进学生的想象与联想。对于每一个孩子来说，想象与联想几乎是一种天生的本能，当孩子来到这个世界，置身于丰富多彩、色彩斑斓的人类环境，便有无数个问号和"为什么"在他们的心中萌生：天为什么是蓝的？雨为什么从天上掉下来？鱼儿为什么要生活在水里？飞机为什么能在空中飞？爸爸为什么会长胡子？我的身体为什么同小妹妹的不一样……正如美国哲学家马修斯在其《哲学与幼童》一书里写的一样，孩子们的"问号"几乎包含了哲学探索的所有问题。孩子的好奇心，是他们勃勃的生命力的表现，是人类生存、成长、发展的源泉，当然也是欣赏教学的重要资源。如果教师引导适宜，孩子们便会在描绘性、情节性音乐中产生生动联想，便会在音响感知与情感体验中进行丰富想象，便会在寻求音乐各种问题的过程中生动地编唱一首歌，编讲一个故事，画一幅画，跳一段舞，把他们的音乐经验寄托在其创造的"作品"里，在依据音乐音响的想象与联想中，狮子成了人的伙伴，大海里隐藏着一个蓝色的宫殿，稻草人和麻雀开始对话，星星在眨眼，月亮在梳妆，鸭子在吵架……

（3）唱奏音乐主题法。音乐主题是音乐作品的灵魂，给听者以深刻印象，记住了主题便不会忘记聆听过的音乐作品，长此以往就会形成音乐积累和经验。对于学生来说，音乐欣赏学习主要是一种内心体验，而没有亲身参与音乐活动的人是不可能获得这样一种体验的。所以，音乐欣赏教学过程应是一个在教师启发和指导下学生主动参与体验音乐的过程，没有学生的主体参与，就不会有真正意义上的音乐欣赏教学。学生只是被动地听是不行的，教师应积极引导学生对所听音乐作出反应：语言反应（对音乐进行描述），身体反应（运用动作表现音乐），内心反应（内在音乐体验）等。而在学生各种各样的参与中，唱奏和熟记音乐主题应该是最为重要的活动。当然，如果在唱奏和熟记音乐主题的基础上，能够进一步熟悉和唱奏音乐的片段，则是更好的一种欣赏教学方法。

（4）其他辅助欣赏的方法。在聆听音乐的过程中，有许多辅助欣赏的方法，如利用乐谱（图形谱、简谱、五线谱）与音响对照欣赏，利用教具（如乐器）进行比较直观的欣赏，利用视听媒体进行声像结合的欣赏等。此外，还可以利用节奏、律动、表演等形式来配合对音乐音响的感受与欣赏，利用线条、色彩、图画、诗歌、散文来表达对音乐音响的体验和理解。

案例 27

欣赏课《匈牙利舞曲（第五号）》教学设计

一、教学目标

1. 听赏《匈牙利舞曲（第五号）》。通过分段聆听、律动参与、听辨游戏、编配歌词等，感受乐曲热烈奔放的情绪，感受世界名曲的不朽魅力。

2. 了解匈牙利舞曲在速度和力度上的特点，初步分辨三部曲式的音乐结构，体会音乐速度、力度、节奏、音区等要素对音乐情绪的作用，能够记忆乐曲主题。

二、教学方法

整节课的听赏程序是：整体聆听——分段赏析——整体复听。在初次整体聆听时，让学生提出需要知道的问题，调动学生的主体学习意识，同时潜移默化地培养他们的音乐生活情趣；分段赏析过程中，利用聆听、分析音乐要素、演唱音乐主题、分辨乐句、配声势、肢体参与等手段，充分调动学生的听觉思维，发展他们的音乐听觉能力、记忆能力和感受能力；在最后的整体聆听环节中，引导学生分辨乐曲的三部曲式，加强学生对音乐的感受和理解。最后，找到课前预设问题的答案，加深对本曲的感受和记忆，最终让学生在发展音乐听觉思维方面和感受理解音乐方面有所收获。

三、教学过程

（一）导入

阶段性目标：以聊天的方式自然导入，引导学生初次完整视听作品，初步感受乐曲的整体情绪，要求学生自主提出问题，带着问题听音乐。

1. 观看乐曲的演奏录像（视、听结合，增强对音乐的感受）。

提问：你们听过音乐会吗？谁能告诉大家听音乐会时应该注意什么呢？

过渡语：你们真是合格的小观众！老师还要补充一点，每个节目演出结束的时候，要以热烈的掌声表示对演员的尊敬。今天老师就请你们观看一段音乐会的录像。（播放视频《匈牙利舞曲（第五号）》）

2. 学生提出问题（引导学生带着问题欣赏音乐）。

提问：（当音乐结束时，引导学生鼓掌）你们真是文明的小观众！关于这首乐曲，你们都想知道些什么呢？

生：……

过渡语：你们想知道这些啊，老师也想问你们一些问题，咱们看看都有哪些问题呢。（出示问题，教师读）最后，老师还想听听你们能不能唱出一段乐曲的主题呢？

好！就让我们带着这些问题走进世界名曲《匈牙利舞曲（第五号）》。

（二）分段欣赏

阶段目标：通过随乐曲做声势，分析乐曲的节奏、旋律特点，视唱旋律等方法帮助学生记忆旋律，体会音乐热烈、奔放的情绪。

1. 听第一主题（感受音乐情绪并演唱主题）。

过渡语：咱们先来听一段音乐，看看你们能不能听出它是什么情绪的？（播放第一部分第一主题，学生听后回答问题）

过渡语：同学们对音乐的感受很准确，这段旋律的情绪是热烈、奔放的。（出示幻灯）为什么会有这样的情绪呢？

学生可能回答：音乐快，有力量等。

过渡语：这段旋律除了音乐的速度快、力度强之外，在旋律上还很有特点，我们来认识一下这段旋律的开始部分，老师先弹一遍，你们看着谱子熟悉一下旋律。（教师出示乐谱 A 段 a 并弹奏一遍）

学生看谱听教师弹奏。

过渡语：（教师提示♯5 和十六分音符的节奏及演唱要求）同学们，你们都看清了吧？现在老师把速度放慢，请你们跟着老师的琴，手打着节拍，用"啦"来小声地跟唱一遍。请注意坐姿。

学生视唱，老师纠正可能出现的问题，例如：♯5 的准确性；十六分音符的时值的平均性。

过渡语：现在，我们把这个主题完整地唱一遍，能唱唱名的同学就用唱名唱，不能唱唱名的还用"啦"唱。（如果再有问题，教师还要纠正）

提问：（出示没有附点音符的旋律）现在，咱们用同样的速度来唱一唱这条旋律，跟上面那条旋律比有什么不同的感受？为什么？

学生视唱并回答。

过渡语：是这样吗？我也来试试……（教师打着拍子唱，先唱没有附点的旋律，再唱有附点的旋律）是不一样！老师感觉加了附点的旋律，音乐有一种向前推动的感觉，像划船似的，咱们用这个动作体验一下。（学生在教师的伴奏下做动作体验音乐的情绪）

2. 听第二主题（感受音乐速度和力度的变化）。

过渡语：下面这段音乐的情绪要比刚才的旋律更加热烈奔放了，你能听出为什么吗？（不让学生看乐谱）

学生欣赏第二主题并可能回答：音高了，音重了等。

过渡语：（出示第二主题乐谱）是的，这段音区高了，个别音有重音记号，还有切分节奏，咱们再听一遍，体验一下。

过渡语：以上我们欣赏的就是乐曲的第一部分的两个主题，现在请同学们完整地欣赏第一部分。注意，听的时候，看老师做了什么？（老师随音乐按固定声势拍手，当速度变化的时候停止声势，只用点手心的方式随音乐节拍点手）

提问：我是整段乐曲都拍手了吗？当音乐发生什么变化的时候，老师不拍了？

过渡语：是的，当音乐变弱、变慢时我就不拍了，但音乐还在我手心里呢！……你们也来拍拍？（出示幻灯，伴奏图形谱）老师是用这样的节奏型来为音乐伴奏的！你们先练一遍。一会儿用这个节奏型为音乐伴奏。（出示反复记号）但是千万别忘了那段特殊的地方啊！（9～12小节的旋律不配声势）

过渡语：真不错，音乐的快慢、情绪都在你们的小手掌里了！为了奖励你们，老师跟你们做个游戏！

3. 记忆主题（通过听音排序的游戏记忆主题）。

过渡语：老师这里有四条旋律，可是顺序被打乱了，你们的任务是帮老师排顺序！谁愿意来？下面的同学都是裁判，看看他们排得对不对！（请四名同学到前面，分别拿一条旋律）

提问：同学们，老师这四条旋律的颜色是不一样的，谁能发现有什么规律吗？

教师出示四条旋律（不按照顺序）。

```
1.  i5  55 | 54 32 | 1  1 |
2.  3   4 | 5  5 | 54  32 | ii 1 |
3.  i5  55 | 54 34 | 5  5 |
4.  3   4 | 3  2 | 33  44 | 5i 5 |
```

过渡语：现在咱们要排序了啊！当听到"i5 55"的时候，你们的眼睛就要往绿色里面找，当听到"3 4"的时候，你们的眼睛就要往黄色里找。（教师按统一速度弹奏）

前面的四位同学，当听到你的乐句出现的时候，就要出列站到你相应的位置上，顺序是从左到右依次排列。好，开始！（教师按统一速度弹奏）

学生按老师弹奏的顺序排列。

过渡语：我们来检验一下（出示幻灯，四句旋律的顺序为 3、1、4、2）都正确了！让我们用掌声鼓励他们。现在请大家对应着谱子再唱一遍。

过渡语：这段音乐就是乐曲的第二部分，咱们来听一听乐队演奏的，听完了谁能说说，这部分音乐在速度、力度上最大的特点是什么？并且思考第二部分的这四句旋律是怎样出现的？（放音乐）

过渡语：速度时快时慢，力度还时强时弱……你们的感受很准确，这就是匈牙利舞曲的特点。你们回忆一下，乐曲的第一部分是不是也有这样的特点呢？（教师做轻轻拍手的动作提示）

提问：同学们，这四句旋律是怎样出现的？

学生回答：反复出现。

过渡语：对！它是反复出现的，我们来唱一唱。（幻灯出示歌谱）

学生视唱旋律。

4. 为主题填词演唱，并随音乐舞蹈（用歌唱、律动感受音乐）。

过渡语：为了表现这段轻快、活泼的旋律，我填了一段歌词，我给你们唱唱，听听怎么样。（教师范唱：啦啦啦啦，我们一起唱歌，啦啦啦啦，我们一起跳舞。啦啦啦啦，我想请你跳个舞，啦啦啦啦，我们一起跳个舞）你们也来唱一唱吧。

学生演唱（教师根据情况纠正）。

过渡语：我觉得只有演唱还不够表现乐曲的欢乐气氛，既然是舞曲就应该有音乐还有舞蹈。这回你们唱，老师为你们伴舞！

提问：我可不是随便跳的，我的动作和音乐有密切关系的，谁能发现？

过渡语：对了，舞蹈动作的节奏和音乐的节奏是相吻合的。

学生随老师学舞。

（三）整体听赏

阶段目标：以聆听为基础，利用随乐配声势、肢体律动来表现乐曲，通过随乐举牌示意，听辨乐曲曲式结构，加深对乐曲的感受与理解。

1. 完整欣赏乐曲（分辨乐曲的结构）。

过渡语：你们的舞蹈跳得真棒，老师送给你们掌声！刚才我们打着节奏欣赏了音乐的第一部分，又跳着舞感受了音乐的第二部分。现在，咱们把音乐完整地听一遍。你可以边听边回忆我们刚才的动作，但是不要出声音，同时思考音乐有几部分。（放全曲）

学生听全曲，听后回答。（可能有多种答案，最后教师公布正确答案：三部分）

2. 再次完整聆听乐曲（在音响实践中分辨音乐段落，发展听觉思维）。

过渡语：分三部分的同学都很高兴，但是，你分的和我是不是一样呢？现在我要检验一下。我为你们准备了几张卡片，听到一部分，你就举起一张，再听到一部分就再举起一张（教师同时用没有颜色的纸做示范），看你们能不能同时和老师举起，最后三张卡片这样呈现在我的面前（教师示范）。

注意！老师给了两张红色卡片，一张绿卡片和一张黄卡片。音乐中有没有相似段落呢？如果有，你就要用相同的颜色来表示。卡片可以随音乐轻轻摆动。好，拿起卡片（放音乐）。

学生边听边随音乐举出卡片。

过渡语：我看到了，很多同学都能同时和老师举起卡片，但是颜色不一样。为什么呢？乐曲是三部分，第三部分和第一部分相似，所以用相同的颜色卡片。

（四）作曲家介绍

阶段目标：通过了解音乐家的生平和乐曲的创作背景，加深对乐曲的理解。

过渡语：现在，我要隆重地向你们介绍一个人，（幻灯）他就是这首乐曲的作者——勃拉姆斯。你们猜猜他是哪国人？（学生：……）勃拉姆斯是德国人，那为什么德国人却要写一首"匈牙利舞曲"呢？

配乐讲解：（背景小声播放本曲的口琴版）勃拉姆斯生于德国一个乐师家庭，当他在维也纳时，对当地的吉卜赛音乐非常感兴趣。吉卜赛是个有悠久浪漫史的民族，由于受迫害从一个国家流浪到另一个国家，最后在匈牙利找到了避难所。吉卜赛音乐热情洋溢，自由浪漫，他们的音乐也被融为匈牙利的民族、民间音乐，因此勃拉姆斯把他根据吉卜赛音乐创作的乐曲称为——《〈匈牙利舞曲〉集》，一共有21首，今天我们听到的是第5首。

（五）检测

阶段目标：通过引导学生们回答上课开始时的问题，进一步理解音乐，同时培养学生的问题解决意识。

过渡语：同学们，我们上课开始提出的问题都找到答案了吗？老师现在出示问题，请你们抢答。

曲名：……

作者、国籍：……

乐曲分几部分：……

匈牙利舞曲速度、力度的特点：……

乐曲的情绪：……

请同学们哼唱一个主题：……（指二三名学生哼唱他们记忆最深的主题）

总结语：同学们，今天我们欣赏了德国作曲家勃拉姆斯创作的《匈牙利舞曲（第五号）》，了解了这首乐曲在速度、力度上的音乐特点，这首乐曲最初创作的时候，是一首钢琴四手联弹曲，今天我们欣赏的是由管弦乐队演奏的。《匈牙利舞曲》一共有21首，我们今天欣赏的是第5首，同学们可以在课下找找其他的匈牙利舞曲，把它们带到课堂上，我们一起分享。

上例是一个欣赏课型的教学设计。应该说，该设计基本体现了欣赏教学的一般方法，比如重视聆听音乐，教学过程中有初听、复听、整体听、分段听等，体现了以听为主、以讲为辅的原则。而教师的语言也多以描述性为主，既提出了问题，又创设了审美情境并渲染了艺术氛围，有利于引导和诱发学生积极地参与音乐欣赏体验。同时，设计中还注意了学生对音乐活动的参与，包括唱、记音乐主题和运用形体动作表现对音乐的反应，对小学音乐教学来说，这是很不错的一种欣赏教学方法。

2. 唱歌教学法

（1）听唱法。在唱歌教学中，学生在逐句聆听范唱、范奏的基础上进行逐句模仿的方法称为听唱法。听唱法一般有三种形式：一是教师范唱，学生模唱；二是教师以乐器范奏，学生模唱；三是学生通过聆听他人（光盘、磁带等）的演唱进行模唱。在唱歌教学过程中，上述三种形式往往会结合使用，以获得更好的教学效果。歌唱是人类最本能的音乐表现手段，而听唱则是歌唱最自然的学习方式。因此，在唱歌教学中，运用听唱的形式，引导学生积极体验歌曲意境，把握音乐特征，以自然的声音、自信的心态、自如的表情进行演唱乃是音乐教师首选的方法。实际上，小学生课外学会许多歌曲，也主要是通过听唱的方式，教师对此应予以重视和关注。为了更好地表现音乐情感，帮助学生掌握一定的唱歌基本技能是必要的，如正确的呼吸方法、发声及咬字吐字方面的练习等，都可以通过听唱后模仿的方式进行。

（2）视唱法。在唱歌教学中，学生依据乐谱通过视唱学习歌曲的方法称为视唱法。视唱法主要有两种形式：一种是先视唱歌谱，后视唱歌词；另一种是直接视谱唱词。视唱法还可以同听唱法结合，如通过听唱学会歌词后再视唱歌谱。一般，视唱法需要学生积累一定的音乐知识和经验后，具备了识读乐谱的基础才可以使用。如果不顾学生的条件随意运用此方法，不仅效果不好，还容易造成学生对乐谱的畏难心理。在教学中应避免使用专业歌唱训练的方式，不要对学生歌唱技巧提出过高要求，要合理运用听唱和视唱两种方法，使其互补，相得益彰。

案例 28

唱歌课《这是什么》教学设计

一、教学目标

能感受到歌曲中欢快活泼的情绪，分辨出歌曲中不同的节奏音型和旋律走向，用自然柔和的声音正确地进行演唱或背唱。乐意参与音乐实践活动，能以对唱的方式即兴创编歌词，提升对时间的认识。

二、教学过程

（一）导课

1. 猜谜语。

老师范唱歌曲片断：会走没有腿，会说没有嘴……

学生揭谜底——小闹钟。

2. 解惑。

（1）提问："会说没有嘴"，没有嘴怎么说话？

活动：引导学生模仿钟表摆动时所发出的声音：

滴　答　滴　答，叮____，咚—

教师在此基础上与学生进行合作范唱（二声部）。

（2）提问（唱）："会走没有腿"，没有腿怎么走路？

活动：引导学生模仿钟表摆动的节奏：

X　X　X　X，X　X，X　—

教师在此基础上再次进行范唱，加深学生对歌曲旋律的印象。

揭示课题：《这是什么》（出示歌谱）。

（二）新授

1. 聆听歌曲，教师在歌声中带领学生律动，熟悉歌曲的旋律。

2. 引导学生熟悉歌词，并朗读歌词，发现节奏规律。

3. 第一次用钢琴带唱的形式练唱歌曲（注意放慢速度），发现学生在学唱歌曲过程中的难点部分。

4. 以手势带唱的方式解决歌曲中的难点问题。

50　50｜5　—｜；　　20　20｜5　—｜

（1）让学生辨听、唱准第一句和第二句句末不同的旋律走向。

（2）唱好歌曲末句中的附点节奏。

5.5　6　5｜……｜1.1　6　5｜……｜5.3　2　5｜……

5. 鼓励学生以多种形式演唱歌曲，或个人独立演唱，或以小组接龙的形式演唱，检验学习效果。

6. 再次聆听、演唱歌曲，加深对歌词、旋律的记忆。

（三）拓展

1. 用打击乐器引导学生感受音的长短。

（1）请学生分别敲击双响筒、碰铃，感受其不同的发音特点（长短）。

（2）启发学生用这两件乐器表现钟表摆动的不同音响。

（X　X　X　X　X　—）

滴答　　滴答　当

（3）请个别学生指挥全体同学模拟打击乐的敲击动作，分组合作演奏。

2. 以师生对唱的方式即兴创编歌词。

问：嘀嗒　嘀嗒｜嘀嗒　嘀嗒｜几　点｜钟　—｜

答：嘀嗒　嘀嗒｜嘀嗒　嘀嗒｜（　）点｜钟　—｜

问：你在　做什　么？

答：我们　在唱　歌……

3. 聆听《在钟表店里》（片断），听辨出其中不同的闹钟铃声，并用肢体语言参与表现。

（四）评价

1. 教师手持小闹钟，让大家聆听时钟"滴答"声（说）："听！滴答、滴答，时间一分一秒地过去了，我们的音乐课也快结束了，老师虽然不能留住时间的脚步，但我很想留住同学们的歌声，我想把你们美妙的歌声录下来，珍藏在老师的记忆中。"

2. 学生完整演唱歌曲，反馈学习效果。

3. 学生以自评、他评等多种方式小结本节课的收获与感想。

上述课例在教学方法设计上体现了一些特点：导课部分开门见山，以"唱"谜语的形式直接带学生进入音乐，引导学生从生活经验中寻找钟表不同的节奏音响，师生以合作的方式呈现歌曲。在新授部分，通过聆听、模仿、比较、表现的方式引导学生逐步学会歌曲，理解音的高低、长短及速度的快慢等音乐要素的变化。拓展部分用双响筒、碰铃两件打击乐器启发学生感受音的长短，表现"钟表"走动的声音，培养学生即兴创编的能力，以另一首有关钟表的器乐作品来拓宽学生的音乐视野，提高学生的听辨能力。

3. 器乐教学法

（1）课堂乐器法。课堂乐器法是指适用于中小学课堂教学的某些乐器的演奏方法，如打击乐、节奏乐、竖笛、口琴、口风琴和电子琴等。课堂乐器的共同特点是构造简单，易于演奏，比较容易获得良好的音准和音色，适合儿童学习。每一种课堂乐器都有基本的演奏方法与技能要求，诸如正确的演奏姿势、气息控制、手形、指法等，这些都要在器乐教学中首先解决。也就是说，要进行器乐教学，首先需要学生会演奏某种乐器，因此课堂乐器学习和训练是器乐教学的基础与前提。需要指出的是，对这部分内容的学习不必追求专业化，更不能进行机械、枯燥的训练，而应适当地融合在简单易奏的乐曲中进行。

（2）演奏教学法。演奏乐器是学生表现音乐的重要手段，喜欢乐器并尝试进行演奏学习，是大多数学生的愿望。在具体教学中，培养学生乐于参加各种演奏活动，养成良好的演奏习惯应是第一位的任务。因为只有这样，学生的演奏兴趣才能形成，通过演奏的方式达到情感表现的目的才能实现。因此，在演奏教学中，降低技术难度、增强艺术体验与积累并加强同演唱的联系，应成为演奏教学的突出内容。此外，要重视合奏教学，使学生了解声部，明确自己所承担声部的责任，逐步养成良好的合奏能力与群体意识。还应注意引导学生对自己和他人的演奏进行适当评价与交流，以不断提高演奏教学的质量和水平。

案例 29

器乐课《我们喜爱的乐器》教学设计

一、教学目标

了解乐器的名称和形状，能够听辨部分乐器的音色，能够模仿乐器演奏。对乐器

127

产生兴趣，能够喜爱乐器，为学习乐器演奏打下良好基础。

二、教学过程

（一）导入新课

1. 进场：学生手持教师设计的音乐会门票对号入座。

2. 引言：今天，我请同学们来欣赏一场特殊的音乐会，特殊在哪儿？下课前请你们来总结。

3. 导语：日前我从《音乐周报》上看到一则消息：自从1998年中国中央民族乐团率先叩开维也纳金色大厅之门以后，每年春节的中国民族音乐会成了当地的一道风景，演出场场爆满，连站票也被卖得一张不剩。今天，我们就一起去聆听、探究这些让外国人如此心动的中国民族音乐。

（二）自主学习

1. 回忆学过的拉弦乐器和吹奏乐器。

2. 播放民乐合奏《花好月圆》，请学生听辨其中的演奏乐器。

3. 出示民族乐器图，请学生说说想知道些什么，学会些什么。教师把学生的想法归纳如下：了解乐器的名称和起源，知道乐器的外型和构造，听辨乐器的音色，模仿演奏乐器。

4. 分组制订学习目标：了解一种自己喜欢的民族乐器。

5. 选择相同乐器的同学安排在同组学习，互相交流。

（三）展示成果

1. 召开"民族乐器展示会"，检验学生小组学习的能力和效果。

2. 小组推荐或自荐上台展示一种乐器。

（四）听辨乐器

1. 做"听音乐猜乐器"的交互游戏，练习听辨乐器的音色。

2. 小组听辨比赛。

3. 自己设计一种情景，选择合适的民乐曲做背景音乐。

（五）学后感受

1. 学了这节乐器课你有什么感受？你认为本课学习最大的收获是什么？

2. 你准备选择什么乐器参加演奏课的学习？

这是一节民族乐器欣赏与演奏教学结合的课例设计，目的是使学生在了解民族乐器的名称、形状、音色等特点的基础上，对乐器产生兴趣，能够喜爱乐器，为学习乐器演奏打下良好基础。

从教学方法来看，本课在新课程"自主、探究、合作"精神的指导下，采用了小组探究学习的手段，沿着"学生提出学习目标→自主选择学习任务→小组探究合作学习→展示学习成果活动→交互游戏巩固练习→留下空间探索延伸"的教学思路，把关注点转向学生学习的方法与过程以及情感、态度和价值观上。特别是把重点放在改变教学方式和激发学生的学习兴趣上，为学生创设了一个生活化的学习情境，给学生以充裕的探究时间与空间，让学生自己提出学习目标、自主选择学习主题、自由寻找合作的伙伴，学习的主动性得到有效的开发，学生的主体地位得以充分的体现。这样，即使老教材也能上出新意来。乐器欣赏和演奏在小学占有一定的比例，这种教学设计比较适合高年级学生。

本课设计的不足，是缺乏一个介绍适合学生集体演奏的乐器的环节，如课标上规定的各种打击乐器、竖笛、口风琴、口琴、电子琴等。这样，本课作为演奏教学的目的性就会更突出一些。

4. 创作教学法

（1）音响探索法。这是对各种声音的音乐属性的一种探索性学习方法。例如，运用人声、乐器声或其他音源模仿或表现自然界中的声音（风声、雨声、雷声、流水声、海啸声、鸟叫虫鸣声、野兽吼叫声等）；运用人声、乐器声或其他音源模仿或表现生活中的声音（火车、汽车、轮船等交通工具的开动与鸣笛声，鸡、鸭、马、牛、羊、狗等家禽家畜的走跑和鸣叫声，房屋里的钟表、电话、门铃的声音以及厨房里切菜、烹调的声音，工厂机器的轰鸣声、学校的读书声、军营里面的操练声等）；运用人声、乐器声或其他音源探索声音的强弱、音色、长短和高低；自制简易乐器（如利用空易拉罐、瓶盖、筷子、竹筒、水杯等自制打击乐器）。

（2）即兴创作法。这是在创作教学中以现场即兴的方式进行创编表演的方法。包括：创编表演动作——在学习歌曲的同时或学会歌曲以后，启发引导学生依据歌曲的主题、情绪、意境即兴创编适当的表演动作，以律动、歌表演、集体舞等形式表现歌曲，以增强歌曲演唱的艺术表现力。创编音乐故事、游戏——运用人声、乐器和其他音源以及各种音乐表现形式创编带有情节的故事或游戏，也可以选择一些有趣的故事或音乐性较强的游戏，启发引导学生为其编配合适的音乐。创编歌词——聆听一段音乐或学唱一首歌曲以后即兴为其编词或填词，以丰富音乐表现，增加歌曲的情趣，锻炼和发展学生的创造性思维与潜能。创编节奏——采用"节奏问答""节奏接龙""节奏重组"等形式即兴进行。创编旋律——采用"旋律问答""旋律接龙""乐句填空""即兴模仿"等形式进行，如教师唱出或奏出旋律上句，由学生接唱下句；教师唱出或奏出一个不完整的乐句，然后由学生补充完成；教师唱出或奏出一个乐句后，学生即兴进行同向或反向的模仿等。即兴创作，关键在于即兴。在具体的教学中，教师不必过于拘泥于形式和看重结果，主要目标应放在培养和锻炼学生的创造意识方面。

（3）创作实践法。创作实践是运用各种资源和材料进行音乐创作实践练习并获得相应成果的方法。例如，运用线条、色块、图形记录音乐，运用乐谱创作节奏短句，运用乐谱创作旋律短句，运用已学音乐知识为歌曲选编前奏或间奏，运用电脑创编音乐等。创作实践法是一个具有基础音乐教育体系特征的新方法，同专业音乐教育领域中的"作曲"有着根本的区别。创作实践法的特点是，经过构思运用一定手段（线条、色块、图形、乐谱）进行的音乐创作活动，尤其是学习结果体现为文本形式（如2～4小节节奏或旋律短句），其创作过程包含对音乐的记录过程。但是，其学习过程虽然融入音乐构思、记谱的方式，同作曲很相似，但由于其目的性并不在于文本的水平如何，更主要是引导学生进行创作体验，提高创造意识，挖掘创造潜能，因此，这同专业音乐创作注重作曲水准的方式具有根本的区别。

案例30

创作课《春天回旋曲》的教学设计

一、教学目标

（一）感受及创作多声部音乐。在潜移默化中，加深对生活与自然的热爱。

（二）通过创作，复习巩固二分、四分、八分、十六分节奏，并学会综合运用。

（三）了解回旋曲式结构特点。

二、教学重点

（一）多声部音乐的创作与速度、力度等音乐要素的变化。

（二）引导学生在熟悉的生活例子中发现节奏，在创作中体验大自然的美妙的音响带给我们的愉悦情感。

三、教学过程

（一）《春天的回忆》——"春"主题歌曲大联唱

师：今天我们要举行一个"春之声"歌曲大联唱活动，复习我们1～3年级以来学过的有关春天的歌曲，请大家仔细听，认真回忆这些歌曲的名字，并留意这些歌曲是按什么顺序出现的。老师先告诉大家第一首歌曲是我们二年级时学过的《郊游》，请大家在听到这首歌曲的时候，起立踏步，并自编动作进行表演，当听到其他歌曲时，坐下演唱。

律动音乐：《郊游》《小雨沙沙》《布谷》《春天举行音乐会》。

（二）《春姑娘交响曲》——多声部节奏创作

1. 欣赏一组"春天美景"图（由本班学生创作）。

导入：今天老师将和同学们一同去郊游，寻找春天，用小朋友们的眼睛去发现美丽的春景，用耳朵去倾听大自然美妙的音响。并借助我们丰富的想象去表现春天……老师带来了几幅由我们班的小画家创作的春景图，请大家欣赏。

2. 创作声势节奏。

根据所要表现的事物特点，选用"×，$\underline{X}$，$\underline{\underline{X}}$，×—"这些音符把看到的春景用有节奏的声音表现出来。

根据乐器的音色特点选择合适的打击乐器来表现春天的事物。（自制的易拉罐沙球、塑料袋、小凳、筷子、报纸等）

2/4

春雨（　　）　　|　　‖

春风（　　）　　　|　　　‖

春雷（　　）　　　|　　　‖

春水（　　）　　　|　　　‖

学生自由组合，在组长的组织下分好工：每人扮演一种角色，选择合适的乐器，选用合适的节奏表现。讨论结束后：先按顺序一个个来表演，再同时进行表演。

3. 展示合作成果。

小组进行现场展示，集体评价，选择一种大家都较喜欢的或较简单的方案作为集体练习的谱子。由学生口述，教师在实物展示台上记节奏谱。

4. 集体练习。

四大组分工：第1组扮演春雨；第2组扮演春风；第3组扮演春雷；第4组扮演春水。

5. 深入提高。

思考——雨渐渐停了，风渐渐小了……力度，速度该作怎样的变化以表现这一情景呢？（作渐强、渐弱的变化练习）

（三）《报春鸟之歌》——二声部旋律创作

导入：春天悄悄地来到了我们身边，又是谁最先发现并用她美妙的歌声向人们传达了这一讯息？

1. 聆听《杜鹃圆舞曲》片段，说说你听到了什么？听辨是几拍子的乐曲？

2. 旋律探索：用口风琴模仿布谷鸟的叫声。

选用 F 调的五度以内的音，按给定节奏型 X　X　0 | X　X　0 | 创作布谷鸟的叫声。

3. 旋律填空练习。

启发导入：两只布谷鸟在枝头互相打招呼，而后似乎一起用歌声向人们报告"春天来了"，请根据歌词的节奏把《报春鸟之歌》的曲谱填写完整。（用 F 调的 do、mi、sol 三个音创作）

学生在口风琴上自由探索，并把创作结果写在记谱纸上，然后请同桌帮忙演唱，自己演奏创作成果，之后俩人交换。

学生反馈创作结果，教师用实物展示台展示学生的作品。

学生的现场反馈可能有两种情况：

一是形成单声部旋律，引导孩子们感觉在这段音乐中使用"do、re、mi、fa、sol"中的哪个音会比较有结束感。

二是孩子们的作品中有三度音程作品，如："5　3　3 | 3—　—‖"

"3　1　1 | 1—　—‖"或"5　5　5 | 3—　—‖""3　3　3 | 1—　—‖"之类的作品，老师就把它组合成二声部让学生集体练习。（如果改个音就能形成二声部，教师不妨先对学生的作品加以肯定，然后做下修改以二声部形式递交给全体学生练习）

4. 集体练习。

第 1 组、第 2 组分别担任第一声部演奏、演唱，第 3 组、第 4 组分别担任第二声部演奏、演唱。

（四）《春天回旋曲》创作

1. 板书表演顺序。

嘀哩嘀哩→春姑娘交响曲→嘀哩嘀哩→报春鸟之歌→嘀哩嘀哩。

2. 按结构表演《春天回旋曲》。主部的歌曲集体演唱（第三段），插部部分分组表演。

（五）小结

刚才大家一起共演唱了几次"嘀哩嘀哩"？其中穿插了几次不同的表演？这种相同与不同的音乐按什么顺序出现？不经意间我们已创作了一个精彩的《春天回旋曲》，我们一起演唱的歌曲《嘀哩嘀哩》共出现了 3 次叫主部，分组表演的部分叫插部，具有这样结构的曲子就叫回旋曲。

这是一个很有想法的创作实践教学设计，以春天为主题，通过创作节奏、旋律为学生的创作积累素材后，最后完成回旋曲的创作。教学过程中，首先进行《春姑娘交响曲》——多声部的节奏创作，这个环节的设计意图是通过节奏的创作达到复习四分音符、八分音符、二分音符和巩固新学的十六分音符的目的，以提高综合运用的能力；通过选择合适的打击乐器，提高学生分辨音色的能力；通过力度速度的变化练习，让学生在实践中体验音乐要素在音乐表现中的作用。在节奏创作的基础上，进一步进行《报春鸟》之歌——二声部的旋律创作，这一环节的设计意图是通过聆听《杜鹃圆舞曲》，帮助学生积累创作素材，为《春天回旋曲》的创作做准备。其中，选用 F 调进行创作，目的是帮助学生熟悉口风琴 F 调各音的位置，配合《春天回旋曲》的创作，而探索布谷鸟叫声的环节，很好地激发了学生的创作欲望。最后，师生进行《春天回旋曲》的创作，按《嘀哩嘀哩》——《春姑娘交响曲》——《嘀哩嘀哩》——《报春鸟之歌》——《嘀哩嘀哩》的结构进行表演。

从上例来看，虽然涉及"回旋曲"这样一个比较复杂的曲式内容，对小学音乐教学来说会有一定难度，但从设计来看，这并不是从专业概念出发的严格意义上的回旋曲音乐创作。设计者巧妙地借助了回旋曲结构形式，安排了适合小学生学习的音乐创作实践内容：一共四次演唱《嘀哩嘀哩》（主部），其中穿插了三次不同的音乐表演（插部）。在不经意间教师已引导学生创作了一个精彩的《春天回旋曲》，这种灵活的、具有较强针对性的创作实践教学是值得倡导的。

三、按教学方式分类的音乐教学方法

按教学方式分类，音乐的教学方法主要有：情境法、游戏法、演示法、谈话法、讲授法、练习法等。

1. 情境法

情境法是教师根据教学的需要为学生创设的一种生动、具体、形象的学习情境，使之产生身临其境之感，从而激发学生的学习兴趣并引发学生相应的情感态度来促进音乐学习的教学方法。如音乐教室环境的情境创设、整体布置应优雅和艺术化，座位的安排与乐器的摆设应富有新意，诱人遐想，并利于小组交流与活动，歌片、挂图应具有视觉欣赏的意义，其他音乐教学手段（多媒体、录像、幻灯等）的运用无不应遵循努力创设一个审美氛围与艺术情境的原则。针对某一个具体课例，还可以用改变音乐教室中的座位布置来适应各种音乐活动的开展，如"马蹄形"可为学生提供表演场地，适合集体和个别相结合的活动方式，而将座位排成几个小圆等分散形状，则有利于开展小组活动。再如，运用生动的语言描述来创造情境，也是非常有效的方法，一位教师在结束音乐课《童年》的教学后，课堂小结是那样的深情："我们通过歌声同音乐家伯伯共同回忆了美好的童年，这使我们更加珍惜自己的幸福童年。童年，就是一首诗，童年，就是一首歌，希望同学们永远记住这支美好的童年的歌！"学生们在钢琴音乐《童年的回忆》声中，恋恋不舍地离开了音乐教室，显然，这种情境和气氛的感染力与熏陶作用是巨大的，在学生们走出音乐教室的瞬间，仍感受到音乐课堂的余韵，当他们以美好的心情回味着音乐课时，他们已经产生了对音乐课的一种新的期待，对音乐审美新的渴望。此外，教师还可以利用播放音乐来引发情境，利用多媒体再现情境等。情境法是建立在学生心理逻辑基础之上的、有助于提高学生学习积极性和主动性的方法，这种方法在小学音乐教学中应用最为普遍。

案例 31

情境导课与情境结课

上课开始：教师播放多媒体画面——浩瀚的夜空，繁星点点，优美宁静，伴随着音乐《闪烁的小星》，教师用优美的语言导课：同学们，今天这节音乐课，让我们走进这优美宁静的夜晚，一起来聆听、演唱关于小星星的歌。

下课之前：播放乐曲《闪烁的小星》作为背景音乐，在轻柔的音乐声中，教师在情境中结课：同学们，今天这节音乐课，我们在美丽的星光下，和许多可爱的小星星聆听、演唱了许多关于小星星的歌曲，一起度过了美好的学习时光。时间过得真快，不知不觉，太阳公公已经升起来了，让我们跟可爱的小星星再见，背起小书包高高兴兴去上学吧！

学生在《太阳太阳你真勤劳》的音乐声中欢快地出教室。

2. 游戏法

游戏法是将音乐学习融入游戏当中，通过游戏的形式将所学知识加以表现、将所学技能加以练习的一种教学方法。例如，"动物说话""老鼠偷油""堆雪人""猜谜语"等都是小学音乐教学中常见的游戏方法。在音乐新课程中，小学阶段综合性艺术表演的许多内容都渗透着音乐游戏的因素，如律动、歌表演、集体舞等。应该说，游戏法是一种非常符合小学生、特别是低年级学生年龄和心理特征的好方法，学生不仅在游戏中学到了音乐知识，而且会使他们对音乐发生浓厚的兴趣，音乐教学方法的趣味化和游戏化，给学生带来学习的快乐，使"要他唱"变为"他要唱"，进而产生持久的音乐学习动力。运用游戏法进行教学时，教师需要注意：选择游戏或创造游戏时要考虑与音乐内容的紧密结合，不要为了游戏而游戏。游戏前教师要说明游戏规则，特别是和音乐有关的原则，使游戏保持必要的音乐性。同时，应注意无论是小组形式、还是角色扮演形式，都应尽可能让学生全体参与游戏之中。

案例 32

游戏：唱中秋

教师：提到中秋，我们就会想到月亮，因为是月亮带给我们中秋的团圆与思念之情。从古到今，人们就没有停止过对月亮的赞颂，下面，让我们来做一个"开心辞典"的游戏，来交流一下这方面的知识。

第一轮：选拔优胜者。

全班分为四组，每组推选一名选手，在两分钟内写出歌曲名字中有月亮的歌曲，规定时间内写得最多者胜出。

（学生在黑板上写：《十五的月亮》《月亮船》《月之故乡》《月亮代表我的心》《月亮惹的祸》《明月千里寄相思》……）

第二轮：唱歌比赛。

各组派出 5 名代表演唱歌曲主题或乐句，哪个组唱得多、唱得正确，胜出。

3. 演示法

演示法是教师在教学实践中通过播放音响、声像、呈示直观教具或由本人演唱演奏进行示范，让学生获得对音乐的感性认识并引起学生相应模仿行为的教学方法，也称为示范教学法。音乐教学中的演示方法有很多种，比如教师借助静态的歌片、乐谱、挂图、乐器等教具进行直观教学，将某些事物、现象、过程直观而形象地展示出来；又如运用聆听录音、观看录像等方式进行直观教学，其特点是突破时空界限，使学生感受到具体、动态的音乐音响和图像，有利于学生对音乐的理解；再如教师的范唱、范奏，以及学生之间的交流演唱、演奏等方式，均是学生获得良好音乐信息，进行有效音乐学习的方法。运用演示法需要注意的是：教师要根据教材内容精心选择演示的教具，使之与教学内容紧密配合并适应学生的年龄特点，具有较高的审美价值。演示的音像资料要保证质量，音质清晰、悦耳，具有音响美，以利于诱发美感的产生。教师的范唱、范奏要精湛，充满感情，以利于引起学生的兴趣并积极进行效仿。此外，选择教学重点和技能难点进行演示或示范，有利于学生更好地解决音乐学习中的问题。

案例33

教师展示自己搜集的资料

教师：每一个民族的音乐都具有鲜明的民族特色，而每一个民族又都有着不同的服饰与乐器，现在老师请大家聆听四个音乐片段并观赏四组图片，请同学们辨别它们属于哪个民族。

教师通过课件展示瑶族、侗族、撒尼族、彝族的服饰、乐器、民俗图片，播放《远方的客人请你留下来》《五月蝉虫唱得好》《瑶族舞曲》《阿西里西》等音乐片段。

学生听赏后讨论回答。课件展示正确答案：《远方的客人请你留下来》——撒尼族，《五月蝉虫唱得好》——侗族，《瑶族舞曲》——瑶族，《阿西里西》——彝族。

4. 谈话法

谈话法是运用语言方式导入、展开、调控教学的方法。一般包括三种形式：一是教师谈话，包括教学情境描述、教学内容导入、活动环节连接等方面的语言；二是师生之间的问答、对话，包括教师的引导、启发、提问和学生的思考、交流、回答；三是讨论，包括师生之间、生生之间的研讨、辩论。谈话法是一种教学语言艺术，体现出清晰、规范、亲切、生动、充满感情色彩和富于启发性、感染力等特点。尤其是师生之间的对话和问答，不像讲授法那样教师讲学生听，信息只是单向流动，而是通过师生间相互提问、回答形成信息的双向交流，有利于学生的主动参与和师生双方的沟通。而讨论的形式更是在教师指导下，学生围绕音乐学习的某一问题各抒己见，相互启发，通过研讨或辩论的形式最终解决学习问题，其最大优点就是每个学生都能参加活动，可以集思广益，取长补短，加深对学习内容的理解。运用谈话法首先要设计好教学情境描述、教学内容导入、活动环节连接等方面的语言，既要精练，又要充满情感色彩。其次要注意了解学生的知识结构、实际经验、平时发言以及课堂纪律情况，要讲究提问的方式和技巧，要具有启发性，鼓励学生大胆发言，多用激励性的评语。需要讨论的题目要紧扣音乐教学目标，难易适当，对讨论过程中出现的问题应予以及时引导，掌握和主导讨论的方向。

案例34

《我们同属一个世界》导入

教师：朋友有难，我们都会帮忙，但面对素不相识的人，当他们遭受灾难时，我们该不该伸出援助之手呢？1985年，非洲的埃塞俄比亚、苏丹、毛里塔尼亚等国家遭受严重的干旱，粮食短缺，数百万人死于饥荒，据估计大约有一亿五千万人受到饥饿的威胁。消息传来，引起世界各国人民的关注，大家纷纷伸出援助之手，救援饥饿的非洲人民。为此，西方摇滚巨星迈克尔·杰克逊和莱昂内尔·里奇连夜创作了一首歌。这首歌推出之后，很快响遍了全球，下面我们一起来欣赏这首歌曲——《我们同属一个世界》。

5. 讲授法

讲授法是教师通过语言以描述、说明、解释等方式向学生传递音乐知识的教学方法，通常分为讲述、讲解、讲评三种形式。讲述，是教师对某个音乐内容以叙述或描绘的方式进行教学，其语言表达的情绪作用能使学生获得深刻的体会，如对音乐家生平、轶事、音乐创作背景的介绍与描述等。讲解，是教师对某个音乐概念、原理运用说明、解释、论证等方式进行的教学，比如讲解乐理知识，阐释歌唱发声、乐器构造等原理，说明音乐的表现手段等。讲评，是教师针对某一音乐现象和事务所进行的评论和分析，如讲评音乐作品、音乐学习等。

讲授法是教师向学生单向传授的教学方式，因此除必要的讲授内容外，不宜过多使用这种方法。同时，讲授时应条理清晰、层次分明、重点突出，语言力求精练、准确、生动、富有感染力，切忌散乱、平淡和空洞。运用讲授法还可辅以其他的教学手段，如借助多媒体、板书、乐谱等，以使讲授效果形象化、条理化，更能引起学生的注意。

案例 35

"圆舞曲"体裁及结构讲解

教师："圆舞曲"，又译"华尔兹"，是一种流传极广、种类繁多的三拍子舞曲，其节奏轻快，旋律流畅。维也纳圆舞曲，源于奥地利北部和德国南部的民间舞蹈连德勒舞的音乐。一首维也纳圆舞曲有序奏部、组成主体部的三到五首小圆舞曲和结束部组成。主体部的各个圆舞曲被依次称为"第一圆舞曲""第二圆舞曲"……在每个小圆舞曲里都有各不相同的两首主要旋律，一刚一柔，一呼一应，像是一对性别不同的舞伴。

《蓝色的多瑙河》圆舞曲就是由序奏部、组成主体部的五首小圆舞曲和结束部组成的，每个旋律都十分精美，各具光彩。有的稳健，有的活泼，有的豪放，有的抒情，有的宁静柔和，有的热烈辉煌，当一个个小圆舞曲连续演奏时，就好像一串闪闪发光的钻石。

板书：序奏部→（一）（二）（三）（四）（五）→结束部

6. 练习法

练习法是教师指导学生依据一定的音乐目标，运用反复操作和演练的方式使学生学会和掌握音乐知识与技能的教学方法。音乐是实践性和操作性很强的学科，尤其是表现领域体现为一种技能性特点。演唱、演奏，综合性艺术表演和识读乐谱，哪一项也离不开实践活动，离不开具体的操作。如唱歌，光是了解发声器官的构造、呼吸、共鸣、咬字吐字等知识而不去练习歌唱，是毫无意义的。又如演奏乐器，只知道某种乐器的构造与性能，了解一些演奏方法，但不去操作，那么这件乐器你永远也不会。特别是对乐谱的识读，更要结合具体的音乐实践领域进行，否则只能是充满理性的纸

上谈兵。教师在运用练习法时，首先要注意练习目标明确，练习重点突出；其次要有一定的方法和步骤，提出练习要点，并作必要的示范；再次是学生进行集体或个别练习时，教师应该加以指导，不断提出改进的要求；最后，师生共同对练习情况进行沟通、交流和总结，使音乐练习活动保持较高的水平。此外，还应注意练习方法的多样化，始终保持学生对练习的新鲜感，尽可能避免练习过程中枯燥、机械的训练，应使练习充满趣味性和愉悦性，形成一个积极的音乐学习气氛。

案例 36

节奏练习

师：（出示鱼篓）你们瞧，这是什么？

生：鱼篓。

师：对！这就是渔民们在海上劳动时用来装鱼、装虾的鱼篓。现在老师的鱼篓里装满了海鲜，想知道都有什么吗？那么我们就来做个练习。

师：我有　一只｜鱼篓.｜篓里　装的｜什　么.｜

大家　都来｜猜　猜.‖

（教师指导学生边听边打节奏）

××　××｜×　×.‖

师：接下来，我们就用这个节奏来回答老师的提问：

（师）篓里　装的｜什　么.‖（生）篓里　装的｜螃　蟹.‖

（师）你　抓到｜什　么.‖（生）我　抓到｜田　螺.‖

（学生边读边拍，多次反复）

四、具有代表性的国外音乐教学方法

1. 奥尔夫教学法

卡尔·奥尔夫（Carl·Orff，1895－1982）是德国著名的作曲家和音乐教育家。他所创建的奥尔夫音乐教育体系是当今世界最具影响力的音乐教育体系之一。1961年，奥地利萨尔茨堡的莫扎特音乐学院建立了奥尔夫研究所，随后不久又在研究所的基础上成立了奥尔夫学院。由此，奥尔夫的音乐教育思想和技术迅速地在德国乃至全世界传播开来。奥尔夫教学法的内容主要包括结合语言的音乐教学、与动作结合的音乐教学和器乐教学三个方面，其中的两种主要形式为引导创作法与声势节奏法。

（1）引导创作法。引导创作法是指教师在教学中，只向学生提供一些元素性材料。如最基本的节奏、最基本的动作方式、最基本的结构组成方式等。而学生则主要是通过范例和教师的启发，在集体创作过程中进行音乐学习。

节奏单元提取。让儿童从顺口溜、童谣、诗歌或其熟悉的事物名称中提取出最简单的节奏单元。这些单元的最小规模可以是两拍，也可以是三拍。它们最初一般由四分、八分或二分音符组成。奥尔夫称这些最简单的元素性节奏单元为"节奏基石"，是一种易于被儿童掌握的材料，可提供给儿童建造属于他们自己的音乐大厦。

节奏单元巩固。教师可用范例引导儿童用各种替换词来连续朗诵这些节奏单元。进行节奏单元训练时，可先用一种节奏单元进行游戏，教师领诵时变化替换词，练熟后可任意使用一种或几种节奏单元，并加入强弱和快慢变化。最后，教师的领诵也让儿童来代替。在儿童领诵时，教师要及时鼓励、引导儿童有更多的创造。

节奏单元迁移。教师用范例来引导儿童用声势动作来连续表现这些节奏单元。最初可做"回声游戏"，而且只用一种动作，如拍手，熟练后可任意做跺脚、拍腿、捻指，或者做其他儿童自己想出来的能发出响声的简单身体动作。在上述基础上，可进一步用"接龙游戏"的方法来进行练习。

节奏单元发展。教师引导儿童将其掌握的节奏单元，按教师提供的模式连接成节奏短句。在这种活动中，教师还须引导儿童去细心感受和欣赏不同嗓音在音色方面的变化，如亮、暗、沙、脆、圆、扁等。在这种活动中，教师也须引导儿童去细心感受和欣赏不同身体动作所发出的音色效果，或不同动作序列所发出的音色序列。在分组或个别创作活动后，教师需要组织儿童展示、交流他们的作品，并引导儿童学会积极评价和分享。当学生熟练后可加入"接龙""争领袖""回答"等游戏活动，还可加入速度、力度、音色的变化。在此基础上，教师还可以进一步引导儿童，让他们用打击乐器或音条乐器演奏这些节奏短句，或进行即兴的节奏创造游戏。在小组活动中，可通过不同乐器的合作，对创作出的节奏短句进行更丰富的处理。以上节奏活动不仅在于形式上的甲问乙答，其要求的核心在于：使节奏的对答真正成为从内心情感到外部体态表情及音响表情的交流，使节奏获得一种真正的艺术生命力。

（2）声势节奏法。声势节奏是让儿童用拍手、拍腿、跺脚、捻指等身体动作发出不同的声音，引导儿童去探索、感受音高、音色等方面的差异。声势节奏可根据其不同难度提供给不同年龄的儿童进行学习，其难度的标志体现在节奏的复杂程度、动作的难度、动作种类的多少、动作变换的频度、声势作品结构的大小、声部的多少以及织体的复杂程度等方面。下面是两个中等程度的多声部声势作品片段：

案例 37

$\frac{2}{4}$

| 仓 才 | 仓 才 | 仓才才 台才 | 仓 才 :‖: 仓冬冬 | 仓冬 才冬 ‖ 仓0 ‖

拍手 | 0 × | 0 × | 0 ×0 | 0 × :‖: 0 ××| 0 × 0 × ‖ × 0‖

拍腿 | 0 0 | 0 0 | 0×× 0× | 0 0 :‖: 0 0 | ×0 ×0 ‖ 0 0‖

跺脚 | ×0 | × 0 | ×0 0 | × 0 :‖: ×0 0| 0 0 :‖ × 0‖

右　　左　　右　　左

$\frac{4}{4}$

捻指　|0　0　0　×|　0　0　0　×|　0　0　0　0|　0　　0　　0　×‖

拍手　|0　　×　0　0　|　0× 0× 00|0× 0× 0× 0×|0× 0× 0　0‖

拍腿　|0　0　0　0　|0　　×0 00|　　×00 ×0|　0　×0　0　0‖

踩脚　|×　0　　×　0|　×0　0　×0|　×0　0　×00|×0　0　×00‖

2. 柯达伊教学法

佐尔丹—柯达伊（Zoltan Kodaly，1882—1967）是匈牙利著名作曲家、民族音乐理论家、音乐教育家。他在深入学习研究国外音乐教学法、取人之长处的基础上，结合匈牙利本国的教学经验，创立了具有匈牙利特色的音乐教育体系。柯达伊教学法不仅是匈牙利音乐教育的基础，而且已成为当今世界最具影响的音乐教育体系之一。柯达伊认为学校音乐教育首先要牢固地建立在本民族音乐的基础上，因此把匈牙利的民族民间音乐作为音乐教育的重要内容。柯达伊教学法主要内容由首调唱名法、节奏读法、字母标记法、柯尔文手势法以及固定音名唱法五个方面组成。

（1）首调唱名法。首调唱名法注重音级之间的相对关系，各音级的倾向明确，调式感觉清楚，最接近音乐自然的感觉。在各个不同音高上建立的大、小调，统统归纳为 Do 是大调和 La 是小调两种形式，使调式关系、概念简单化。首调唱名法使用方便，只要利用升、降号相加等于"七"的现象（如一个升号的 G 大调和六个降号的降 G 大调在五线谱上是同一位置），熟悉七个不同的唱名位置，便可视唱所有的十五个调。因此，教学中不以调号的多少作为衡量程度深浅的标准。

柯达伊首调唱名法抓住首调唱名移动 Do 的特点，按儿童自然的认知规律，采用五声音阶教学序列，从少数音阶开始，逐渐增加数目。例如，四分音符是儿童步行的速度，八分音符是儿童跑步的速度，在节奏教学时就以这两种音符作为起点。在旋律方面，儿童只能唱到五到六个音的音域而且唱不准半音，就以 Sol—Mi 这两个音开始，逐渐进入 La、Do、Re 等音，并且把五声音阶作为理想的教学工具。同时，按照移动 Do 的特点从开始就在多个调性位置上同时进入，避免长时间固定在某一个调性位置，锻炼适应在多种调性上读谱。采用无谱号、无调号、无拍号的形式，避免使用上下加线，开始阶段仅仅是按照音级关系熟悉"五线谱"位置。

（2）节奏读法。节奏读法的读音采用象声词的形式，使各种时值的节奏都有一个相对应的音响。训练时通过口读、手拍，使音响与节奏时值相联系，进行单项的节奏训练。教学中不进行抽象的音乐概念的讲述，而使儿童首先从感性上体验、识别。节奏音节标记可以使用带符头或单纯符干的两种记法。

二分音符标记为"♩"，读作"ta—a"。用手拍击二分音符时值时，常常采用双手合拢，从左侧移向右侧，延长元音保持时值。

四分音符标记为"♩"或"┌"，读作"Ta"。

八分音符标记"♪"或"┌"，读作"ti"。教学中常常把一拍中的两个八分音符连写在一起，为"∏"，读作"titi"。

十六分音符标记为"♩♩♩♩"或"││││"，读作"ti ri ti ri"。

切分音节奏标记为"♪♩♪"或"││││"，读作"ti ta ti"，或"syn—co—pa"（切分节奏）。

附点音符采用增加一个字母发音、占据附点时值的读法。例如，"♩. ♪"，读作"ta—m—ti"，"♩. ♪"，读作"ti—m—ri"。

四分休止符常读作"嘘"，八分休止符常常读作"嘶"。

"嘘"和"嘶"的发音并不是固定读法，但是在实际教学中常常使用。柯达伊节奏训练的开始阶段主要使用拍手或轻击打击乐器等简便易行的方法。

（3）字母标记法。字母标记类似数字简谱，使用唱名的辅音字头，如 d、r、m、f、s、l、t，分别表示"1、2、3、4、5、6、7"。高八度在右上方加一短撇，如d′、r′、m′。低八度右下角加一短撇，如 d⁄、r⁄、m⁄ 等。

字母只能标记出音高唱名，不能表示出节奏。字母标记在柯达伊教学法中有很重要的辅助作用。字母标记结合节奏简记谱即可形成一种音乐速记法。这种速记法方便、迅速，特别是在没有五线谱纸的时候很有用。

例如：5̲6̲ 5̲6̲ | 5̲6̲ 5 | 5̲1̲ 7̲6̲ | 5 3 ‖ 就可速记成：

∏ ∏ | ∏ │ │ ∏ ∏ | │ │ ‖
S l s l s l s s d′ l s m

（4）柯尔文手势法。柯达伊教学法巧妙地将约翰·柯尔文手势运用于柯达伊教学体系之中。手势是在身体的正前方做，手势的使用有一个相对的高度范围。例如，do的位置大致和腰腹部平行，之后的 re、mi、fa、sol、la、ti、do′各音级位置依次逐步升高，高音 do′的位置大致与头齐平。

柯达伊教学法中对于最经常使用的变化音级进行了新的设计。利用大拇指向下表示"Fa"——向下倾向 Mi，大拇指向上表示"升 Fa（Fi）"——向上倾向于 Sol。食指向上表示导音"Ti"，食指向下表示"降 Ti（Ta）"，使用大拇指和食指的变化表示出相应的变化音级以及明确的倾向，便于儿童的理解和记忆。

柯尔文手势使抽象的音高关系形象化，且趣味性强。用它可进行多种音准训练，如练唱音阶、练唱音程、练唱和弦。还可以进行二声部训练，即兴卡农练习和同主音上的音程、和弦转换等。

3. 达尔克罗斯教学法

爱米尔·雅克·达尔克罗斯（Emile Jaques-Dalcroze，1865—1950）是瑞士著名的音乐家和教育家。他认为，人的身体就是最好的乐器，人是通过自身运动将内心情绪转释为音乐的，一切音乐艺术的基础是人的情绪，任何乐思都可以通过身体表现出来，而任何身体动作也都可以被转化为与之相应的音乐形态。带着这种思想，达尔克罗斯与他的同事和学生们开始了体态律动的教学研究，提出了关于"体态律动"的学说，并在这一学说的基础上建立了自己的音乐教育体系。"体态律动学"是达尔克罗斯学说的核心，主要体现为重视培养学生感知和反应音乐的能力，重视发展学生内在的音乐感觉，注重发展学生在耳、眼、身体和脑之间进行迅速交流的能力，注重听觉和动觉意象能力的培养等。

（1）动作的入门。训练学生的动作，是体态律动教学的基础。如拍手、走、跑、跳、摇摆、列队行进等自然动作，通过配乐，使学生感到音乐的节奏、速度、力度等特点。例如，♪7　♪7，通过跳来感觉快而轻巧的节奏，♪♪　♪♪，通过跑获得快速八分音符的节奏感，6/8 ♩♩♩ ♩♩♩ | ♩♩♩ ♩♩♩，通过摇摇篮、划船或模仿风中摇摆的树枝，体验节奏的摇摆感，3/8 ♪ | ♩ ♪ | ♩ ♪ |，通过模仿马蹄的动作，体验弱起拍子。

（2）大脑与身体的协作。发展大脑与身体间的协作是体态律动学训练中最有价值的部分之一。人们学习音乐或做其他事情，都需要智力（发出命令）和体力（执行命令）间绝对密切的控制和协作。可通过以下几种方式进行训练：一是让学生自由行走，当听到约定的信号（口令、打击乐声、和弦、音区或调式的变化），立刻作出约定的反应（停止行走、反方向行走等）；二是让学生随教师即兴弹奏的音乐节奏行走，当教师弹奏的节奏发生变化，则孩子们行走的节奏也要发生相应的变化，以此逐渐深入；三是教师在琴上用左右手同时弹奏不同节奏的音乐，让学生用脚走出教师左手所弹奏的节奏，同时用手拍出教师右手所弹奏的节奏（也可与此相反）。当教师所弹奏的节奏发生变化时，孩子们的手、脚动作也要作出相应的变化；四是让学生运用动作幅度的大小表现不同时值的音符。当拍出一个音后，动作在空中延续，形成一个圆，表示音值时间的延续。音值短，则动作幅度小，在空中形成的圈也小；音值长，则动作幅度大，在空中形成的圈也大。同样方法，不同速度、力度的音乐，也可用不同幅度、高度、方向的相应动作来表现。

（3）节奏的训练。节奏的训练贯穿于体态律动教学之中，所有动作都离不开节奏。因此，可通过日常生活、自然界声音、游戏、歌唱和音乐等产生节奏概念。例如：

拉钟（2/4拍）　♩♩ | ♩♩ |
　　　　　　　　♩ | ♩ |

敲门（9/8拍）　♪♪♪♪ ♪. ♪♪ |

行进（2/4拍）　♩　♩ | ♩　♩ ‖

跳绳时，脚跳一下，绳子绕两圈，就产生了"二对一"等，所有这些都应被引入动作课，也可让学生根据自己的生活经历即兴创造出各种节奏，体会节奏是来自生活、充满生命力的，而不是机械、死板的。

（4）听力的训练。对各种信号的反应来自听力，因此，练耳是很重要的环节。它需要和动作结合在一起。听力的训练可通过以下方式进行：两人一对，一位任意拍手数下，另一位闭目聆听，然后将对方所拍的次数方位重复拍击出来；由教师即兴弹奏一段起伏明显的旋律，学生根据旋律起伏，向前或向后走；听辨音高：七人一组，每人分别担任音阶中的一个音，当教师弹出某个音时，担任某音音名的学生便向前走出三步并唱出这个音；听辨和弦连接：三人一组，分别担任和弦中的三个音，随教师所弹奏的和弦连接（上行、下行、平行），做出相应的变化动作。

第三节　音乐教学评价

音乐教学评价是运用评价技术对音乐教学所预期的效果给予价值上的判断，是以音乐教育的价值观为标准，以达到音乐教学目标的程度来评量音乐教学的成绩和效果，对音乐教学和音乐学习作知情意等方面的全面性考察。

音乐教学评价是音乐教师研究能力的组成部分，对于促进学生音乐学习与发展、对音乐教学质量与水平的提高有着重要的意义。以学生为评价对象的音乐教学评价，是指在音乐学习领域中对学生的音乐素质发展、音乐才能成长及审美能力、艺术情操的形成给以价值上的判断。以教师为评价对象的音乐教学评价，是指在音乐教学活动中对教师的教学设计、教学目标、教学内容、教学方法与手段、教学过程与结果给以价值上的判断。

对音乐教学评价的研究，应该建立在对传统音乐教学评价的反思上，比如对学生的评价，要淡化甄别、淘汰与选拔的作用，摒弃横比、排序、筛选等做法，着眼于评价的教育、激励与改善功能，把评价的重点放在学生自我发展的纵向比较上，保护学生对音乐的兴趣，帮助学生建立自信，促进学生音乐能力的提高。同时，要努力研究音乐教学评价的方法，熟悉和掌握收集、分析、处理评价信息的基本方法，才能够运用诊断性、形成性、终结性等不同评价方式评价学生的音乐学习。此外，要善于进行音乐教学反思和自我评价，使音乐教学质量不断提高。

一、音乐教学评价指标的制定

指标体系是音乐教学评价的主要依据，是衡量学习成绩与教学质量的尺度，是判断音乐教学的价值标准。在制定音乐教学评价指标时，要以《课程标准》的"内容标准"为依据，围绕着具体目标进行。音乐教学评价指标体系是一个多层次、多因素的复杂的系统工程，通过确定评价标准体系，选择评价方法、测量方法以及对获得资料进行整理、量化和分析判断，最后做出评价结论来实现这一过程。

音乐教学评价指标体系包括学生音乐学习水平评价和教师音乐教学质量评价。下面的表格中分别显示了不同对象与内容的评价指标体系：

小学生音乐学习评价表

表1　　　　　　　　　　　　　　　　　　　　　　　　　　　　学段：

评价项目		评价标准	评价纪录		
			能	基本能	不能
情感态度与价值观		1. 能够积极参与各种音乐活动，对音乐有好奇心。			
		2. 能够在音乐实践活动中体验、感受、表现与创造。			
		3. 能够和同学、教师合作、交流，尊重和关怀他人。			
		4. 能够大胆想象，并表现出对美好事物的向往。			
过程方法与知识技能	感受与鉴赏	1. 能感受并描述音乐中力度、速度的变化。			
		2. 体验并说出音乐情绪的相同与不同。			
		3. 能区分独唱、独奏、齐唱、齐奏。			
		4. 初步感受不同地区、不同风格的儿歌与童谣。			
	表现	1. 能用自然的声音，按节奏和曲调有表情地独唱或参与齐唱。			
		2. 能用打击乐器或其他音源合奏或为歌曲伴奏。			
		3. 能在律动、集体舞、音乐游戏、歌表演等活动中与他人合作。			
		4. 能用唱名模唱简单乐谱。			
	创造	1. 能用人声、乐器模仿自然界或生活中的声音。			
		2. 能在唱歌或聆听音乐时即兴地做动作。			
		3. 能用线条、色块、图形，记录声音或音乐。			
	音乐与相关文化	1. 能感受生活中的音乐，乐于与他人共同参与音乐活动。			
		2. 能用简单的动作配合音乐节奏、表现音乐情绪。			
		3. 能了解声音与日常生活现象及自然现象的联系。			

注：评价表中15项以上达到"能"者，学习情况属于优秀；10项以上达到"能"，5项达到"基本能"者，学习情况属于良好；15项达到"基本能"者，学习情况属于及格；而"不能"超过10项以上者，学习情况应属于不及格。

音乐教师课堂教学评价表

表 2   学段：

评价指标		评语	评价结果				
一级	二级		优秀	良好	合格	基本合格	不合格
教学目标	目标明确，紧扣《课程标准》。						
	目标具体，切实可行。						
	富有音乐学科特点。						
教学内容	教材分析正确，概念讲解清楚。						
	内容分量和安排适当，重点突出。						
	注重学生实际，重视能力培养。						
	寓艺术性、思想性于音乐教学之中。						
教学过程	体现体验、参与、愉悦等特点。						
	突出探究、创造、合作、综合等学习方式。						
	教学节奏张弛有序，教学环节连接自然。						
	教学氛围好，情境化。						
教学方法与手段	教学方法灵活、多样，针对性强。						
	激发学生学习兴趣和主动性。						
	课堂调控得力，师生互动。						
	现代化教学手段运用恰当。						
教学基本功	教态亲切自然，语言规范、生动。						
	范唱准确，富有感染力。						
	弹奏规范、流畅。						
	指挥动作准确，提示性强。						
教学效果	音乐教学能感染学生，学生的音乐兴趣和审美能力得到培养。						
	学生能较好地掌握所学知识与技能。						
	学生积极参与表现，创新思维得到培养。						
	师生合作愉悦、和谐。						
教学特色	教学有独创性，体现创新精神。						
等级							

二、音乐教学评价信息的收集

音乐教学评价信息的收集可以采取多种方法进行，主要有问卷法、测验法、论文法、表演法、创作法、观察法、录像法和访谈法等。

1. 问卷法

问卷法是以精心设计的书面调查项目或问题，向被评价对象收集信息的方法，它是教学评价中最常用的信息收集方法之一，具有信息面宽、效率高和便于进行定量分析等特点。问卷法可分为封闭式和开放式两种类型：封闭式问卷是在列出调查项目的同时，提供若干供选择的答案，主要用于被评价对象的预期反应较难准确把握的场合；开放式问卷只提出问题，不列出答案，主要适用于广泛了解及深入调查的场合，其特点是具有弹性，收集的信息丰富、生动，易收到非预期的又具有价值的信息。

在音乐教学评价中，问卷法常常用于了解学生的音乐基本情况、对音乐教学的意见与要求，了解教师有关音乐教学的各种情况（如音乐教育观念、教学方法、评价技术、教学媒体及教学乐器使用）等。有时，也用来进行音乐知识方面的考查。

编制问卷应注意两方面的问题，一是有利于评价者收集到所需要的信息，二是能调动被评价者的答卷积极性。因此，在具体编制问卷的过程中，要注意问题的设计要明确、清晰、重点突出、数量适当。问卷式测验，适用于音乐教学评价中知识理解方面的评价，这对于高中阶段的音乐教学来说是合适的。但由于这种方法脱离音响，因此不能用得过多，最好还是结合实际的音响，这种笔答式测验的音乐性才会大大提高，才更具有评价意义。

2. 测验法

测验法是用各种测量工具向被评价对象收集信息的方法。它是心理和教育测量的基本手段，是教学评价中最常用的一种收集信息的方法。测验同考试不同，考试一般用于测量学生的学业成就，而测验既可测量学生的学业成就，还可以测量智力、人格、态度、兴趣等。测验法的实施具体可分为能力测验和学力测验（属性不同），笔试测验和面试测验（方式不同），标准化测验和自编题测验（规范性不同）。测验法非常重视测验的可靠性、一致性、稳定性、有效性和准确性的程度，即信度和效度。

在音乐教学中，测验法是最常用的评价形式之一，具体可分为下面几种类型：

（1）听辨法：通过聆听音乐来辨别、回答相关问题的测验方法。

（2）选择法：从所听的音乐中按照问题的要求进行选择性回答的方法。

（3）判断法：通过聆听音乐来判断相关问题的测验方法。

（4）填空法：聆听音乐后将相关问题的正确答案填入空白处的测验方法。

上述内容的测验，均采用聆听音乐的方式进行，突出了音乐听觉艺术的特征，正如加德纳所说："评估必须尊重其中所包括的特定智能，即音乐技能必须用音乐的手段去评估，而不能穿过语言或逻辑的'屏幕'断定。与其调整课程以适应评估，还不如设计能够公正地评价每一种艺术形式中关键能力的方法。"所以说，通过聆听音乐的方式进行音乐测验是一种比较客观、有效的实音测验。而上述测验内容从《课程标准》和音乐教科书规定的范围选取，将内容分解为旋律、音色、节拍、曲式、体裁、风格、功能及音乐历史、音乐文化等有机相联的多个环节，分项测评，综合衡量，不仅具有客观性和可操作性，而且形象性和趣味性也比较突出，容易引起学生的兴趣。尤其是将曲式的结构跟踪作为欣赏音乐作品时进入音乐本体的重要手段及主要的考核指标，将促使学生必须在提高音乐感受能力和理解能力上下工夫，从而达到强化音乐学习，提高整体音乐素质的目的。

音乐测试考评的试题难度跳动不宜过大，要遵循由浅入深、由局部到整体、由形式载体到风格、流派以及精神文化内涵的线索过渡。同时，音响质量应该考究，避免音色失真，节奏、节拍含混不清，影响测试的效度和信度。

实音测验的方法主要用于音乐欣赏教学中对音乐感受能力、音乐理解能力和音乐评价能力的测量，而不适合在音乐表现技能方面的测量，对表现技能方面的测量，应该选择演唱或演奏法。

3. 表演法

表演法是通过歌唱和演奏等面试形式来确定音乐学习成绩的评价方法。音乐表演评价方法，按其目的主要分为两类：一类是表演和考评所学音乐教材上的曲目；另一类是使用教师编制的包括评价要点的音乐测验曲。第一类测验可满足学生音乐表现的欲望，测量出综合表演能力。第二类测验可测量出要点情况，适于准确地进行分析。根据音乐新课程的理念，运用表演法来评价音乐学习，不必在表演曲目方面进行限定，学生可根据自己的情况自主选择表现音乐的方式和内容，这将有利于建立学生表演音乐的自信心，同时也益于展示学生不同的音乐才能和音乐学习水平。

运用表演法进行评价必须预先拟订评价要点，评价者边听演唱、演奏，边依据评价要点进行成绩评定，并加以记录。根据《高中音乐课程标准》评价建议中的"自评、互评与他评相结合"原则，可采用学生自评、同学之间互评与教师评价相结合的方式评定音乐成绩。

4. 创作法

创作法是通过评价学生创作的音乐作品来确定音乐学习成绩的评价方法。音乐教学中所指的创作作品可分两类：一是学生即兴的歌唱、演奏、舞蹈和戏剧表演等，二是写成乐谱的音乐作品。前者的评价可采用观察法，后者的评价应按照创作教学的具体目的而定。例如，"创作一首一段体的歌曲"，"为一段旋律配置简易伴奏"，"运用各种音源材料创作一首题为《春天》的小型乐曲"等。创作法的评价因子可作如下考虑：作品主题及其发展状况，结构形式是否完整，整体效果如何以及记谱是否正确等。

5. 观察法

观察法是对被评价对象在自然状态下的特定行为表现进行过观察、考察、分析而获取直接信息的方法。这是一种在日常教学中随时可用的评价方法，通过对学生的学习状态、过程和效果进行观察，随时进行评价，结合教学经常进行。在音乐教学过程中，观察的方法多种多样，为了使观察更准确、有效，可以预先拟订观察计划，明确观察目标，并辅之以必要的提问或其他活动。特别需要指出的是，对音乐情感、态度的评价是音乐新课程的重要价值观，由于情感、态度是对待音乐学习的一种精神内涵，是一种心理状态，因此采用观察的方法进行评价最为适宜。观察法也经常用于对教师音乐教学的评价，音乐课堂教学评价一般采用课堂观察法。

6. 访谈法

访谈法是评价者同被评价者通过对话交流的方式获取评价信息的方法。如对音乐教师教学情况的了解一般能从课堂教学的各个环节中反映出来，但评价者为了获取更为科学、客观的评价事实，往往在听课前后和授课教师以及学生进行面对面的交流，了解他们对音乐教学的真切感受。

访谈法的几种方式：

（1）在察看中调查交流。评价者可察看评价对象的教案，在察看的同时向对方提问。这样既可充分了解评价对象，又可拉近双方距离，增加彼此的信任与了解。

（2）在参与中调查交流。评价者在听课时，征得授课教师与学生的同意后，可参与师生的音乐学习活动，甚至回答师生提问与咨询，在这种开放的听课活动中，适时与评价对象交流，以掌握更准确的评价事实。

（3）在评价时调查交流。评价者提出自己的评价观点时，需要适时向评价对象调查，并友好地与其商讨某些不足之处，其目的是为评价对象留下申诉、辩解、思考的机会。

三、音乐教学评价信息的分析

1. 定性分析

定性分析是用语言描述形式以及哲学思辨、逻辑分析揭示被评价对象特征的信息分析、处理方法。其目的是对评价对象做概念、程度上的质的规定，然后进行分析评定，以说明评价对象的性质和程度。定性分析方法具有关注事物发展过程及其相互关系、灵活性较强的特点，分析对象主要为观察记录、访谈记录和文献信息等描述性资料。

在音乐学习或音乐教学评价中，应大量采用定性分析的方法，因为这种评价方法更能体现音乐学科的特征，更加利于学生在音乐方面的发展，也更有利于促进音乐教学质量与水平的提高。比如音乐教学应是一个探索和研究的过程，也是一个肯定和否定的过程，因此音乐教学需要情感的投入，需要愉悦氛围的营造，而在音乐教学过程中经常运用"肯定"这种定性评价，会有效地提高音乐学习与教学效率。因为肯定是对人作出努力的一种承认，肯定常常伴随着表扬，是激发学习兴趣、调动学习情绪、鼓励积极进取的良好方式。

对教师的音乐教学采用定性描述的方法，主要从教学理念、教学目标、教学内容、教学过程、教学方法与手段以及学生参与情况和教学效果等方面来评价一节课的得失。这种定性述评要突出重点，不必面面俱到，可选择一些比较有创造性、有代表性的方面进行深度点评。

2. 定量分析

定量分析是指用数值形式以及数学、统计方式反映被评价对象特征的信息分析、处理方法。其特点是对评价对象进行数量化的分析和计算并判断出它的价值，关注被评价对象的可测性，评价过程具有严格而规范的分析程序，往往借助计算机等现代化手段进行，因此效率较高，客观性强。

一般，定量分析过程遵循着这样几个步骤：第一，对数据资料进行统计分类；第二，描述数据分布的形态和特征；第三，检验和鉴别评价的结果；第四，进行相关因素的分析。

3. 定性与定量分析相结合

在音乐教学评价信息的分析和处理中，定性分析和定量分析两种方法各有特点、各有所长，因此，不要在运用一种方法时贬低和排斥另一种方法，最好是将这两种方法结合使用，以达到优势互补、相得益彰的评价效果。

在选择分析音乐教学信息的方法时，要充分考虑评价信息的特征，经验表明，如果评价信息主要用于帮助被评价者改进音乐学习或教学，定性分析比定量分析更有价值。如果评价信息主要用于比较、研究和论证时，定量分析的价值才会充分体现。其实，任何事物都是质和量的统一体，因此在音乐教学信息的分析过程中，定性和定量两种方法并不能截然分开。比如在评价音乐课堂教学时，通常会设计一张提供客观数据的表格，这是音乐课堂教学中量的记述；评价结论则从教学目标、教学过程等方面根据量的记述，再通过观察所获得的质的分析作出解释。其关系如下式：

音乐教学评价＝音乐教学测量（量的记述）＋音乐教学价值判断

根据上式，在音乐学习或音乐教学中采用这种定量与定性分析相结合的评价方法，就能比较客观、公正、有效地作出评价结论。

下面的案例"音乐学习的'经验值'"是一个运用定性与定量分析相结合方法评价学生音乐学习的具体例子，它着眼于音乐学习过程的评价，体现了评价中量的积累与变化，同时，对音乐成绩的认定又采取述评的方式，体现了定性评价的特点。

案例 38

音乐学习的"经验值"

音乐学习的"经验值"是一种印有不同点数的精美小卡片，按音乐课堂表现、参加学校音乐活动、参加社会音乐活动三块内容，奖励学生一定点数的音乐学习"经验值"，并与学期音乐考核挂钩。具体操作如下：

1. 帮助学生把音乐课堂评价表粘贴在音乐课本首页，以免遗失。

2. 根据多数同学的意见，确立评价记录的小伙伴（如同桌），并在评价表上签名，要求记录者客观、公正地记录评价成绩。对能客观、公正记录评价成绩的同学，将被评为"优秀记录员"。

3. 说明评价表的使用与要求。

（1）"我最认真"一栏要求学生上课做到带好学具（课本、乐器、笔等），上课不迟到，认真听讲，积极参与音乐学习。能做到者即可在"我最认真"这一栏得到"★"。给学生改正缺点的机会（如学生上课出现做小动作等小毛病后，经教师或同学提醒就能改正，同样可以得到"★"）。其中，"自评"一栏请学生在课后自己做评价记录，"他评"一栏请合作伙伴做记录，有时对表现特别好、进步特别快的同学，也可由教师亲自为其记录。

（2）"我最大胆"一栏记录学生的上课发言，参与演唱、演奏、表演，与人合作，创造音乐的情况，这一栏不评价结果的对与错、好与坏，只要发言了、表演了均可获得"★"，以鼓励学生敢想、敢问、敢说、敢演、敢于大胆创新、乐于发表意见、自信地表演，鼓励学生大胆地参与音乐活动，锻炼他们的勇气和胆量，对学生在音乐实践中的点滴进步予以充分肯定。

（3）"我最聪明"一栏记录学生一节课的学习成果（如学会了一首歌、了解了音乐知识、了解了欣赏的乐曲、创编了音乐等），发言的正确率，表演的情况等。为鼓励学生积极参与，这一栏特加设了"▲"，对回答问题错误、表演有失误的同学记录"▲"，当累计三个"▲"，可换成一个"★"。

（4）奖励"经验值"，根据评价表上得到"★"的多少，奖励学生相同点数的"经验值"，一学期可安排二至三次，并作小结。教师还可有针对性地在评价表上写上评价评语，如"太棒了，老师为你而骄傲"，"再大胆一点，老师相信你一定能行"，"进步真快"等。教师的评语虽然简短，效果却是事半功倍的。

我的音乐平时成绩						
时间	我最认真		我最大胆		我最聪明	
	自评	他评	自评	他评	自评	他评

我是____，我的评价伙伴是____

* 我得了____个★，我太棒了！

* 我得了____个★，我进步了！

* 我得了____个★，我要加油！

* 教师寄语：

四、音乐教学评价信息的处理

撰写评价结果是继制定评价方案和指标、收集与分析评价信息之后的第三个评价阶段，是对评价信息的处理、结论和反馈过程。评价结果撰写质量的高低，直接关系音乐教学评价功能的发挥和评价目标的达成。一般，音乐教学评价结果的撰写可采用两种方法：

1. 归纳法

从若干个音乐学习或教学事例中分析、归纳、总结出体现一堂课音乐学习或教学特色的评价结论。这种方法比较便捷，关键在于听课时需要收集相关的教学实例，然后对其作出分析、归纳、总结。采用这种由具体音乐学习或教学案例分析推出结论的方法，有利于帮助学生或教师形成个人的音乐学习或教学风格。

2. 演绎法

先提出理论依据，然后从课堂教学中撷取实例加以印证。这种方法高屋建瓴，对学生和教师音乐教学理念的快速更新、学习方式与教学方法的创新具有实效。但在采用这种方法的同时，要注意理论贴近音乐课堂教学实例，不牵强，不生硬，否则评价将缺乏价值。评价者只有注意将理论和实践水乳交融，被评价的人才能心领神会，在须臾之间有顿悟之感。

撰写评价结论应注意运用音乐教育理论联系音乐教学实践的原则，评价对象最为关注的评价结论是对其音乐学习或教学中的实例分析，这些实例分析要建立在有理有据的基础之上。其次，评价结论必须注重整体，从整堂音乐课评价入手，确定结论中的几个观点，以这几个观点来串起对具体音乐教学的实例分析。特别是对"局部"，也就是音乐教学过程细节的分析越具体、越细致，效果就越好。

通常，评价结果的框架包括四个部分：概要（本项评价的简要综述）；评价过程（本项评价实施过程的描述）；结果分析（本项评价的相关信息与处理结果）；结论和建议（本项评价的结论及其建议）。有些时候，根据评价目的的不同和被评价对象的不同，评价结果的撰写方式也会有所不同。比如一般来说，对学生的评价结果往往会写得简洁一些，而对教师的评价结果就会复杂一些，并体现出一定的广度和深度。

第四节 音乐教学实验

音乐教学实验研究是从自然科学研究领域引入社会科学研究领域的一种科学、客观、具有价值的研究方法，是教师为了检验某种音乐教育教学理论或假设而进行实践操作活动后，在获得并分析大量音乐教学数据基础上形成的一种验证性研究结论的过程。实验研究是教育科学研究中非常重要的一种方法，较之其他教育科研方法具有更多的优越性，可以避免研究过程中的许多局限性，更易获得科学的结论，因此经常被研究者所采用，它是一个教师研究能力的重要方面。

一、音乐教学实验的理论假说

音乐教学实验研究首先要确立课题的理论假说，因为理论假说建构音乐教学措施与音乐教学效果之间的因果对应关系，是一种假定性解释，这是音乐教学实验的一个基本前提。音乐教学的理论假说应包括该假说要解决的音乐教学问题和支撑该假说的主要理论以及该假说能够解释的相关音乐教学事实。例如《以欣赏为中心的音乐教学实验研究》的理论假说："'以欣赏为中心的音乐教学'是以欣赏为主导、唱歌和演奏乐器并重、音乐常识与基本技能训练贯穿其中的音乐教学新体系。它在教学内容和方法上，均遵循着'欣赏性'原则。欣赏是音乐教学的基本方面，具有主导作用，在教学时间上适当加大比重，在教学原则上体现为其他方面教学的基础和前提。其理论基础体现为音乐教育目的及音乐教育手段两个方面：从目的来看，基础音乐教育是以审美教育为核心的一种音乐教育，培养更好、更深的欣赏力，是普通音乐教育的最终目的之一，它可以最大限度地发挥人的潜能，提高音乐文化素质及审美能力，接受并创造音乐文明，对于完善人格的形成和发展有着不可低估的意义；从手段的角度来说，'欣赏'是在音乐教育中，设法引起学生对音乐的兴趣和爱好，从而产生学习动力的一种有效方式，是进行音乐教育最有力的手段，所以，'音乐教育必须建立在音乐欣赏的基础上，它是音乐教育的中心'（穆塞尔，格连：《学校音乐教学心理学》）。"理论假说的产生既可从音乐教育实践的观察、感受、积累中获得，也可从音乐教育理论出发，通过思辨的方式，推理、演绎得出。总之，它是实验者在已有知识经验的基础上作出的符合逻辑的推断与假想。

二、音乐教学实验的实施要点

一般说来，音乐教学实验的实施包括这样几个环节：1. 具有周密的实验计划，包括实验目的、任务、范围、对象、时间、步骤、测量方法等，要深思熟虑，多方研讨和修正。2. 选择明确的实验形式和方法，包括单组、等组和循环等形式，应反复推敲和比较，确定最合适的方式。3. 确定适宜的实验对象，这一点至关重要，对象必须是典型的、有代表性和可比性的。比如不能选择具有特殊音乐才能的儿童去代表一般情况，不应使各实验组教师的基本条件相差（专业素质、教学经验及责任心等）过于悬殊。如果选用成绩最好的学生编成实验班，由最有经验的教师任教，加上给以最好的物质条件，那么这种实验的结果就没有代表性，不能代表全体，无推广价值。4. 善于控制实验过程中的全部条件，以便观察实验因子所产生的作用。5. 对自变量的操作、控制过程要详尽地记录，对因变量的观测要事先确定评价标准和方法，对原始数据的检测要准确、无误、可靠，反复核对结论。6. 运用逻辑分析的方法，找出实验实施与实验结果之间的因果关系，把现象分析上升到本质分析，形成因果关系的理论性结论。

值得实验者注意的是，实验手段的科学与规范是课题成功的重要保证。有了优化的实验课题而缺乏科学规范的实验手段，实验也不会卓有成效，科学结论就不易得出。比如一个音乐教学实验采用了等组形式，可是实验班和对比班除实验因子外的其他条件（教师、学生和设备等）大相径庭、相差悬殊，那么产生的结果就很难说是由于实验因子（自变量）的影响还是其他因素（无关变量）在起作用，结论的科学性和可靠性就受到了影响。此外，慎重地处理实验结果，实事求是地认识和评价实验结论，努力保持实验的客观性和科学性，都是一个好的音乐教学实验所具备的。

三、音乐教学实验报告的撰写

音乐教学实验报告的撰写必须具有两个重要前提，一是该项实验研究所确立的理论假说，二是该项实验研究的实施对象、方法、过程、结果的有效数据和全部记录。也就是说，只有具备了上述两个条件，才能构成这种实证性的音乐教学实验报告。一般，音乐教学实验报告包括下列几个部分：

1. 前言

前言部分主要阐述实验课题的缘起，介绍有关背景情况以及实验目的、意义、对象等。前言应简明扼要。

2. 概念界定

这一部分主要是对课题概念的内涵进行说明和界定，具体阐释实验的理论假说。例如，课题的含义是什么，相关概念怎样界定，如何理解新的提法，实验者都要给以具体的解释和阐述。

3. 实验方法和过程

这一部分是实验报告的主体部分，阐述某项音乐教学实验的具体过程和采用的基本方法，包括实验对象的选择条件、方法与数量，实验分组的原则、类型，实验因子的描述，自变量的调控以及对无关变量的处理等。这部分内容音乐教学理论假说的实证部分，应尽可能写得详细、具体和充分。

4. 实验结果

实验结果是实验报告的一个重要部分，是把实验数据进行整理和检测后用图表的方式加以体现并作相关说明，同时辅以能代表实验结果、能体现自变量与因变量因果关系的典型实例，以表达该项实验获得的结果。

5. 结论与问题

这是实验报告的最后一个部分，一般包括两项内容：一是把实验现象上升到本质认识，从而得出关于某种音乐教学假说的科学理论；二是根据实验结果进行分析和讨论，或解答音乐教学实践中的问题，或指出实验本身存在的不足并提出有待进一步研究的问题。

6. 撰写报告应注意的问题

音乐教学实验作为音乐教育科研的一种形式，其写作方法同研究方法密切相关。音乐教学实验报告的写作，其材料必须是实验所得，因此"验证性"就成为音乐教学实验报告的第一属性。教师应详细记录实验过程，密切关注假说与数据间的关系，这是音乐教学实验报告写作的重要材料基础。需要强调的是，音乐教学实验报告要求客观地记录实验过程，客观地分析实验结果。实验数据的整理、检测必须科学而严谨，能够经得起推敲，要让材料和数据说话，不夸张，不修饰，不追求文采，这是实验报告区别于其他文体的重要特点。

153

案例 39

以欣赏为中心的音乐教学实验研究

一、理论基础

（一）指导思想

普通音乐教育是以审美教育为核心的一种音乐教育，其目的不是让学生认识一两条艺术规律，也不是学会一两种音乐技能，而是培养学生对音乐的兴趣，使学生提高音乐文化素质及审美能力，接受并创造音乐文明，进而情操得到陶冶，人格得以完善，成为全面发展、身心和谐的人。

就我国普通音乐教育的现状来看，许多教改经验和模式都是"技能型"的，带有较明显的智育痕迹，而真正美育意义上的音乐教育尚未被充分认识，我们没能找到一条较好的改革途径。为此，探索音乐审美教育的一般规律，提出音乐教学实施美育的有效途径与最佳方法，便成为本课题研究的方向和旨归。

（二）课题含义

以欣赏为中心的音乐教学，其含义可从音乐教育目的及音乐教育手段两个方面来理解。从目的角度来看，培养更好、更深的欣赏力，培养审美能力，是普通音乐教育的最终目的之一，它可以最大限度地发挥人的潜能，对于完善人格的形成和发展有着不可低估的意义。而从手段的角度来说，"欣赏"则是在音乐教育中，设法引起儿童对音乐的爱好和兴趣，从而产生学习动力的一种有效方式，是进行音乐教育的最有力的手段，所以，音乐教育必须建立在音乐欣赏的基础上，它是音乐教育的中心。

以欣赏为中心的音乐教学，具体来说，包含着这样两层意思：一是以欣赏为主导，唱歌和演奏乐器并重，音乐常识与基本技能训练贯穿其中。二是在教学内容和方法上，遵循和体现"欣赏性"原则。

欣赏是音乐教学的基本方面，具有主导作用，在教学时间上，欣赏应适当加大比重，在教学原则上，欣赏应为其他方面教学的基础和前提。唱歌和演奏乐器同为音乐教学的重要方面，不可只重唱歌而忽略器乐。音乐常识与基本技能训练不作为独立的科目，而是融于欣赏、唱歌和演奏乐器的教学之中。

什么是"欣赏性"原则？教学内容方面的"欣赏性"原则是选择具有欣赏价值、能够真正唤起美感的歌曲和乐曲作为音乐教材，曲要动听，歌要耐唱。教学方法方面的"欣赏性"原则为：一切音乐教学活动都要以"听"作为基础和前提，先听后唱（奏）、边听边唱（奏）、多听精唱（奏），听、动、唱、奏结合。在此前提下，教学活动要充分调动音乐的欣赏因素，创造优美的欣赏气氛。

二、实验概况

（一）实验目的及设想

通过实验，旨在研究和探索音乐审美教育的规律，发现和总结普通音乐教育实施美育的有效途径和最佳方法。实验的主要设想是：

1. 通过创造良好的音乐环境，为儿童提供学习音乐的条件与机会，诱发其音乐兴趣，培养学生对音乐艺术的喜爱。

2. 通过音乐教学，致力于启迪儿童的情感，培养其美感，强化其审美体验，培育其鉴赏能力，为其形成良好的艺术情操奠定基础。

3. 全面提高学生的音乐素质并验证音乐素质对智力、体质、品德的促进作用。

（二）实验方法

采用自然实验法，等组形式。

实验对象包括朝阳市4个教学班，抚顺和大连市各1个教学班，这些教学班都是经过慎重选择、反复比较才决定的。其特点是，实验对象典型，具有充分的代表性。如代表朝阳市城市小学的两所学校，一所各方面条件属中等偏上水平（南街小学），另一所则属中等偏下水平（胜利小学），代表朝阳农村小学的则是一所偏远山区的村小（火神庙小学），代表中学的朝阳市六中也属中等水平。而教学班的选择更是体现了这种特点，例如，南街小学实验班，为1986年入学的一个普通班，学生43人。入学时，学生的音乐素质和智力基础都很一般，通过音乐测试（听音模唱、节奏模仿），好的或较好的不足60％，其余的都比较差。文化考核不足60分的将近30％，十几分、二十几分的学生很多。当然，各方面素质较好的学生也占一定比例。所以选定这样一个教学班．是考虑这个班无论从学生的音乐素质、文化基础、身体状况、家庭职业构成等各方面条件均在其所在年级居中，具有代表性和典型意义。

实验组由四方面人员构成：课题主持人、实验研究人员、实验教师和指导教师。在对实验教师和指导教师的选择上，特别注意了两个问题：一是要有敬业精神和改革意识；二是专业水平和教学能力适中。由于实验采用等组形式进行，在对照班的确立上充分考虑了"条件相等"这一因素。经过测试选择的 6 个对照班，在学生、教师、设备等基本方面大致与实验班相同。

（三）实验教材及教法研究

实验班所用的教材是由自编教材和统编教材结合而成的一种独立的教材体系，自编教材包括中学和小学各三册。编选原则是：注重欣赏性，体现文献性与经典性，把在音乐史上占有重要地位、动听耐唱、经久不衰的声乐和器乐作品选入实验教材。同时，注意作品的时代感，贴近学生的生活，表达孩子们的心声，努力使教材成为孩子心灵萌发美感的种子。这套教材的一个突出特点是课时教材量大，尤其是中学，学生平均每课时要接触 4~6 首声乐作品或 3~4 首器乐作品，极大地开阔了音乐视野，形成丰富的艺术积累。一些审阅和接触过这套教材的专家及教师给予教材很高的评价，认为"实验因子突出"，"可操作性强"，"具有相当的教育水准和艺术水准"。除了使用自编教材外，依据实验目的和教材编选原则，实验班精心地选择了部分统编教材作为教学内容，两种教材，配合使用，互为补充，相得益彰。

在教学方法上，实验班的教学实践基本上遵循了这样四个原则：

1. 重视兴趣培养，强调参与意识

音乐教学的目标之一是培养音乐兴趣，那么，首先，在方法上就应重视兴趣，音乐教学手段的趣味化和游戏化可以使学生喜爱音乐课，可以使枯燥的乐理、识谱等内容变得有趣，可以吸引学生主动地投入，提高他们课堂的参与意识，所谓变"要我学"为"我要学"。

2. 重视情感体验，强调美育气氛

这点也是和音乐教育的总目标密切相连的。音乐教学是情感与思维交织的活动过程，其特点是以美感人，以情动人。因此，实验班的教学活动、课外音乐活动都十分注意情绪的表现和表情训练，比如歌要唱得动听，但更要感人，发声、视唱、听音、节奏练习这些比较单调的内容，也尽可能地挖掘美的因素，创造美的环境和气氛。

3. 注重欣赏手段，强调感受能力

实验班的课堂结构突破了原来的理性入手模式，无论是欣赏课、唱歌课、乐器课、综合课，都是从感性开始，从听入手，听唱、听奏、听动、听议、听记结合，然后再逐渐过渡到理性，形成知识能力。

4. 重视教学过程，强调教学效果

音乐课是实践性很强的学科，所以教学过程十分重要，对于许多音乐审美活动来说（如音乐欣赏、音乐表演、音乐游戏等），往往目的即在过程中。实验班的教学从不追求进度或难度，也不过分看重一节课的知识及技能程度，它关注的是教学过程是否完整，是否自然流畅，然后才是尽可能理想的教学效果。实际上，这二者也是统一的，有了一个好的音乐教学过程，必然会获得好的教学效果。

三、实验效果

（一）阶段成果概述

在6年的实验过程中，6个实验班共进行了11次阶段验收、38次教学观摩或汇报。通过这些方式，不断地对实验进行检测和调控，不仅获得大量数据，显示了明显的阶段性成果，而且使实验组对课题进一步产生新的认识，及时调整实验手段，使实验得以顺利进行，一直处于良好的状态。

6年间，实验组共接待省内外听课人员600余人次，为全省音乐教研会议作课4次。实验组执教的音乐课，有7节被评为省级优秀课，有1节被选送到全国音教会议观摩，1节课选送到中央教育电视台播放。实验组撰写的论文有7人12篇被评为省级以上学术团体优秀论文。有关部门领导和音乐教育专家考察了实验班的教学活动后，给予很高评价和鼓励，认为"实验班的技能训练与审美培养结合得很好，体现了一种崭新的音乐教育观念，学生的音乐素质获得了全面发展"，"实验班的教学充分体现了美育的精神，美的内容、美的形式、美的表现、美的情趣，收到了美中育人的成效"，"实验班的学生音乐参与意识很强，全身心地进入音乐，他们的审美感受、审美实践、审美判断、审美鉴赏都有相当的基础，不是浅层次的，体现了音乐教改的一种深化"等。

实验班学生多次在全国、省、市各类音乐活动中获奖，他们撰写的音乐文章在《学校音乐》上发表，他们创作的音乐作品在电台播放，一些学生被聘为电视台少儿节目主持人。

实验组教师有2人被评为市级优秀教师，3人被评为市级模范教学工作者，5人被评为省音乐教改实验先进教师，2人被收入《中国文艺家传集》《中国当代教育名人辞典》《中国当代文艺家辞典》《高级教师精华》等辞书。

（二）终期成果报告

实验组中，朝阳市南街小学实验班于1992年7月首先完成了实验任务。朝阳市教育科研领导小组委托市教育研究中心、市教育科学研究所组成鉴定委员会，对南街小学实验班进行了毕业验收。鉴定委员会通过测试、问卷、座谈、答辩、听课、观摩音乐演出等方式，全面考查、评估了实验班后，提出了两个报告。

南街小学"以欣赏为中心"音乐教改实验班毕业测试报告

受鉴定委员会的委托，测试组从6月22日至7月4日对南街小学音乐实验班和市区内未进行实验的一所学校的平行班进行了测试。参加测试的两个班学生共计40人。

一、测试内容

欣赏、唱歌、乐器演奏、创作、视唱练耳，均按《课程标准》六年级标准命题。

二、测试方法

1. 在核定在籍生的基础上，实验班和对照班分别由任课教师提出 5 名优等生，然后用分层抽样法从其余的学生中各随机抽样 15 名，男女学生比例 1∶2。

2. 唱歌、乐器演奏、视唱练耳采取逐个面试的方法，欣赏、创作采用笔试的方法。

3. 采用 10 分制。

三、测试资料的统计检验结果

1. 实验班和对照班的条件对比

①教师条件。实验班教师为高中毕业生，30 年教龄，教学经验比较丰富，音乐素养一般；对照班教师为中师毕业生，将近 30 年教龄，教学经验比较丰富，音乐素养一般，两人条件大体相等。

②学生条件。实验班学生的家庭职业结构主要是工人、教师、干部子女，有少量个体户和农民子女。对照班学生大部分是军人、干部、科研人员子女，同时有少量工人和农民子女，家庭环境条件后者优于前者。

③设备条件。实验班有音乐教室、钢琴、录音机、音箱、磁带等教学设备；对照班没有音乐教室，有风琴、录音机、磁带等。在教学设备条件上前者优于后者。

④课时条件。实验班和对照班都是每周两节，完全一样。

经上述各方面条件的对比衡量，两个班级基本上可以看做是等质的。因而，在测试成绩对比上基本有效。

2. 抽样误差对比

班级＼项目/数据	全班人均分	受测人均分	校正系数
实验班	9.5	9.5	
对照班	8.8	9.7	1.03

由上表可见，实验班受测的 20 名学生期末音乐总评成绩均分与全班人均分一致，说明抽样没有误差，可以认为这 20 人代表全班学生音乐水平，而对照班受测人均分高于全班人均分，说明抽样偏高。因此，需用校正系数校正，才能代表全班学生的音乐水平。

3. 测试结果

实验班与对照班测试结果统计表

类别	数据\项目	视唱	听音	唱歌	乐器	欣赏	创作
实验班	X（平均分）	8. 40	9.55	7.88	8. 28	9.81	8.79
	S（标准差）	1.90	0.759	1.71	1.51	0.38	1.19
对照班	X（平均分）	5.20	5.70	5.05	7.80	6.43	5.95
	S（标准差）	2.35	2.34	1.90	1.00	1.49	2.18
t 值		4.616	6.875	4.819	1.11	9.67	4.99
P 值（概率）		<0.01	<0.01	<0.01	>0.05	<0.01	<0.01

结果说明：

①从平均分看，在全部测试内容中，实验班均高于对照班。t 值检验结果，视唱、听音、唱歌、欣赏、创作五项 P 均大于 t0.01（38），两班的差异非常显著，可以认为实验促进了学生音乐素质的全面提高。

②乐器项目的测试均分，实验班仅略高于对照班。t 值小于 t0.05（38）的值，两班无显著差异，可以认为在乐器学习方面，实验因子没有产生作用。

③从表中可以看出，欣赏和练耳两项的 t 值比其他各项高出许多，可以说明实验因子对学生的欣赏能力、听觉能力的提高影响很大，作用明显。因此可以认为，实验对于培养学生良好的音乐听觉和音乐审美能力，具有显著的意义。

④由于对照班抽样偏高，校正系数 1.03，如果用校正系数校正，对照班的均分应减低，这就更加明显地显示出实验班的成绩高于对照班。

测试组

一九九二年七月八日

南街小学"以欣赏为中心"的音乐教改实验班毕业调查报告

受鉴定委员会的委托，调查组于 7 月 4 日至 5 日对南街小学音乐实验班和市区内没有进行实验的一所学校平行班进行了对比调查。接受调查的两个班均为由抽样决定接受测试的学生，每班 20 名，共计 40 名。

一、调查内容

1. 音乐兴趣；2. 音乐态度。

二、调查方式

1. 问卷；2. 座谈。

三、调查结果

学生音乐兴趣调查表

内容 班级　人数	喜欢唱歌	经常在家 听音乐	学钢琴 等乐器	喜欢但举不 出具体事例	不喜欢 没兴趣
实验班	12人　60%	11人　55%	9人　45%		
对照班	4人　20%	4人　20%	2人　10%	9人　45%	2人　10%

说明：实验班学生的答卷中，有12人次同时列举两项证明自己音乐兴趣的事例，对照班有1人。

从上表可以看出，实验班学生的音乐兴趣广泛而具体，参与各项音乐活动的人数比例大。对照班学生对音乐绝大多数也具有兴趣，但近一半学生仅限于认识上喜欢，无实际事例罗列，说明实践中缺乏参与。这个班尚有2名对音乐不感兴趣的学生。由此可见实验班的学生在音乐兴趣方面明显优于对照班。

学生音乐态度调查表

内容 班级　人数	认为生活 中不可缺 少音乐	上中学后 愿进一步 学习音乐	音乐方面的理想与追求					
			当音乐 教师	当音乐家	当歌星	考音乐 学院	音乐爱 好者	没什么 打算
实验班	20人 100%	19人 95%	8人 40%	7人 35%	7人 35%	2人 10%	2人 10%	
对照班	19人 95%	14人 70%	3人 15%	4人 20%		1人 5%	2人 10%	8人 40%

在表中第一项内容中，实验班和对照班的学生几乎全部认为"生活中不可缺少音乐"。在对此问题的具体阐述中，实验班的学生认为"音乐是人类的朋友"，"音乐给世界带来色彩，给人类带来欢乐"，"音乐是世界上最美的东西，让生活充满音乐，让音乐点缀美好的世界"，"愿音乐给世界带来和平、美好，让世界充满音乐气息、充满爱"，"希望利用音乐消除残暴的性格，使人类不再喜欢战争，让世界变成一个和谐、快乐的星球"等，体现了对音乐比较深刻的认识和真挚而浓郁的情感。对照班的学生除少数人理解较深外（如："没有音乐的时候是生存，而不是生活！"），大多数都是泛泛地表达，例如，生活中如果没有音乐"会寂寞"，"会失去乐趣"，"会暴躁"，"会枯萎"，"会感到遗憾"，"会丢了魂"等，也有的把音乐当成调味品的，认为"调味品取消，菜就没味了"，其中还有一名学生对音乐之于人们的生活持无所谓的态度。

对于表中的第二项内容，实验班的绝大多数学生均表示"上中学后即使学习紧张，也不把音乐课间断，渴望在音乐方面能有更多的收获"的态度，部分人还希望实验班保持下去，到中学后能分到一个班里，仅有一人认为要先抓好文化课学习，文化课若学好了再继续学音乐。对照班有1/4的学生表示"上中学后重点不是在音乐，而是在学习（指文化课）上"。

表中第三项内容，集中反映了两个班学生的音乐态度。难能可贵的是，实验班学生竟有2/5的学生选择了音乐教师这一职业。在表述他们的崇高理想时，他们是那样地一往情深、真挚执著："我要当一名音乐教师，把我们祖国变成人人都爱音乐的国家"，"长大想当音乐教师，就算当不上，也要为音乐事业奉献自己的一份力量"。由此可见，音乐艺术对他们的吸引之大，音乐教师对他们的感染之深。对照班学生有2/5的学生填写的是"没理想""无追求""不想在音乐方面有什么作为"，二者形成了强烈的反差。

综上所述，两个班学生在音乐态度方面，不仅存在着"量"的差异，也明显表现出"质"的不同，说明实验班学生在音乐心理上显著地优于对照班。

在座谈会上，实验班学生情绪热烈，发言积极，表现出对音乐问题的浓厚兴趣、强烈的参与意识和较好的审美判断能力。例如，在就"我与音乐"的题目座谈时，许多学生列举自身事例，谈出"我爱音乐""音乐伴随我成长""音乐，它是我的信念、我的追求、我的理想、我的奋斗"，"音乐已深深扎根在我的心中"（详见《实验班学生作品选》），这些切身的感受，体现出对音乐艺术的真诚喜爱和热烈追求。在谈及"我听流行歌曲"的题目时，一些学生显示出了较高的鉴赏能力和较宽的艺术视野，如认为"不能'跟着感觉走'，应该提倡'热心肠'"，"我欣赏'阳春白雪'，但不排斥健康向上的'下里巴人'"（详见《实验班学生作品选》）等。调查人员曾放了一段宗教音乐《赞美诗》给实验班的学生听，让其谈感受，他们大都认为"音乐表现了和谐与平衡，具有庄严和神圣感"，"是一种纯净的音乐"，同时，他们又认为：生活里需要这种音乐，但绝不是唯一的，显示出敏锐的音乐感和一定的审美判断、水平。

调查组

一九九二年七月九日

（三）外部评价

一些考查过实验班的专家学者，或发言或撰文，对实验成果进行评价：

国家教委"八五"重点项目专题组负责人、沈阳音乐学院学报副主编魏煌教授认为：以欣赏为中心的音乐教改实验，在学术上体现出两个意义：一是前沿性。音教改革应有超前意识，站在学术的前沿，这种探索才更可贵。二是代表性。实验班具有典型特征，因此才具有可比性，才具有普遍意义。中国柯达伊学会副会长、《音乐生活》杂志副主编方萌指出：以欣赏为中心这一实验课题的提出，在国内具有开创意义。它突破了以音乐技能、技巧为重点的一些实验类型，而以音乐审美为重点，在培养学生音乐审美感知力的同时，更侧重于音乐审美体验与判断力，从而提高其艺术审美情操，这是内涵较深的一种构想。

四、问题讨论

（一）课题的表述问题

"以欣赏为中心"这一提法自 1984 年产生以来，一直引起音教界的关注，赞成者、理解者、误解者均有之，就课题的研究重点及主要内容来看，它应属于音乐审美教育的范畴。由于"欣赏"是音乐教学的内容之一，就容易使人误解为这项课题仅仅是教学内容方面的改革，若按这种思路来认识"以欣赏为中心"，显然会产生一些疑义。因此，如何寻找更为恰当的表述语应是课题组思考、研讨的一个重要问题。

（二）实验管理问题

由于实验组是一个各市间的合作组织，不仅在沟通方面存在一定困难，在项目管理上也比较薄弱，不便进行定期的跟踪检测，尤其缺乏人力、物力、经费支持等。此外，实验组人员的教育科研意识，对课题的深入理解及创造性发挥随着实验的深入也需要进一步提高。

五、关于课题的进一步思考

我国普通音乐教育的改革已进行了多年，产生了许多经验和模式，但多为"技能型"的，带有较明显的智育因素痕迹，而真正美育意义上的音乐教育尚未被充分认识，更没能找到一条改革途径。

在经历了 6 年的音教改革实践后，我们更加深刻地认识到，作为基础教育的一个阶段，中小学音乐教育的价值完全在于美育。因此，进一步完善我们的设想，使音乐教育由"技能型"向"审美型"转变，突出美育功能，实现美育手段的优化，将是实验进一步着重解决的课题。

中小学是普通教育、义务教育，任何一项有价值的实验项目都应是面向全体教育对象的。为此，扩大实验面，变"选择性"音乐教育（选择适合音乐教育的儿童）为"适应性"音乐教育（适应所有儿童的音乐教育）将是实验研究解决的另一个重要课题。

第五节　音乐教学论文写作

论文是进行教育科学研究和探讨教育学术问题并描述其成果的学术性、理论性文章。音乐教学论文作为教育教学科研的一种成果形式，对于研究音乐教学理论、总结音乐教学实践、指导音乐教学都具有重要作用，是作者学识水平、工作业绩和研究能力的重要标志，也是晋升音乐教师专业技术职称的重要依据。

一篇音乐教学论文的产生，从选题到写作，要经历一个必需的过程。这一过程的实质，是对音乐教育某方面内容的研究和探索，必然会伴随着许多思考、探究、反思活动，因此音乐教学论文的写作过程也是作者提高音乐教学研究能力的过程。在基础教育课程改革中建构的音乐新课程对新型音乐教师提出了要求，而新型音乐教师的标志之一即是研究型教师，无疑，积极进行音乐教学论文的写作是不断提高音乐教师研究水平和写作能力的良好途径。

一、选题

选题，即选择确定论文写作的主题，一般称之为论题。具体地说，选题是在论文写作前选定论文所研究的课题内容的过程，也就是解决"研究什么问题"的过程。选题是十分重要的，选题不仅是论文写作的前提与基础，而且在一定程度上决定着论文的成败，因此选题客观上标志着作者的研究能力和水平。

选题标志着音乐教学研究的方向，意味着音乐教学研究的目标，决定着音乐教学研究的价值。一个好的音乐教学论文选题，一个方向正确、目标适宜、基础扎实的前期准备工作，会给音乐教学论文写作奠定坚实的基础。选题正确、适宜与否，在相当程度上决定着论文写作的过程是否顺利。常写文章的人都知道，一个好的选题等于论文成功了一半，即"题好一半文"。而相反，如果选题不好，则会导致写作过程中的困难重重，甚至造成论文中途夭折或研究成果甚微。由此足见选题对论文的成功关系重大。

如何选择一个方向明确、具有价值，同时又适合自己研究的课题，涉及方方面面的因素。对于一般的音乐教学论文来说，选题可遵循范围适宜、方向明确、视点敏锐、富有新意和具有价值等几个原则。

1. 范围适宜

第一，适合自己的专业领域。科学研究在一定意义上说，是运用已有知识解决问题并创造新知识的过程。而知识是分门别类的，也就是说是按专业分类的。一定专业的知识只能用于解决与本专业有关的学术问题，而不能用于解决与本专业不相干的学术问题。因此，应该在自己所学专业的范围内选题，这样就能为研究的顺利进行提供必要的专业知识。所以，音乐教育工作者的论文选题一般都应集中在音乐教育领域，而这一领域的基础音乐教育、师范音乐教育、高校音乐教育、社会音乐教育、专业音乐教育等分领域的相关研究，最熟悉者自然就是相关分领域的专业人员。再具体一些，比如在基础音乐教育领域，音乐教研员在教研工作方面应该最有发言权，而中小学音乐教师则在音乐教学实践方面具有优势，那么各自的选题就应有所不同和侧重。选题适合作者的专业范围，掌握的材料就会比别人多，研究自然就有了得天独厚的优势，取得扬长避短的效果。如果不是这样，选题时放弃自己所熟悉的领域，一味追求新异，把兴奋点集中在别人的专业领域里，必然是"种了别人的地，荒了自己的田"。虽然兴趣爱好广泛是件好事，但是由于缺乏相应的专业知识基础，研究过程中必然会遇到许多意想不到的困难，要么中途放弃，要么对相关专业知识补课，事倍功半，得不偿失。

当然，在学科边缘和交叉领域内选题也不是不可以，如今学科林立，其边缘问题比比皆是，因而突破点很容易找到。在这一范围里，多是人们尚未涉猎的领域，可以避免撞车，容易取得成果，往往能写出有分量、有见地的论文。这类选题，作者不仅要具备广博的知识积累和突出的宏观把握能力，而且还应对所涉猎的两门相关学科具有比较坚实的理论基础。因此，在通常情况下，论文作者首先还是要立足自己的专业领域或优势项目选题，然后再来慢慢地拓宽。特别是对于初学音乐教育论文写作的人来说，要等知识储备和研究能力比较成熟以后，再去进行这类交叉领域的课题研究，可能更为适宜。

第二，适合自己的兴趣和特点。兴趣是人们对客观事物的选择态度，从科学研究的角度说，它是人们积极探究某种事物的活动倾向。在科学研究与论文写作过程中，兴趣发挥着重要作用。

选择有兴趣的课题进行研究，可以使音乐教育研究获得某些前提条件，因为兴趣所在，作者的关注所在，必然会是比较熟悉的内容，是作者了解得稍多的方面，而只有熟悉和了解才能进一步去掌握，才能充分发挥作者之所长。选择有兴趣的课题进行研究，还可以使音乐教育研究获得良好动力，因为有了研究兴趣，作者就会充满激情，充满创造灵感。如果所选论题是你不感兴趣的内容，是你不喜欢的事情，那肯定写不出好文章，硬着头皮去写，只能是自己和自己过不去。在音乐教学研究中，每人都有自己的长处和特点，而对选题饶有兴趣，才能精神兴奋，思维活跃，才会日有所思，夜有所梦，才可以坚持不懈，把所选课题的研究进行到底。

当然，兴趣是可以培养的。对于音乐教学论文来说，许多人开始可能并无兴趣，这是由于中小学音乐教师多是形象思维而不太习惯逻辑思维的缘故。但这并不是不可以改变的，如果开始就能选择一个比较感兴趣的课题，随着研究的逐步深入和阶段性成果的形成，作者不仅会逐渐熟悉逻辑思维的方式，而且能逐步提高对音乐教育论文的写作兴趣。需要指出的是，有的论题，研究者开始可能很有兴趣，但随着研究的开展和深入，随着研究难度的加大，可能会失去信心和兴趣，这是值得注意的。再有，选题需要适合作者的兴趣并不等于只顾兴趣，如果只是强调兴趣而忽略了其他选题原则，同样是不可取的。

第三，适合自己的能力和水平。选题要适合自己的能力和水平是一个非常重要的原则。如果论题虽然具有价值，但无论经过怎样的努力，也难以驾驭和把握，那么这样的论题对于研究者来说自然是不适合的。也就是说，在坚持选题的专业性原则和兴趣性原则的同时，还必须坚持选题的可实现性原则。所谓可实现性原则，就是在作者力所能及的范围内，经过努力能够实现对课题的理论解决和理论表达，即能完成所选论题的写作。具体来说，可实现原则涉及两个方面：一是主客观统一，二是难易适度。

论文选题是主观愿望和客观需要相结合的产物。从主观方面讲，选题要根据作者的学识水平、业务专长和兴趣特点来确定，以使研究工作能够积极、自觉、充满热情地进行。从客观方面讲，选题必须考虑是否具有必备条件，诸如参考资料、研究时间、实验设备、研究经费等方面保障的可能性。主观条件与客观条件统一，才能更好地确立论题。就音乐教学论文的写作而言，应该尽量选择与实践联系紧密、用时较少的课题来写，并在不影响工作的前提下，对某些长效课题进行持之以恒的研究。

选题要难易适度是从两个角度说的：一是课题本身的难易程度；二是相对于研究者来说的难易程度。从课题本身来说，愈大的题目愈难，愈抽象的题目愈难，愈宽泛的题目愈难。可以比较这样几个题目："论小学音乐教育""论小学音乐教学法""论小学唱歌教学法"。以上三个题目，一个比一个小，一个比一个具体，一个比一个窄，相对而言，写作难度也是一个较一个小些。对研究者来说，选题过易或过难均不可取，过易则无法充分发挥自己应有的水平和潜能，而且没有多大收益和意义；过难则力不从心，以至花了很大精力仍然一筹莫展，容易丧失信心，半途而废。所以，选题最好是在自己力所能及的范围内，如此才能使自己的能力和水平得到充分的展示和提高。

2. 方向明确

选题方向明确，是指要弄清楚所选音乐教育领域的基本性质。我国音乐教育按其性质划分，一般可分为普通音乐教育和专业音乐教育两个系统。在普通音乐教育系统中，又分为基础音乐教育、师范音乐教育、高校音乐教育和社会音乐教育等不同类别。就教育规律而言，各种类别的音乐教育都有着自身的体系和特点，并不是可以相互替代的。然而，我国的普通音乐教育却长期接受专业音乐教育的影响，追随与沿用专业音乐模式，一直忽视对自身体系的研究与建设。这种状况，不仅导致了中小学音乐教育的专业化倾向，亦导致了师范音乐教育向专业音乐院校看齐的发展倾向，导致了普通音乐教育在一些地区和学校成了准职业教育、准专业教育的现象。因此，在音乐教育论文选题时，必须要了解所选领域的基本性质、基本理念和基本目标，这样才能把握所选论题的正确方向。

基础音乐教育作为普通音乐教育的基础部分，有其特定的含义和界定，它是面向全体学生的、关于音乐的文化素质教育，它的基本目标是育人。基础音乐教育不是专业音乐教育或职业音乐教育，不以造就音乐家为己任（但尊重每个孩子都有成为音乐家的这种可能）。它以音乐审美教育的方式来影响学生的情感状态和意向，使学生接受和创造音乐文明，陶冶情操，形成审美能力，完成和实现人格发展。具体来说，基础教育阶段的音乐课，是人文学科的一个重要领域，是实施美育的主要途径，是面向全体学生的必修课，对于促进学生全面、有个性地发展，具有不可替代的作用。

基础音乐教育是一种音乐文化教育，根本目的是提高学生的音乐文化素质。因此，学生不论是否具有天赋与特长，都应有接受音乐教育的权利和义务，因而，面向全体学生是基础音乐教育的重要价值观。相对于其他形式的音乐教育，基础音乐教育具有明显的基础性，它属于基础教育范畴，目的是培养学生的音乐兴趣，形成热爱音乐的情感意向以及基本的音乐能力和审美能力。同时，也为爱好音乐的学生通过选修的途径搭建一个进一步发展的平台，为学生在音乐上的持续发展奠定基础。

3. 视点敏锐

首先，要对准音乐教学热点。在热点问题上选题，自然有其优势，由于这类选题受人关注，因而成功的可能性也就大一些。例如，在基础音乐教育领域，由于正在进行音乐课程改革，因此诸如"音乐教育观念转变"，"音乐教师角色转变"，"音乐教学方式变化"，"音乐学习方式变化"等就成了这一领域的热点话题。

选取这类热点论题当然不错，但因为关注的人多，发表的见解也多，所以选取和处理时要注意两个问题：一是避免现象罗列，泛谈泛议；二是不要亦步亦趋，人云亦云。这两种问题均是热点文章中常有的现象，由于缺乏研究深度和研究新意，尽管是热点也不会引起人们的关注和共鸣。因而，对于音乐教学热点的选题，应当用前瞻的眼光和崭新的观念剖析其发展变化的深层原因，努力作出具有说服力的理性思考，找出客观规律。这也提示我们，大家都在关注热点问题并纷纷以此作为自己的论文选题时，一窝蜂地跟着别人跑并非最佳选择，而善于以不同的视角对准音乐教育热点才会在这类选题上获得成功。

其次，应透视音乐教学焦点。所谓焦点，是指舆论关注的中心。对于音乐教学来说，焦点问题是大家特别关注而又没能达成共识，或者在较长时间里没有获得解决的问题。基础教育课程改革以来，随着音乐新课程的逐步推进和不断深入，一些聚焦实验区音乐教师目光的新焦点、新问题也随之而来，像"音乐教学内容与形式"，"音乐本体与综合"，"情感态度与知识技能"，"多媒体与常规教学手段"等，使许多实施音乐新课程的教师为之欣喜的同时又为之困惑，所以，准确地理解音乐新课程，处理好上述问题的关系，不失为当前基础音乐教育中一种较好的选题。

最后，还要关注音乐教学的盲点。什么是盲点？从词义上来说是人们看不到的地方，没有被发现的方面。就音乐教学论文的选题来说，盲点是相对热点和焦点的不被人们关心和注意的问题，即所谓的一些冷门问题。比如，通常大家都很关心音乐教学方式与方法的研究，然而却很少有人关心学生音乐学习方式与方法的研究；平时人们往往把注意力集中在音乐教学活动设计与操作方面，而极少了解音乐教学与学习的心理；一般教师考虑如何把自己所掌握的音乐知识和技能教给学生的比较多，但几乎不去思考从学生那里了解音乐信息或吸收音乐知识的问题。像类似"音乐学习方式与方法"，"音乐教学与学习心理"，"音乐教学中的'反哺'现象"等问题，都属于音乐教学论文选题中的盲点。

应该认识到，盲点和冷门虽然远离某一时期的热点和焦点，但并不是问题本身没有价值。就前面提到的几个问题来说，或是尚未被人意识，或是暂时没有受到关注，其原因跟音乐教育研究的深入及音乐教师理论素质的提高有着直接的联系。其实，课题的价值并不在于是否赶时髦、凑热闹，也不取决于在一个时期内是否为人们所关注，很多课题都具有潜在的价值。而盲点和冷门的价值一旦被发现，被认同，便会迅速转化为热门和焦点成果，同时又可拓宽研究的新视野。这类选题，只要作者留意，善于观察和用心思考，并不难找到。

4. 富有新意

选题是否具有新意，对于音乐教学论文来说是一个非常重要的问题。文章有新意才有可读性，文章有新意才会有价值。而一篇论文是否具有新意，首先体现在论文的论题上，即是说，论文是否提出了新的观点。

独创性是论文的生命所在，所谓独创性，就是论题中提出了与众不同的新见解、新思想、新观点。比如针对音乐学科的特点，音乐教学不应该存在标准答案，一位作者写了一篇《学生可以说不》的文章，提出在音乐欣赏教学中，学生可以说不——不喜欢教材的音乐，不喜欢老师的教法，不同意教师的理解，不赞成作者的创意。这种在音乐教学中培养学生的求异思维和质疑意识的论题，出乎许多人的意料，充分地体现了新颖性和独创性。还有一篇题目为《老师，请你别多讲》的文章，仅从题目上看就是观点很新的文章，在目前音乐欣赏教学普遍采用讲解、聆听的现状下，文章独树一帜地提出欣赏教学教师应少讲而让学生多听音乐，其中的独创性一目了然。再如，像《先唱歌后识谱的教学尝试》《让每个孩子都能自信地歌唱》《让学生拥有丰富的音乐体验》《体验和感悟是最好的教育》《音乐新课程与人文精神的培养》等论题，都是就音乐教学的某些方面提出了新的观点的较好选题。

让自己的选题富有新意，除了善于提出新的观点之外，善于采用新的方法亦是一个重要的途径。同样的课题内容，由于选取方式的变化和选取角度的独特，常常可以产生令人意想不到的新鲜感和出乎意料的良好效果。例如，有一篇论述音乐教学重视情感体验的文章《音乐情感体验"奏鸣曲"》，采用了一种十分新颖的形式，借用音乐作品中的奏鸣曲式，形成了一个别具一格的论文结构：呈示部——丰富情感体验是音乐审美活动的核心，展开部——优化教学方法是丰富情感体验的必由之路，再现部——运用教学机智是丰富情感体验的有效手段。其中，呈示部又进一步分为主部主题（情感体验与音乐审美）、副部主题（情感体验与人的发展）和结束部主题（情感体验是音乐教育的归属）。还有一篇论文的形式更是不同凡响，题为《想说爱你不容易》，文章分为三个部分，小标题分别来自流行歌词：1. 我这样爱你到底对不对，这个问题问得我自己好累；2. 我是一只小小小小鸟，想要飞呀飞却飞不高；3. 曾经在幽幽暗暗反反复复中追问，才知道平平淡淡从从容容才是真。若只看两级标题，好像不是一篇论文，根本无法判断这篇文章所论述的内容，这就吸引了读者的眼球，人们很想知道文章究竟提出和论述了什么问题。作者其实很聪明，在精心创设了这一切后，不忘在主标题下面加了一个副标题——"多媒体辅助音乐教学热"的冷思考。由此可见，论文也不一定非要板起面孔，只能使用严肃的文字，尤其是对于音乐教育这样的艺术领域来说，选择轻松、新颖一点的形式不失为一种好方法。而这种别出心裁的选题方式，特别适用于那些热点话题。

撰写音乐教学论文离不开相关的材料，即所谓论据。因此，如果论文作者能够占有比较新的素材也可以做到富有新意。这类选题的重要特点就是体现信息的独到，材料的独到，我有而你没有。例如，一些去国外学习和考察音乐教育的教师往往会充分利用接触与了解某个国家或地区的音乐教育状况和特点的机会，写出对国内音乐教育界来说颇为新颖、颇具启示的文章。如《美国小学的音乐课探究》《德国中小学音乐教育观感》《国外音乐教育给我们的启示》《香港中学男女学生在音乐学习中的差异》等。但这并不是说，必须出国才能得到新颖独到的材料，其实只要留心，许多方面都有获得新材料的机会和途径。经常翻阅、浏览音乐教育报刊（包括音乐类和教育类），读一点最新出版的音乐教育书籍，是开阔专业视野，发现新的相关资料的有效手段；利用外出学习、开会和游览的机会，注意收集信息，广征博采，同样会获得别人没有注意到的素材。

二、写作

音乐教学论文的写作同其他学科论文的写作一样，有着可以遵循的一些程序。一般来说，需要经历收集资料、撰写提纲、写作初稿、修改加工等几个阶段和环节。

1. 收集资料，阅读文献

音乐教学资料是研究音乐教学的基础，是形成音乐教育教学观点的基础。从表现论的角度说，论题的确立和观点的形成只是完成了论文的一部分工作，而更为重要的工作还在于：把形成的观点表达出来。具体来说，就是要求作者用一些准确、典型、生动的音乐教学材料，去有力地证明音乐教学观点，支撑音乐教学观点。只有以事实为载体、依托、凭借，才能不致虚空。由此可见，论题的确定、观点的形成和论证都受益于翔实的材料。而论文作者的科研实力和水平首先也在于对典型材料的充分占有。

搜集资料的方法可从两个方面进行：一是确定方向，指围绕论题确立从哪些方面搜集资料。从论题与资料的关系来说，必须体现在三类材料的占有上。第一是核心材料，即直接研究对象的材料；第二是辅助材料，即别人论述的有关自己论题的材料；第三是背景材料，即有关论题的背景资料。比如研究基础教育音乐课程改革，首先要阅读和研究《基础教育课程改革纲要》和《课程标准》等文献以及有关纲要和课标的解读文章，即搜集核心材料。其次，要搜集和阅读其他人对基础教育音乐课程改革的研究成果，尤其是那些权威性的研究成果，这是辅助材料。最后，还要搜集和阅读同基础教育音乐课程改革相关的其他背景材料：课改的时代背景、社会环境、教育思潮、国际影响等。二是选择方式，不同的论题搜集资料的方式不同。通常论文写作中所需的材料主要有两大类，一类是直接材料，另一类是间接材料。直接材料具有直接性，真实可靠，因此也最具有说服力。这类论题的资料，需要通过观察、调查、实验等方式获得，那么细心地体察即是这种搜集直接资料的途径。间接材料主要是自己通过阅读有关文献、书籍、报刊等获得他人提供的材料，这类材料在论文写作中既有一定的参考价值，又可以开阔自己的思路。这类论题的研究资料，主要通过文献检索的方式获得，那么，广泛阅读即是这种研究搜集间接资料的方法。此外，也可以采用计算机检索的方法。

2. 拟定提纲，搭建框架

提纲是作者对论文结构的一种规划，是论文写作的一幅蓝图。如果说论题使论文有了"灵魂"，资料使论文有了"血肉"，那么，拟定提纲、搭建框架则是解决论文的骨架问题，也就是为论文设计一个表现其基本观点的完整而严谨的结构形式。

提纲是论文写作必不可少的环节，它体现了作者对所写论文的一个基本思路，它是酝酿和推敲构思的最好方式，而且可以根据提纲进一步调整和丰富对论文的设计。其作用主要是为论文确定一个合理的结构形式，以便更好地阐明论点。有了提纲，才能有层次、有步骤、有说服力地表达观点，来连接思路，来保证文脉贯通。因为论证只有一环套一环，层层推进，才能形成相互间有机联系的整体，有益于写作时文脉贯通，增强文章的可读性。而且拟定了写作提纲后，就可以围绕提纲组织材料，就可以避免结构的混乱，避免写作中出现大的失误。经常从事写作的人都有这样的体会，如果写作中途去从事一段时间其他方面的工作，导致注意重心的转移，因而对下一部分如何写、原先的思考早已淡忘，头脑中甚至是一片空白，这时候就必须借助预先拟定好的提纲来给自己提供线索，唤醒记忆，畅通思路。

论文提纲要基本脉络清晰，在总体构思上要体现提出问题、分析问题和解决问题的基本脉络；要逻辑关系严密，在具体布局上要体现内在的严密逻辑联系，应以总论点为中心，搭起以分论点为支撑的框架结构；要形式结构完整，总论与分论、交代与照应、起与承、承与转、主与次、疏与密、首与尾等应有合适的比例。

论文提纲有简略提纲和详细提纲之分，简略提纲只有大纲和小目，详细提纲在简略提纲的基础上，加上论据要点、重点语句。简略提纲一般是以简要的文字写成标题，把该部分的内容概括出来，又称为标题式写法。详细提纲以能表达完整的句子形式来概括本部分的内容，又称为提要式写法。两种提纲，均包括标题、中心论点和分论点、层次段落以及各分论点所用的材料等内容。两种写法，各有所长，具体用哪一种可根据文章的内容，视个人的写作习惯而定。

标题式写法是把要写的提纲内容用标题的形式提炼出来，用标题的形式来写，简明扼要，一目了然。如下例：

案例 40

《音乐教学的审美要素》提纲

引论：界定"音乐教学的审美要素"的含义，提出论点。

本论：证明论点"音乐教学的审美要素"。

分论点一：音乐教材的审美因素。

分论点二：音乐教法的审美原则。

分论点三：音乐教师的审美规范。

分论点四：音乐教学环境的审美特征。

结论：概括各审美要素对于音乐教学的意义。

提要式写法是把要写的提纲内容概括成内容提要，并对该部分的写法作简要说明。如下例：

案例 41

《音乐教学的审美要素》提纲

引论：写一段话，引出论点："普通音乐教育是以审美教育为核心的音乐教育。研究其教学领域的审美要素，使音乐教学按照美的规律来设置、构建和施教，对于音乐教育的改革与发展具有十分重要的意义"。

本论：分别从四个方面论证音乐教学的审美要素。

一是音乐教材的审美因素。音乐教材是学生获得音乐审美感受和体验的客观条件，是音乐教学审美化的基础和前提。音乐教材的审美因素包括：立意美、情境美、音韵美、曲调美、配器美、伴奏美等。其中，歌曲教材应具备"动听""耐唱"的特点；欣赏教材要体现经典性与文献性；器乐教材则在于显示其音色、织体的丰富之美、变化之美、和谐之美。

二是音乐教法的审美原则。音乐教学作为审美教育的一种方式和手段，有着与一般学科不同的教学方法。主要体现为：从感性入手，以情动人，以美感人，重视教育的潜效应。概括地说，它遵循着情感性、形象性、欣赏性、愉悦性、实践性、交流性等一些原则。

三是音乐教师的审美规范。依据审美教育学的观点，施教者的劳动形态应当具有审美性。音乐教师是美的传播者，一个美好的音乐教师形象，不仅会使学生对教师产生信任感，增强音乐学习的动力，而且还会使其潜移默化地受到美的影响和熏陶。音乐教师的审美规范具体表现在教学仪态、教学语言和教学气质等方面。

四是音乐教学环境的审美特征。审美化的音乐教学环境，其特征主要体现在两个方面，一是听觉环境和视觉环境的优美，二是两者间的和谐。这是创造良好音乐教学气氛和情境的外部条件。

结论：用一段话概括本论所论证的内容，进一步呼应与证明论点。

3. 写作论文初稿

拟定提纲之后，即进入了写作论文初稿程序。这时，作者需要考虑的是写作顺序和行文方式问题。一旦进入写作过程，写作顺序、行文方式与写作提纲的关系就会发生一些变化。虽然是以提纲为基础开始写作论文，但是论文的展开却不可能是完全按照提纲走的，因为论文所写的具体内容是提纲中没有的。因此，写作过程中，随着文思的涌现和流淌，作者应该随时调整写作顺序和行文方式。在这一过程中，论文写作者应该注意把握几个原则：

第一，紧紧围绕主题来写。行文方式服从于以"主题"为中心的原则，顺序可以暂时不做考虑，但内容一定与主题相关，切忌离题、跑题。作者要尽快在问题和看法上使读者产生共鸣，那么"主题"的阐述就显得相当重要。因此，行文方式不仅要使"主题"显而易懂，而且尽可能做到开门见山。例如，在论文的引论部分中写上这样的文字："本论文的基本观点是××××××"，这便是一种突出"主题"的最直接的表现方式。当然，不一定所有的文章开头都这样写，但在行文方式上，尽可能将辅助性、铺垫性的文字与主要论题区分开来，不要混在一起。

第二，尽量做到一气呵成。写作过程中，有人习惯于一气呵成，这样的作者通常是博学之士，才思敏捷，这也同其常写文章有关。而在许多不常写文章的作者中，文思的不连贯便成了一个常见的问题。有的语言贫乏，有的衔接不好，总之是不能让人流畅地读下去。但无论新老作者，有无写作经验，还是应该在写初稿时尽量能够做到一气呵成。因为只有这样，写作思路才不会中断。要知道，思路的中断乃是写作的大忌，断断续续很难写出好文章。从心理学角度来说，作者的写作心境能否不受干扰，保持一个稳定而连续的状态，对于论文写作十分重要。

第三，注意段落之间的衔接。写初稿时，一个常见的现象是作者把材料堆砌和罗列在一起，而忽视这些材料之间的逻辑关系。也就是说，论文中章节之间、段落之间没有按照一定的逻辑关系形成自然而合理的衔接。衔接得好，文章就流利、顺畅，衔接得不好，文章就会越读越别扭。有经验的作者，都是巧于衔接的人，比如另起一行，即是常见的一种衔接手法，那么只加一句过渡性的话，或者插进一个连接词，就可以产生衔接的效果。有时，语言表述上的前后照应，也可以起到衔接的作用。当然，如果逻辑的展开是自然连贯的，那么不需要加入衔接的话，而是恰当选择词汇，文章的行文方式本身也会给人以自然连贯的感觉，这不仅是最好的衔接方式，亦是一种较高的写作和行文境界。

4. 修改与加工论文

论文的修改与加工，是论文初稿写成到论文最后定稿的一个必经过程，这是论文写作中不可缺少的一个环节。有人说，一篇好文章不是写出来而是改出来的，这话有一定道理，说明了修改与加工文章的重要性。修改与加工是在论文初稿基础上的完善与提高，是提升论文质量与水平的重要步骤。因为初稿只是论文的"毛坯"和"半成品"，通过修改，才能使论文成为"作品"和"成品"。修改过程是作者对写作内容不断加深认识，对表现形式不断选择、润色的过程。一般来说，修改与加工论文常常使用下面一些方法：

锤炼主题。主题是论文的中心论点，修改过程中对主题的反复锤炼，可以使其在初稿基础上更加准确和鲜明，更加完善和深刻。作者要反复推敲中心论点及分论点是否偏颇、片面，对其表述是否充分、严谨，若发现不妥，就应再做斟酌、提炼或补充，对原有观点加以适当调整。

增删资料。资料是论证文章观点的论据，修改过程中对资料的增删将在一定程度上决定着论文最终的质量。如果资料不足，就会造成论文内容空洞，就会对论文的观点支撑不力，这就需要添加资料。反之，如果资料堆砌过多，特别是那些非典型的资料充斥其中，不仅使文章臃肿，还淹没了文章的主要观点，这就需要删掉、置换或更改。

调整结构。一篇好的论文往往是通过完整而严谨的结构形式来体现的。因此，修改过程中对结构进行调整亦是重要的方面。当然，尽可能不做大的框架改动，可以根据需要做些微调。比如结构安排是否完整、合理，层次是否分明、均衡，脉络是否清晰、畅通，部分、段落之间的过渡是否自然、妥帖，这些都应在修改过程中做进一步考虑和审视。

推敲语言。文章是语言和文字的艺术，文章的修改最终都是通过语言和文字的修改来实现的。因此，从表达意义上说，论文的修改也就是语言和文字的不断修正。论文语言的推敲就是追求语言和文字表达的最优化，通过对语言和文字的反复加工与润色，不仅使文章的表达简洁、得体，而且使文章生动、流畅。

有经验的作者，一般都会写完初稿后冷却一段时间再做修改。这样做的好处是避免头脑在过劳过热、文思枯竭的状态下进行写作，避免修改效率的低下。初稿写完之后放一放，让大脑和情绪暂时跳出论文，待头脑轻松和平静后再来审读和修改，这样就能站在比较冷静和客观的角度，以新的视角、更高的尺度重新衡量论文的优劣得失，发现和找出不当不足之处，这样就可能有的放矢地进行润色。

有经验的作者，一般都会尽可能听取和吸收他人的修改意见，这一点，对于不常写文章的作者来说尤其重要。因为很多情况下，作者对自己的文章往往是"当局者迷"，不易发现问题，不愿"忍痛割爱"，而旁观者清，能帮你较快地发现问题。所以，在论文修改上，作者要善于听取各方面、各种不同的改进意见。在此基础上，再由自己定夺，取长补短，去粗取精，把文章修改和加工得更加完善。

第 三 篇

音乐课外活动能力

　　课外音乐活动是学校音乐教育的重要组成部分，对于校园音乐文化建设，提高学生的音乐文化素质，培养集体主义精神和合作意识，发展创造力和实践能力具有十分重要的作用。因此，音乐教师要提升自己的音乐课外活动能力。

第一章　校园音乐文化创建

　　课外音乐活动是学校音乐教育的重要组成部分，对于校园音乐文化建设，提高学生的音乐文化素质，培养集体主义精神和合作意识，发展创造力和实践能力都具有十分重要的作用。在小学中，一般都很重视课外音乐活动的开展，参加课外音乐活动的学生人数也很多，并呈现各种形式。

　　学校音乐课外活动包括群体性音乐课外活动及社团性音乐课外活动两个方面，其中，群体性音乐课外活动是面向全体学生的普及性活动，包括校园音乐环境的创设、校园音乐活动的组织，如校园音乐广播、校园每周一歌、音乐欣赏讲座、音乐图片栏窗、歌咏比赛、文艺会演和学校艺术节等。音乐教师在校园音乐活动的组织中发挥着积极的主导作用，对于丰富学生的课余音乐文化生活，提高音乐素养有着重要意义。因此，校园课外音乐活动不仅是音乐课程资源的重要组成部分，也是音乐教师的一项专业能力要求。

第一节　校园音乐环境设计

一、音乐广播

　　《课程标准》指出："学校的广播站、电视台、网站是音乐教育的重要资源之一，要配合课堂教学，播放健康向上的音乐，拓宽学生的音乐文化视野，形成良好的校园文化氛围。应重视家庭和包括网络在内的社会音乐资源对学生音乐爱好、审美情趣的影响。为此，一方面要对学生健康向上的音乐文化生活进行积极引导；另一方面要防止低俗、不健康的负面信息对学生的消极影响。"依据课标的上述要求，学校可充分利用校园音乐广播的形式，提升校园的艺术氛围和学生的审美素质。在开发、利用校园媒体进行音乐广播的工作中，首先要提高学校领导及音乐教师的认识，改变那种"校园广播与教学无关""不是自己的分内工作"的模糊认识，在政策上给以支持，调动和保护音乐教师的积极性。

1. 音乐欣赏

　　利用校园广播进行系统音乐欣赏，如每周一二首中外名曲，每天可在上午大课间，上午放学后和下午放学后分别播出三遍。教师可精选中外音乐名曲并配以解说词，在播放的同时进行分析和讲解。如果能够坚持天天广播，那么一首首优美动听的中外名曲就会每天早、中、晚三次回荡在校园里,"音乐欣赏"就会成为全校师生最喜爱的校园广播节目。可以想象,如果天天如此、年年如此地坚持下去,校园音乐文化必将呈现一派以音乐为友的和谐氛围。有了这种音乐艺术环境,那么不管你想听还是不想听,你都会在听;不论有意识地听还是无意识地听,学生都接受了音乐的熏陶。长期坚持下去,音乐的强大作用就会给人留下不可磨灭的、深刻的印象。

2. 每周一歌

利用校园广播举办"每周一歌"节目,每天可在早晨入校、课间操、下午放学时三次播放。这样,一首歌曲作品每周就会重复播放 15 次,使一首首优美动听的中外名歌每天回荡在美丽的校园里,久而久之,歌曲就会在学生心中生根,久而久之,听会了歌曲的学生就会传唱,从而让格调清新高雅、内容健康向上、贴近学生生活、具有审美情趣的优秀歌曲响彻校园。这不仅增加了学生们的精神食粮,还可以杜绝低级庸俗、不适合小学生演唱的歌曲在校园中传播。音乐教育的重要任务是向学生传播优秀的音乐文化,而校园广播歌曲则是课堂音乐教学的补充。当前学生都比较喜欢流行歌曲,这无可非议,因为流行歌曲也是音乐生活的一个部分。然而,世界上有那么多优秀、格调高雅、艺术性很强、审美价值很高的歌曲作品,学生应该尽可能地熟悉和了解,而校园广播歌曲可以在这一方面发挥作用,引导学生识别良莠,为他们终身享受高雅音乐打下良好的基础。

二、音乐栏窗

校园音乐广播是构成校园音乐文化的听觉环境,而音乐栏窗则构成了校园音乐文化的视觉环境,二者缺一不可,应该配合设计,才能相得益彰。

可在校园中(如甬路、走廊、礼堂、音乐教室等)设立音乐艺术栏窗,编辑、制作和展出有关中外音乐艺术知识、音乐常识、音乐人物、各种乐器的专题图片和文字介绍,还可以定期发布有关音乐的消息、趣闻、轶事,吸引学生观看,增加音乐知识积累,也可以配合音乐广播刊登有关的歌曲和乐曲主题、片段等,使学生一走进校园,就能感受到浓浓的音乐文化氛围。这是学校音乐课程的重要资源之一,也是建设校园精神文明的重要窗口。音乐教师应该充分利用好这些资源,丰富学生的课外音乐生活,拓宽学生的音乐视野,陶冶学生的艺术情操,努力营造一个视听结合的校园音乐文化氛围,使学生潜移默化地受到音乐审美教育的熏陶。

第二节　校园音乐活动的组织

1. 歌咏比赛

为了推动小学校园音乐文化建设,学校应该每年举办一次全校性的歌咏比赛,由音乐教师进行具体策划和组织。比如,比赛可以班级为参赛单位,可规定男生在全队中的比例要求，以使更多的学生参加歌咏活动，评比方式可分低年级、中年级、高年级三个组进行等。平时，音乐教师应该倡导和推动学校经常开展"班班有歌声，人人唱好歌"的活动，适当举办"爱祖国、爱家乡、爱学校、爱老师"的歌咏活动，通过比赛把歌咏活动与各种形式的爱国主义、集体主义教育结合起来，把歌咏活动作为小学生最普及的音乐教育形式广泛开展起来，形成"班班有歌声，人人唱好歌"的校园音乐新貌。

2. 文艺会演

学校每学年都要举办小学生文艺会演，而音乐教师则是具体的策划组织和指导者。活动应该突出小学音乐教育的特点，加强导向，重在普及，通过文艺会演促进学校全面实施素质教育。如会演节目要突出学生的特点和风格，富有学校气息与朝气活力，展示当代小学生的精神风貌；会演过程可以通过推荐优秀歌曲和节目、各班广泛开展各种形式的排练活动与全校演出等三个阶段，让更多的学生在更多的时间中参与活动，最后再评选出歌唱、舞蹈、器乐等方面的优秀节目，这充分体现了活动的群体性和普及性，对学校音乐教育的发展能起到很强的辐射和带动作用，有利于推动校园音乐文化建设。

3. 校园艺术节

校园艺术节是学校根据需要（如校庆、纪念日、重大节日等）不定期举办的规模更大、项目更多、水平更高的全校性学生艺术盛会。艺术节可分两个阶段进行：第一阶段为班级活动阶段，第二阶段为学校评选优秀节目和举行颁奖演出阶段。学校要尽可能要求和组织所有学生参加艺术节活动，参与音乐、舞蹈、戏剧等各种节目的排练与演出，音乐教师要充分发挥自己的聪明才智和专业能力，指导和帮助学生以及其他学科的教师练习节目，提高水准。学校艺术节的举办，标志着学校音乐教育已经进入了一个新的时期，同时也代表着音乐教师的整体专业水平，必然对学校音乐教育的发展产生深远的影响。

第二章　学校音乐团队建设

组建各种学生音乐社团，是课外音乐活动的主要形式之一，也是展示学校音乐教育水平的窗口。随着学校音乐教育的发展，各级各类学校几乎都建有合唱团（队）、乐团（队）、舞蹈团（队）等音乐社团，这些音乐社团不仅活跃了校园音乐生活，并对学校音乐教育起到了一定的示范作用。《课程标准》指出："学生课外艺术活动，是音乐课程资源的重要组成部分，音乐教师有责任协助学校组织学生课余艺术社团，利用各种节日、纪念日、少先队及共青团活动，组织歌咏比赛、文艺会演、师生音乐会或音乐讲座等，引导学生弘扬民族精神，增进集体意识，提高道德素养。学校要将此类活动纳入工作计划，并在场地、设备、经费（包括教师工作报酬）等方面提供支持和保证。"上述表述明确了学生音乐社团课外活动的性质与价值，同时也提出了音乐教师组织、指导学校音乐社团的责任和要求。因此，具备诸如指导学校合唱团（队）、乐团（队）、舞蹈团（队）等能力亦是音乐教师的一项专业能力要求。

第一节　音乐团队的组建与管理

一、音乐团队的组建

学校组建音乐团队时，指导教师首先要制订详细的组建计划，根据学校的规模和条件组建一定规模编制的音乐团队，并落实好活动内容、训练时间和地点，为音乐团队的训练奠定良好的基础。

1. 音乐团队的编制

由于各学校的规模与条件不同，因此各类音乐团队的编制也没有统一标准。就一般情况和条件下，合唱团（队）人员可由50～60人组成，其中包括一定比例的女生和男生以及指挥（可教师、学生各1人）、钢琴伴奏（可教师、学生各1人）等。乐团（队）人员可依据种类不同，由十几人到数十人均可。就鼓号乐团（队）来说，一般人数可在30～50人之间，当然根据学校条件，规模再大些也可以，其中包括旗手、护旗手、指挥、大鼓手、小鼓手、镲手、号手等。舞蹈团（队）的人数一般也不固定，少则十几人，多则二三十人，都比较常见。

2. 音乐团队人员的选择

音乐团（队）人员的选择应该在学生自愿报名的基础上，由各音乐团（队）的指导教师通过专项条件考核的方式进行。其中，合唱团（队）应选择对合唱具有一定兴趣、听觉灵敏、音准较好、并具备一定的演唱能力的学生；指挥应具有良好乐感，并要具备一定的指挥基础，能够经过严格的训练后担任合唱指挥的职责；伴奏应该能够识读五线谱，具有一定的键盘功底，能够在教师的指导下独自担任合唱歌曲伴奏。鼓号乐团（队）的成员一般在3～6年级中选择勤奋好学、品质良好、身体健康的学生。号手通常由男生担任，要求：体格健壮，心肺功能好，牙齿整齐，唇薄有劲，乐感较好。大鼓手和镲手由男、女学生担任均可，要求：体格健壮，性格稳定，仪态大方，节奏感好。小鼓手通常由女学生担任，要求：体态健康，动作灵巧，反应敏捷，节奏感强。指挥由男、女学生担任均可，要求：五官端正，身材匀称，灵活敏捷，记忆力好，具有一定的指挥能力。舞蹈团（队）成员的选择首先应该注意身高、外貌，身体比例等外形方面比较适合跳舞的学生，并在此基础上对学生进行一些简单的肢体协调性动作的考察，其次要关注学生的音乐感，特别是节奏感，此外，学生的表情、表达、表演能力也是选择舞蹈成员的重要因素。

二、音乐团队的管理

1. 制订团队规章制度

在音乐团队的管理中，制订好团队规章制度非常重要。通过团队规章制度建设，引导和规范学生在音乐团队活动中的各种行为，严格遵守音乐团队的各项纪律，准时参加每次训练、排练和演出活动，做到不迟到、不早退，有事请假。通过团队规章制度建设，使每个成员都认识到音乐团队是一个有组织、有纪律的集体，服从指导教师的安排，学会关心他人，团结互助，友好相处，增强所有成员的团队意识、合作意识、荣誉意识。比如合唱团队声音的优美取决于每个合唱队员之间的协调、协作、声音的表现以及声部的均衡等，因此要求合唱队员无特殊情况不能随意缺课，还要求合唱队员之间相互聆听和配合等。总之，通过团队规章制度建设，对学生在音乐团队中努力进行训练，磨炼意志品质，不断获得各项音乐技能的提高，不断得到美的熏陶具有重要的意义。

2. 教师指导，学生自主管理

为规范学校学生音乐社团的管理，更好地实现学生社团的健康发展，还可以根据教育部门的有关规定及结合学校实际情况，成立学生社团管理服务中心，实现在教师指导下的学生自主管理。学生社团管理服务中心的职责是：贯彻执行学校有关精神并及时传达各学生社团，负责考察招收新的学生社团成员，监督和指导各学生社团的工作和活动，引导各学生社团开展健康有益、丰富多彩的社团活动，提高社团成员的综合素质，策划并组织学校的大型音乐社团活动，繁荣校园音乐文化，加强各学生社团之间的交流及友好学校之间的沟通往来。学生社团管理服务中心充分发挥学生社团的主动性、积极性、创造性，使学生在教师的指导下，进行自主管理、自我教育、自我完善、自我激励和自我发展。

第二节　音乐团队的基本训练

一、合唱团（队）训练

1. 呼吸与发声训练

气息是发声的动力，只有掌握正确的呼吸后，才能获得理想的声音。在小学合唱团（队），可采取呼吸训练与发声练习同步进行的方法。首先要求学生掌握正确的呼吸法，即胸腹式呼吸法，要求学生自然、放松，在吸气时肩膀不要上提，气息不要吸的过多，吸到肺的底部即可，腰带周围有向外扩张的感觉，并用搬重东西时憋住气和闻花时的气息感觉启发他们体会气息的位置。学会正确的呼吸之后，可进行一些纯呼吸练习，如慢吸慢呼、快吸快呼和呼吸控制训练等。经过一段时间的练习，学生在发声练习中逐步感觉到气息的支持，并会运用到歌唱中。刚入合唱团的学生都未进行过正规发声训练，声音"白"而"扁"，气息的位置浅而低、口腔张不开、下巴紧，针对这些情况，可以进行音准、音色、音量等方面的训练。良好的音准是使合唱队的演唱做到和谐、统一的重要保证，音乐教师从一开始就要抓音准的训练。音准训练可以先从中音区开始，再逐渐向高音区和低音区两边扩展。在发声练习中，采用半音移调法让学生接触十二音阶，同时还要伴以音程训练，为以后合唱曲中变化音的音准打下坚实的基础。另外，让学生借助钢琴来辨别音准，如琴奏学生听唱、学生唱用琴检验等都是可行的方法。合唱团（队）要求具有统一的音色，而音色是受发声方法影响的，音乐教师应用科学的发声方法训练、指导学生歌唱，用"轻唱法"使学生的音色和谐、统一。在训练中应逐步扩展音域，发展头声。刚开始训练时可用元音"u"和"yu"进行发声，这对气息的支持、音色的统一、声音位置的确定均有益处。如"u"能使声音集中，利用口腔和后鼻腔的共鸣促使声音放松及高位置歌唱，由于口形收拢，能够改变叫喊、紧压的声音习惯；"yu"能使气息下沉而把声音位置提高到头部的后上方，并能促使喉部的放松。还需要特别提一下："轻唱法"应该是在有良好气息支持下的有控制的"轻唱"，而绝不应是漏气式"虚唱"。合唱团（队）音量的大小主要体现在演唱时的力度表现上。教师应在学生用"轻唱法"将音色统一的前提下，训练学生扩展音域、发展头声，这其中也同样在进行力度的训练。教师可指导学生在发声练习时做在一个音上的"f""p"的练习，继而再把这种感觉带到歌曲的强弱处理中去，使学生们的声音表现力逐步加强。教师特别应该注意的是，在任何情况下都不可忽略气息的支持，特别是在演唱"p"与"f"时，良好的气息支持更为重要。当然，在音量这个问题上，绝对不是大就好、小就不好，而是看一个合唱队是否能够按照指挥的意图，将所演唱的不同类型、不同风格的作品表现得较为完整。

2. 咬字吐字训练

歌唱中，发子音的部分称为"咬字"。咬字是根据语言中产生"声母"的器官决定的，这些器官分成"喉、舌、齿、牙、唇"五个部位，分别叫做"五音"，所以咬字是指单字声母的形成。各声母按照"五音"分为喉（g、k、h）舌（d、t、n、l）齿（zh、ch、sh、r）牙（j、q、x、z、c、s）唇（b、p、m、f）等。咬字时，声母必须按照"五音"的着力部位咬正确，发音有力而敏捷，同时，声母必须在韵母的形态上产生，发音时必须先具备该字韵母的形态，在此基础上产生该字声母。此外，还要注意没有声母的字，应当在发音器官上形成一种半阻碍，否则字就不会唱得清楚。

歌唱中，发母音的部分称为"吐字"。歌唱中咬、吐字的一般规律是：字头要唱得短、轻、准，字腹为韵母部分，时值最长，要唱得字音清朗、圆润、流畅，字尾则要收音归韵。此外，还要将字的声调分清，即"阴平（ˉ）""阳平（ˊ）""上声（ˇ）""去声（ˋ）"，避免倒字飘音，做到字正腔圆。以母音（元音）为核心的三部分结构式的歌唱吐字规律，在歌唱中通称为"字头、字腹、字尾"，即我国传统的出声、引长、归韵的歌唱吐字法。有关这方面的训练在马革顺的《合唱学》中有非常透彻的阐述，例如，"韵母必须根据开口呼、齐齿呼、撮口呼、合口呼'四呼'的要求把握吐字的着力；单韵母的字，口型保持不变，一直维持到该字所唱全部音符时值的终了；复韵母必须根据'归韵'的原则将韵母各音素结合为一体，并适当保持该字的韵母结合体到该字所唱全部音符时值的终了；'收声'是由韵母结合体转到韵尾而收住，在合唱的每一个乐句中，除了最后一个字外都不'收声'，乐句的最后一个字若是有韵尾的则仍需'收声'"等。其口诀也很简明："字头要分清，字腹不变形，字尾须收好，声调要念准。""母音在喉，子音在口，横字竖咬，竖字前咬。"这值得教师在吐字训练上参考。

二、鼓号团（队）的训练

根据小学生的认知规律和心理特点，早晨应该是训练鼓号团（队）的最好时间。训练内容可以有：乐谱的讲解、节奏的练习、吹奏的训练等。指导教师要注意训练内容之间的联系，注意训练方法的有效性和趣味性。每天可训练一小时左右，要注意号手训练过程中的休息，以保护学生的嗓子，学校可为号手准备一些润嗓子的药，防止学生的嗓子因为吹号练习而受伤害。

应充分利用鼓号团（队）的现有资源，用"以老带新"的方法训练新成员，比如适当地利用高年级学生采用"一教一"的方法教会新人，使新的鼓号团（队）员更快地掌握有关技能，迅速融入队伍中来。

具体训练中，可采用先分练后合练的方法，如开始时，鼓、镲、号可分别进行练习，避免相互干扰而影响训练，待基本练会后再进行合练，以保证训练的效果和质量。鼓号团（队）的整体配合非常重要，为了达到每个音符的准确，必须严格执行节奏的整齐，力度的适中，步伐的统一，队员的精神饱满等要求，指导教师必须对训练严格要求，精益求精，以达到鼓号团（队）的统一、和谐。演奏队形的变换是鼓号团（队）演奏时的一个亮点，也是鼓号队美感的重要体现，因此要重视队列队形的训练和演奏表情的练习等，不拘泥于俗套，力求特色。

三、舞蹈团（队）的训练

1. 舞蹈基础训练

对初学舞蹈的学生来说，她们身体自然条件方面有着差距，在进行基本功训练时，教师要运用各种方法使她们的身体各有关部位尽快具备"直、绷、软、开"的条件，以达到其身体素质方面所需要的各种功能。根据学生年龄、身体素质的不同，应由浅入深、从易到难地安排训练内容，从舞蹈基本训练开始，如站、蹲、擦地踢腿、弹腿、压腿、下腰以及各种舞姿造型等练习。通过形体素质的基本训练和技巧训练，修饰、改善和矫正身体的不良姿态，提高对正确姿态的控制能力，塑造健康、健美的体形。软开度训练是舞蹈身体素质训练的基础项目之一，可用儿歌结合舞蹈动作和舞蹈组合进行兴趣教学，为身体素质训练进行铺垫。还有一点，舞蹈训练应遵照循序渐进、逐步提高的原则进行，尤其是基本动作练习，要根据小学生的身体特点适度要求、量力而行，不要盲目追求专业化动作，提升技能技巧难度，应把练习的重点放在对舞蹈的艺术表现上和对情绪情感的表达方面。

2. 音乐感的训练

音乐与舞蹈之间有着十分密切的关系。我国古代乐论指出："舞蹈，乐之容也。"音乐包含了并决定着舞蹈的结构、特点和气质，影响着舞蹈的形象性与表现力，因此说，音乐是舞蹈的灵魂。而音乐中的节奏是比旋律更为基础的因素，节奏、身体、舞蹈动作三者结合才能称得上是舞蹈，所以节奏在舞蹈中具有核心作用。在舞蹈基本训练中，应该重视和强调音乐感的训练，通过各种方式使学生体验到音乐节奏、节拍、速度、力度、旋律、情绪等要素对舞蹈的影响和作用。特别是民族舞蹈中具有浓郁民族特色的典型节奏，这对训练学生的节奏感、协调性以及表现力有着极大的好处。伴随着音乐的舞蹈训练还可以使学生获得愉快感和审美感，应该在舞蹈训练中大力提倡。再有，指导教师在教授动作的同时要教授表情，要让学生意识到舞蹈动作是为舞蹈主题服务的，而舞者的面部表情，对于表现舞蹈情绪和内容至关重要。

第三节　音乐团队的排练与演出

一、排练准备

1. 选择和分析作品

音乐团队排练之前首先要做好作品的选择和分析工作。合唱团（队）选用歌曲时既要考虑作品的思想性和艺术性，同时还要考虑适宜自己合唱队演唱的水平和程度。歌曲难度适宜又体裁风格多样，才能激发排练和演出的积极性，才有益于获得良好的艺术效果。确定了作品后，要对作品进行分析和研究，充分理解歌（乐）曲的创作构思并据此对歌（乐）曲的演唱、演奏做出设想。如通过在钢琴上弹奏合唱、合奏谱的方法来感知音响，熟悉旋律的基本特性和主要特征以及声部的组合、和声的配置等。理解与领悟作品的意图和把握好音乐再现的分寸，是相辅相成的两个方面。可以通过观看和聆听录音录像资料来进一步认识和理解作品，学习和参考歌曲、乐曲处理的有益经验，开拓思路，以便成功地表现作品。儿童舞蹈音乐的选择对编排舞蹈作品非常重要，第一要节奏清晰，第二要旋律易记。小学生表演舞蹈动作的快慢急缓需要明显突出的点、拍以及各种强、重音来提醒，如果节奏、节拍模糊，律动感不强，学生就会在群舞中极容易出现不统一的现象。而便于记忆的音乐旋律与节奏可以加强学生对音乐的理解，从而可以更好地表现舞蹈。

2. 制订排练计划

制订排练计划是音乐团队排练前的一项必要工作，一般包括对排练作品的鉴赏、熟悉音乐、练习歌（乐）曲或舞蹈动作、进行艺术处理等粗排、细排一系列过程。排练计划不仅要对整个排练过程提出预期与设想，而且应考虑到每一个具体的排练细节，如合唱每个声部演唱的气口应该事先设计好并把它标记在歌谱上；合奏每个乐器组的弓法、指法应该事先做好标记；已估计到的排练难点，要预先设想好一二种解决的方案，以便根据排练实际情况作出适当调整等。还有，排练计划应该对完成作品的时间大致有一个规划，做到心中有数。制订排练计划时，要充分考虑和利用学生的艺术资源，做好分组和分工以调动学生的排练热情，让那些有特长的学生在团队中发挥带头作用。比如制订音乐剧排练计划时，可以考虑学生根据自己的爱好和特长自愿分组，唱歌好的学生去演唱组，有乐器特长的学生去演奏组，会跳舞的学生去舞蹈组，善于表演的学生去角色表演组，具有指挥能力的学生去导演创作组等，鼓励每个学生充分发挥自己的优势。

二、排练要求

1. 观摩欣赏相关作品

欣赏是音乐活动的基础，是激发兴趣的动力，所以排练前欣赏相关优秀作品，不但会激起排练兴趣，产生排练愿望和激情，而且还会在音乐技巧和艺术表现方面获得启示，从中得到许多有益的借鉴和帮助。例如，合唱排练是一种集体的歌唱艺术，虽然每个声部的要求不一样，但是却要在一个整体下合作歌唱，所以，相互的聆听尤为重要。因此，无论是欣赏各种高水平合唱的录音录像，还是在具体的合唱排练过程中，都要让学生理解合作美、和谐美，懂得在合唱中如何摆正个人位置，为合唱的训练打下良好的心理基础。在欣赏合唱作品和进行合唱排练过程中，教师可以采用问题的形式，不断对成员进行提示，如要求关注、思考这样一些问题：与独唱相比，合唱有何不同的艺术表现力？你能在合唱中听到几个声部在演唱？有没有听到哪个声部比别的声部都响的现象？在合唱中你若是总也听不见别人的声音，这说明了什么？一旦个人的声音在合唱中冒出来会产生什么后果？合唱中每个演唱者是否可以按自己的需要自由换气？要使合唱队的演唱整齐划一，还需要注意些什么？在合唱中最需要抑制的是哪一种心理？……对一些一下子难以认识的问题，教师可以通过一些兼有独唱、合唱录音的歌曲，让学生开展欣赏比较，使他们很快能发现这些差异。也可以通过某种趣味性的模拟游戏作为反面例子，如让某成员用自己个性化的声音跟随唱片中的合唱一起唱，大家会觉得怎么听也合不到一块儿去。大家有了这一系列事先的思考与讨论，在尚未进入合唱训练之前，就会端正态度，掌握要领，在今后的学习中有可能达到事半功倍的效果。

2. 排练作品

排练作品时，指导教师应就作品的主题思想、主要轮廓、力度、速度、情绪情感等应注意的各点向队员交代清楚。对篇幅较大的作品，应进行编号或注以小节数字，要求队员们将各种要求在歌（乐）谱上记下来。排练合唱时，应先分声部练习，然后尽早让两个声部合起来练，再逐步扩展到三个或四个声部合练。乐队排练合奏时亦应如此。整个排练过程，要始终要求每个学生坚持正确的发声并相互倾听，共同努力去获取良好的谐和效果。较大型作品的排练，应逐段进行，每段练好以后，应与前面排好的部分接起来练一二遍，然后再继续，以对全部作品的连贯性及整体布局获得较深的体会与认识。在全体进行分部试唱（奏）时，一般都是先排主旋律，然后次要旋律，再次练伴唱（奏）旋律，然后进行合练。对已经布置的要求，如音准、强弱、呼吸、气口、指法等要求，必须严格执行，以培养队员良好的表演习惯。对于作品情绪的把握与表达，指导教师应该特别注意，由于小学生对事物的理解是直观的、感性的，他们只能分辨出十分明显的音乐情绪，即使有教师的讲解他们也无法完全体会和表达出音乐的情感需求，因为他们没有这样的生活和情感经历。比如舞蹈排练中，就需要带有明显情绪化的音乐来激发他们的情感想象力，如欢快的、热烈的、紧张的、悲伤的……然后用比较夸张的舞蹈动作才能完成情绪上的表现。再有，无论什么团队的排练，都应该注意和加强与表演者的沟通，听取和吸收来自学生方面的意见，这对于排练的成功和保证排练质量具有很重要的意义。

三、演出要求

学校音乐团队的演出实践，对提高和发展学生的音乐素养十分重要。接受演出任务后，指导教师应详细了解该项活动的性质、主题以及有关要求，并根据具体情况安排排练、进行彩排和做好正式演出的准备工作。

1. 彩排

学校音乐团队演出前应该进行彩排，而且最好能到演出现场进行。届时，让有关合唱、器乐、舞蹈等音乐团队穿上演出服装，化好妆，会同伴奏，一起实地感受演出效果，并做出必要的调整。同时，通过彩排对合唱、器乐、舞蹈团队的上下场路线次序，合唱台与伴奏的位置排列以及灯光、扩音等，都经过实施后进行定位，这对于正式的演出都是非常重要的。若不能到现场彩排，也可以在排练场地进行带妆试演，以适应正式演出的一些要求。待音乐团队到达演出现场后，一定要先查看舞台条件与设施，然后做出相应安排，以保证演出顺利进行。

2. 演出

演出是把排练、彩排，即前面所有的准备和努力完整地呈现在观众面前的美好时刻。全体参演人员应该以良好的审美心境、饱满的表演情绪、具有创造力的激情，把最美好的声音、动作和最美好的艺术形象展示出来。在这一过程中，合唱和乐队指挥的临场发挥至关重要，其使命不仅限于不出错，而关键是要体现出集体性艺术创造。应该说，指挥是整个合唱演出或乐队演出的中心，要在演出过程中调动起队员的演唱演奏激情，同时又恰到好处地控制整体艺术表现，保证演出的成功。除此之外，指挥在演出过程还应注意：在安排曲目顺序时，不要把类似的曲目放在一起，要注意不同风格、节拍、速度、有无伴奏、调性、唱法和形式上的搭配，形成对比；演出前不要轻易改动作品的处理，否则容易出现混乱；演出时指挥的从容、镇定会对整个音乐团队产生重要影响，因此指挥上台后要落落大方，面带微笑，到达指挥位置时要向观众鞠躬致礼，转过身后要用自信的目光巡视和鼓励全体成员。演出结束后，仍要转身致礼，与演出团队同时下场，不必再给下场手势。

参考文献

1. 钟启泉．基础教育课程改革纲要解读［M］．北京：北京师范大学出版社，2001.

2. 教育部基础教育司．走进新课程［M］．北京：北京师范大学出版社，2001.

3. 新课程实施课题组．新课程理念与创新［M］．北京：北京师范大学出版社，2001.

4. 新课程实施课题组．新课程与教师角色转变［M］．北京：教育科学出版社，2001.

5. 教育部．素质教育观念学习提要［M］．上海：生活·读书·新知三联书店，2001.

6. 石中英，王卫东．基础教育新概念——素质教育［M］．北京：教育科学出版社，1999.

7. 石中英，王卫东．基础教育新概念——情感教育［M］．北京：教育科学出版社，1999.

8. 曹理，何工．音乐学科教育学［M］．北京：首都师范大学出版社，2000.

9. 金亚文．小学音乐新课程教学法［M］．北京：高等教育出版社，2003.

10. 金亚文．音乐新课程与示范案例［M］．长春：东北师范大学出版社，2003.

11. 龙亚君．音乐新课程教学论［M］．长沙：湖南人民出版社，2007.

12. 龙亚君．音乐心育艺术［M］．长沙：湖南人民出版社，2005.

13. 金亚文，龙亚君．音乐教学评价［M］．长春：东北师范大学出版社，2005.

14. 尹爱青．新课程教学法——小学音乐［M］．长春：东北师范大学出版社，2005.

15. 刘云翔，魏煌．音乐教育学［M］．大连：辽宁教育出版社，1990.

16. 李妲娜，修海林，尹爱青．奥尔夫音乐教育思想与实践［M］．上海：上海教育出版社，2002.

17. 杨立梅．柯达伊音乐教育思想与匈牙利音乐教育［M］．上海：上海教育出版社，2000.

18. （美）穆塞尔，格连．中小学音乐课教学法［M］．成都：四川人民出版社，1983.

19. （美）丹尼尔·戈尔曼．情感智商［M］．上海：上海科学技术出版社，1997.

20. （美）雷默．音乐教育的哲学［M］．北京：人民音乐出版社，2003.

21. （美）比尔．体验音乐［M］．北京：人民音乐出版社，2009.

后　记

　　随着教育部"国培计划"的启动，我国掀起了一个规模宏大的教师培训活动热潮。作为教育部"国培计划"音乐学科专家组成员，在参与国家与地方教师培训活动过程中，我切实感受到音乐教师专业进修、发展的必要性和迫切性。此时，恰好西南师范大学出版社在教育部基础教育课程教材发展中心的支持和指导下，推出了"青蓝工程——学科教师专业能力必修系列"图书，并邀请我担任音乐学科主编，于是，伴随着"国培计划"的讲授，《小学音乐教师专业能力必修》的编写便提上了日程。几个月来，由于经常去各地讲课培训，这本书也就经常处于停停写写的状态，可以说，这本《小学音乐教师专业能力必修》是在讲讲、写写的过程中逐步完成的。

　　这种比较特殊的编写方式使作者感受颇多并获益匪浅，作者多次将书稿内容运用到培训之中，发现很受音乐教师的欢迎，这说明本书选题适应了教师的需要。同时，通过培训时的对话与交流，作者进一步了解到音乐教师这一群体的职业特点和专业要求，了解了他们在音乐新课程中的发展需要，从而丰富了本书的写作内容，使本书的编写更具有针对性和目的性。希望这本书在推进音乐教师教育教学能力发展、实现教育教学能力达标方面发挥积极的作用。

　　本书在编写过程中参考了许多专家学者的著述，在改写的基础上引用了部分教师的教学设计或案例，在此一并表示感谢！湖南第一师范学院音乐系教授龙亚君参与了第一篇的编写，福州市乌山小学高级音乐教师金蕾参与了第三篇的编写，全书由中国音乐教育杂志社金亚文主笔并统稿。

　　最后，感谢读者阅读本书并欢迎提出意见和建议。

金亚文